近代汉语音论

(增补本)

杨耐思 著

2012年·北京

图书在版编目(CIP)数据

近代汉语音论/杨耐思著. —增补本. —北京：商务印书馆,2012
ISBN 978-7-100-08852-7

I.①近… II.①杨… III.①汉语—近古音—研究 IV.①H114

中国版本图书馆 CIP 数据核字(2011)第 282348 号

所有权利保留。
未经许可,不得以任何方式使用。

近 代 汉 语 音 论
(增补本)
杨耐思 著

商 务 印 书 馆 出 版
(北京王府井大街36号 邮政编码100710)
商 务 印 书 馆 发 行
北京市松源印刷有限公司印刷
ISBN 978-7-100-08852-7

2012年11月第1版　　开本 850×1168 1/32
2012年11月北京第1次印刷　印张 11 3/4
定价：29.80元

目 录

俞敏先生序 …………………………………………… 1
周德清的《中原音韵》 ………………………………… 3
北方话"浊上变去"来源试探 ………………………… 16
略论汉语的入声 ……………………………………… 27
八思巴字对音——读龙果夫《八思巴字与古官话》后 …… 36
《韵学集成》所传《中原雅音》 ……………………… 45
近代汉语-m 的转化 …………………………………… 50
汉语"影、幺、鱼、喻"的八思巴字译音 ……………… 62
汉语"知、章、庄、日"的八思巴字译音 ……………… 75
近代汉语"京、经"等韵类分合考 …………………… 86
《中原音韵》音 ……………………………………… 104
元代汉语的浊声母 …………………………………… 117
《韵会》、《七音》与《蒙古字韵》 ………………… 130
《中原音韵》两韵并收字读音考 …………………… 148
王力先生与《中原音韵》的研究 …………………… 164
《中原音韵》研究概述 ……………………………… 172
八思巴字汉语音系拟测 ……………………………… 178
八思巴字汉语声类考 ………………………………… 183
论元代汉语的开、合口 ……………………………… 190
音韵学的研究方法 …………………………………… 195
谈《西儒耳目资》 …………………………………… 216

《切韵》音系与方言调查 …………………………………… 219
汉字的谚文注音 ……………………………………………… 224
普通话语音探源 ……………………………………………… 230
《〈蒙古字韵〉校本》编后记 ………………………………… 233
历史上第一个汉语拼音方案 ………………………………… 238

八思巴字研究概述 ………………… 杨耐思　照那斯图 241
释"务头" ………………………………… 杨耐思　蓝立蓂 256
元曲里的"呆"字音 ……………………… 杨耐思　蓝立蓂 268

从汉语语音史看澳门过渡期的语音规范 …………………… 276
近九年来近代汉语语音论著简目 …………………………… 280
周德清 ………………………………………………………… 288
近代汉语语音研究中的三个问题 …………………………… 295
八思巴字汉语的字母 ………………………………………… 301
元代汉语的标准音 …………………………………………… 306
音韵学的一部力作——评《古今韵会举要及相关韵书》 …… 318
再论《中原音韵》的语音基础 ……………………………… 323
近代音研究 …………………………………………………… 325
近代汉语语音史的分期 ……………………………………… 329
八思巴字汉语译写中的一个特例 …………………………… 335
汉民族共同语标准音问题试探 ……………………………… 341
罗常培先生——采花酿蜜　剥茧抽丝 ……………………… 353
蒙古时期的一道白话碑 ……………………………………… 360

附录　参考文献要目 ………………………………………… 364
后记 …………………………………………………………… 371
增补本后记 …………………………………………………… 372

俞敏先生序

八十年代初头,叔湘先生因为人手不好安排,就把一批文章的组稿、编排的活儿交给我了。为干好这一档子事,我走访了几位作手,耐思老兄就是这里头较比生的一位。要从陆志韦陆先生那儿论,我们俩人本可以算先后同门。可是我这个人天生的腿懒,所以这次拜访十足可以叫"幸会"。看见这位的居家过日子那么一清如水,马上觉着我们是一路人。深谈么,没那些词儿。客气呢,可全用不上。我们就这么一见如故了。

后来看见了他写的《〈中原音韵〉音》这篇作品,不由得我不叹服。在"浊音清化"一节里他说:"塞音、塞擦音的浊音清化后,是变同全清,还是变同次清……只有参证《中州乐府音韵类编》才能得到了解。《中州乐府音韵类编》平声分为三类:阴、阳、阴阳。所谓'阴阳'类是指同一个声母的字而能够阴阳成配偶的一类。……例如:

东钟　　阴阳类——通:同/冲:重/邕:容/风:冯/烘:红/葱:从

可见平声塞音、塞擦音浊音字清化后,是变同次清了"。短短的百十来个字,清楚透亮,因为材料熟,思路才能又细致又简洁。我记得小时候看过一本儿清末的四则数学题,什么"隔壁人分几许银,不知银数不知人……"列式子光括弧就多了去了。为什么绕那么大弯子呢?就因为没想到用个"X"么!可见"方法"进一步能出多大效益。谁翻过这本儿集子,谁就能发现著者很能"金针度人"。跟这样人交朋友,上不了当:因为他什么多余的心眼儿也没有。

当然啰,用什么方法也有受外界条件限制的。著者在讨论"呆"字音的时候说过:"《中原音韵》……有'呆'字,与'爷'同空……音'爷'。"在大河北省方音里有些点儿上给原来用零声母、ŋ-开头的音节头上加上 n、或者改用 n-开头的。比方天津人就给底下这些字都添上或是改成 n-:

蔫	广韵音	谒言切	该读 *yān	现读 niān
熬	广韵音	五劳切	该读 *ŋáo	现读 náo
袄	广韵音	乌皓切	该读 *ǎo	现读 nǎo
艾	广韵音	五盖切	该读 *ŋai	现读 nài

常用的话是:"痴傻獃(dāi)呆(nié)"。这就是给"呆"化了妆了。霸县人甚至于连"那"(nài)也念成 niè——好和"哈"(hà)配成一对儿!稍微熟悉霸县、任邱一带方言的人都明白。耐思老兄"缚鸡之力"肯定够用的,"宰鸡之力"就难保证了。让他在闹闹嚷嚷的站台上排队买票,背行李……可有点儿"强人以所难"了。还别说为观察那么(哈们)冷僻的河北方言的用词现象跑道儿了。但愿他在"花甲之年"再教出几个"传人"来,把这么好的学风发扬光大下去,这才是我的真心愿。要把这最后结尾看成我逞能、卖弄比湖南人知道得多就"左"了。是个河北人谁不知道"哈个"这些代词呢?

俞　敏
1992 年 10 月 12 日

周德清的《中原音韵》[*]

《中原音韵》是十四世纪时为北曲用韵所做的一部韵书。它的最大特点是完全摆脱了传统的仿古韵书的羁绊而根据实际语言的韵部编成的。这是汉语音韵史上一次重大的变革。十三四世纪的北曲用韵代表当时北方话的语音系统。这样,《中原音韵》所代表的语音也就是当时的北方话语音,这对于我们探讨普通话的形成和发展有着重要的意义。几乎可以说,研究普通话语音系统的形成,《中原音韵》是最主要的参考资料。人们认为现代普通话的语音早在十三四世纪时就已经奠定了基础,也主要是指《中原音韵》说的。

一 《中原音韵》的产生

我们要从汉语韵书的发展的背景上来看《中原音韵》的产生。我国语言学史上,韵书的发达是一个重大的特点,三世纪到六世纪,颜之推(531—591)就称为"音韵蜂出"的时代,到了七世纪初,陆法言等人做成了一部有名的《切韵》,后来陆续出现的王仁昫《刊谬补缺切韵》、《唐韵》,以及十一世纪的《广韵》、《集韵》等都是根据《切韵》而增订的。这一类韵书是按音韵编排的汉语字典,但是它的音韵系统却不能完全代表当时的实际语音。语音是随着时代的变迁而发展的,用韵书固定了下来的音韵系统与实际语音

---

[*] 本文是在陆志韦师指导下写成的,陆师提示甚多,未及一一注明,特此申谢。

系统也就越来越相背离。我们从域外方言对音里可以很清楚地看到这种情况（例见罗常培《唐五代西北方音》，史语所单刊甲种之十二，1933），又从历代诗歌的用韵和别的方面也可以看到一些韵书不合乎实际语音的情形。唐末李涪批评《切韵》说：

> 吴音乖舛，不亦甚乎？上声为去，去声为上。又有字同一声，分为两韵。……法言平声以东、农非韵，以东、崇为切；上声以董、勇非韵，以董、动为切；去声以送、种非韵，以送、众为切；入声以屋、烛非韵，以屋、宿为切。又恨怨之恨则在去声，很戾之很则在上声；又言辩之辩则在上声，冠弁之弁则在去声；又舅甥之舅则在上声，故旧之旧则在去声；又皓白之皓则在上声，号令之号则在去声。又以恐字、苦字俱去声。今士君子于上声呼很，去声呼恐，得不为有知之所笑乎？（见李涪《刊误·切韵》，左氏百川学海本第十五册）

李涪又说："凡中华音切，莫过东都，盖居天地之中，禀气特正，余尝以其音证之，必大哂而异焉！"可见李涪是以"东都音"来衡量《切韵》的。

李涪把《切韵》不合乎当时东都音的地方归结为"吴音乖舛"，自然是批评得不恰当，但却为我们指出了《切韵》已经与当时北方话实际语音不合这一点，并且揭露了当时语音演变的某些重要现象。例如：从李涪所举的"去声为上"的例子看来，《切韵》中的全浊上声字在李涪时代已经变为去声，与同声韵的全浊去声字同音了（很、辩、舅、皓——全浊上声；恨、弁、旧、号——全浊去声）。

虽然这类韵书越来越不合乎语言的实际，但是它一直流行了好几百年。其间却也经过了一些改革，比如十三世纪初金韩道昭做的一部《改并五音集韵》。《改并五音集韵》写成于1211年，它除了并韵之外，还把韵内的字按着声母的次第加以重新编排（始于见，终于日），改并《广韵》为160部。王文郁的《新刊韵略》写成于1229年，它的归并基本上是按十一世纪的《礼部韵略》（1037）的独用，同用的界限来定的，稍有不同的是将上声迥、拯，去声径、证、嶝又加以合并，更进一步把《广韵》206韵合并为106韵。不过这些改革还只是把《切韵》系统机械地加以并合罢了。所以说，它们都属于传统韵书的范围。

在这以后不久，传统的韵书发生了一次重大的变革，这可以拿十三世纪的《古今韵会举要》和《蒙古字韵》作代表。《古今韵会举要》系元黄公绍、熊忠所作，成书于公元1297年。它的声韵系统，据考察结果，是一个与《切韵》系统很不相同的新的系统。又从它里面所附《七音三十六母通考》(作者待考)小序说"惟以雅音求之，无不谐叶"的话看来，好像就是代表当时普通话语音系统的。《蒙古字韵》是一项对音史料，现存抄本是公元1308年朱宗文(伯颜)的校订本。这部韵书所收的汉字上面标注了元帝国于公元1269年颁行的八思巴字，是作为音译汉字所使用的范本。它的语音系统跟《古今韵会举要》基本上相一致。这次的改革才真正算是根据当时实际语言的语音来改革的，但是也在一定程度上受旧韵书的影响。比如《古今韵会举要》的分部表面上还维持《平水韵》的面貌，又如声母方面，非、敷实际上已不分，但按旧系统仍把它们加以区分。疑母演变成喻母的字音还注为"角次浊次音"(舌根鼻音)。在声调方面保存入声，《古今韵会举要》更是以入声分卷的。《中原音韵》也就是在这种风气之下产生的，从语言上看，后者比前者更有价值。

以上说的是韵书的沿革。在等韵方面，十三四世纪的等韵对传统韵书也做了某些改革，如跟《中原音韵》同时期的《经史正音切韵指南》(1331)将《广韵》韵部简化为十六摄，它把《广韵》"痕"、"魂"与"元"分开(分隶于臻摄与山摄)，又把入声韵配阳声韵以后再配阴声韵，它的三十六字母也与《切韵》的声母类别不同，显然是受了实际语音的影响；但是除了上述的几点发明外，它基本上还是按早期描写《切韵》音系的等韵图(如《韵镜》、《七音略》等)机械地来进行归并的,这种极不彻底的改革显然不能与《中原音韵》相比。

二 《中原音韵》的作者及内容

《中原音韵》写成于元泰定元年(1324),书里《正语作词起例》上说:

> 《中原音韵》的本内,平声阴如此字,阳如此字,萧存存欲锓梓以启后学,值其早逝。泰定甲子以后,尝写数十本散之江湖,其韵内平声阴如此字,阳如此字,阴阳如此字。……今既的本刊行,或有得余墨本者,幸毋讥其前后不一。

可见原稿写成后,最初是把平声分为三类的"墨本"(写本)在世上流传,后来才按修改稿刊行的。刊行的年月已不可考,但最早不能早于公元 1333 年(见陆志韦《释中原音韵》,燕京学报第 31 期,1946)。

关于《中原音韵》的作者周德清的历史,文献记录不多,贾仲明的《录鬼簿续编》(见《天一阁蓝格写本正续录鬼簿》中华书局上海编辑所 1960 年影印。《录鬼簿续编》是否贾仲明所著,尚难确定;不过它写成于 15 世纪初是没有疑问的)上记载:

> 周德清,江右人,号挺斋,宋周美成之后。工乐府,善音律。病世之作乐府,有逢双不对,衬字尤多,失律俱谬者;有韵脚用平、上、去不一而唱者;有句中用入声、拗而不能歌者;有歌其字音非其字者;令人无所守。乃自著《中州韵》一帙,以为正语之本,变雅之端。其法:以声之清浊,定字为阴阳,如高声从阳,低声从阴,使用字之随声高下情为词,各有攸当。以声之上下,分韵为平分。如直促杂谐音调,故以韵之入声,悉派三声,志以黑白,使用韵者,随字阴阳,各有所协。则清浊得宜,上下中律,而无凌犯逆物之患矣!奎章虞公叙之以传于世。又自制为乐府甚多,……皆佳作也。长篇短章,悉可为人作词之定格。

江西《高安县志》(据康熙本《高安县志》第 38 卷,文苑传)也有一段简单的记载：

> 周德清，暇堂人，工乐府，精通音律之道，所著有《中原音韵》行于世……

再是明初王伯良在他的《曲律》(天启五年，公元1625年，方诸馆原刻本)里也几次谈到周德清的《中原音韵》，除了批评周氏以外，其他与上项记载一致。

从上面的记载里，使我们了解到周德清是元代高安县人，是个"工乐府、善音律"的戏曲家。元杨朝英所辑的《朝野新声太平乐府》(1351)中收入周德清的词(即曲)25个只曲和两个套曲，写得相当好。可见他不只对戏曲有很深的研究，而且还是一个戏曲作家。

《中原音韵》的内容分为两大部分：

第一部分就是韵书，他将所收的字分隶于东钟、江阳、支思、齐微、鱼模、皆来、真文、寒山、桓欢、先天、萧豪、歌戈、家麻、车遮、庚青、尤侯、侵寻、监咸、廉纤等十九个韵部，每个韵部之中又按声调、声母、韵母的不同分为各个同音字群，同音字群之间用圆圈隔开，一共约有1600多个同音字群(相当于1600多个音节)。

第二部分为《正语作词起例》，是理论部分，讨论作曲的方法，曲词的用韵，以及语音上的某些问题。

据韵书内容，可以求出它所代表的语音系统，一般的认识如下：

(一)声母(与等韵家所传的36字母相对照)

p	崩、并——帮、并(仄)	
p'	烹、蓬——滂、并(平)	
m	蒙——明	
f	风、丰、冯——非、敷、奉	

v	亡——微	
t	东、洞——端、定(仄)	
tʻ	通、同——透、定(平)	
n	脓、浓——泥、孃	
l	龙——来	
ts	宗、匠——精、从(仄)	
tsʻ	怱、丛——清、从(平)	
s	嵩、颂——心、邪	
tʃ	庄钟、中、仲、状——照、知、澄(仄)、床(仄)	
tʃʻ	窗充、宠、床、长、臣——穿、徹、床(平)、澄(平)、禅	
ʃ	双春、是绳、时——审、床、禅	
ʒ	而戎——日	
k	工、共——见、群(仄)	
kʻ	空、穹——溪、群(平)	
ŋ	仰——疑	
x	烘、红——晓、匣	
ø	央、养、义——影、喻、疑	

v 这一声母,陆志韦师认为是一个半元音性质的唇齿音,不是真正的 v (参考《释中原音韵》第 7~8 页)。

tʃ、tʃʻ、ʃ、ʒ 是根据罗常培师的拟音(参考《中原音韵声类考》,史语所《集刊》第二本第四分),从音位归纳方面来看,这是正确的。要补充说明的是,做历史的考察时,还有必要把它分为两套。因为在鱼模、真文、萧豪、尤侯、侵寻等韵部里照₂组与照₃、知组声母有对立;只在支思韵部里,照₂、照₃组声母混同,却又不杂知组声母,知组声母字全收入齐微韵部。显然照₃、知组声母当时还能作软腭音,因而能与 -i- 相接,一部分照₃组声母变同照₂组,不能与 -i- 相接,支思韵部所以别立出来,正是因为它不是 i 元音了。

《切韵》系统的疑母(ŋ)在十三四世纪北方话里普遍转化为腭化音或失去。在《中原音韵》里这种演变也还没有完成,如江阳韵部里,仰与养对立;萧豪韵部里,傲与奥对立;歌戈韵部里,我与婀对立;只可解释为前一字仍为 ŋ。

(二)韵母:

东钟	uŋ		iuŋ	
江阳	aŋ	iaŋ	uaŋ	
支思	ï			
齐微	ei	i	uei	
鱼模	u		iu	
皆来	ɑi	ai	uai	
真文	ən	iən	uən	iuən
寒山	ɑn	an	uan	
桓欢	ɔn			
先天			iɛn	iuɛn
萧豪	ɑu	au	iɛu	
歌戈	ɔ		uɔ	
家麻	a	ia		
车遮		iɛ	iuɛ	
庚青	əŋ	iəŋ	uəŋ	iuəŋ
尤侯	əu	iəu		
侵寻	əm	iəm		
监咸	ɑm	am		
廉纤		iɛm		

在皆来、寒山、监咸等韵部里,同声母的一等字跟二等字,有的已经合而为一,如皆来:乃(泥₁)、妳(娘₂)同音;寒山:阑(来₁)、斓(来₂)同音;监咸:南(泥₁)、喃(娘₂)同音。但是舌根音声母的一等字还是跟二等字相对立的,例如:海(晓₁)、骇(晓₂);赶(见₁)、简(见₂);感(见₁)、减(见₂)不同音。按北方话现代方言拟音,这里的"骇"等该是腭化了的,可是元音还近乎 a(kian 等),不同于先天、廉纤韵部里的舌根音字(kiɛn, kiɛm)。《蒙古字韵》正

9

是这样注音的(本陆师说法,参考《释中原音韵》)。现在我们用 ɑ 代表一等舌根声母字的元音,a 代表其他声母的一等字跟一切声母(包括舌根声母)的二等字的元音,是为了把皆来、寒山、监咸跟下文的萧豪拟成同一格式。并且《中原音韵》的系统里,寒山和桓欢分韵,那么,把寒山的一等舌根声母字拟成 ɑ,是比较近情理的;再者,如把"间"拟成 kian,"见"拟成 kiɛn,那样的拟音,也未免太冒险,虽然《蒙古字韵》有类似的表示。

萧豪韵基本上是跟寒山、监咸等韵部平行的,可是又多出褒(帮₁)、包(帮₂);脑(泥₁)、挠(娘₂)的对立,《正语作词起例》所载辨音例中也有"褒有包"等例子可为旁证;不过袍(並₁)、庖(並₂);揉(泥₁)、铙(娘₂)却不对立。看来,这里的 au 韵母里还不只限于舌根声母字。《蒙古字韵》在这里也有不同,它把一等舌根声母字跟一、二等其他声母字全都合在一韵,注为-au(褒、包;脑、挠同音),而是把二等舌根声母字独立出来,注为腭化音(kiau 等)。跟上面所提到的寒山、监咸等韵部里的情形是一样的。

(三)声调:

    平声阴

    平声阳,入声作平声阳

    上声,入声作上声

    去声,入声作去声

这个语音系统跟《切韵》系统有很大的不同,现在只就其中几种重要的演变现象简单地谈一谈:

1)全浊声母消失:全浊声母丧失浊音的性质,演变为相对应的清声母,塞音和塞擦音变为清声母后,在声调上平声送气,仄声不送气,同时全浊上声变为去声。

2)《切韵》系统里的照₂组声母与照₃组声母在支思韵部里合流,如胔、差/施、师同音;支思韵部里全收舌齿音声母,但与知组绝缘,可见在这一韵部里照组声母发生了很大的变化。

3)-m韵开始转化为-n韵,如寒山韵部里收凡、范、犯字;真文韵部里收品字。这种演变只限于唇音声母,是由于首尾异化作用所引起的,这与现代粤语完全相同。

4)《中原音韵》里有好些系统性的两韵并收的字。例如:

  崩、烹、鹏、盲……
  肱、倾、轰、宏、兄、泓、荣……(收入东钟与庚青)
  轴、熟……
  竹、宿……
  褥(收入鱼模与尤侯)
  薄、缚、铎、浊、著、杓、凿、鹤、镬、学……
  末、诺、落、略、弱、蒻、虐、岳……(收入萧豪与歌戈)

这些两韵并收的字有一部分是真正的两读,有些则是杂糅方言现象的结果。陆师云:两韵并收的字,惟有萧豪和歌戈的入声字,可能是方言异读的现象。鱼模和尤侯的入声字不能与之相提并论。尤侯韵其实没有入声,《中原音韵》所收寥寥无几,且绝大多数又见于鱼模;诸宫调尤侯无入声。东钟和庚青的关系又另是一种情形。今日的方言有东钟全同庚青的,也有庚青的某些舌根音声母合口字归入东钟的,或是东钟的唇音声母字归入庚青的。《中原音韵》的并收不以音理为准。大致是:并收不并收,只凭元曲里实在出现与否。入声字的并收更是因为曲韵的"韵缓",不比东钟和庚青的舌根音、唇音声母字或是鱼模和尤侯的入声作平、上、去声的字。不只如此,周德清归纳各家用字时不免疏漏。就拿关、郑、白、马的韵文来校对,何字收入何韵,多跟《中原音韵》不合。我们不能根据《中原音韵》来订定某一个字的语音,在入声字方面更不能强求。

5)《中原音韵》里把入声派入三声,似乎当时在实际语言里已经失去了入声,周氏才把这种现象反映到他的韵书里的,可是他在

《正语作词起例》中却说：

> 入声派入平、上、去三声，如鞭字，次本韵后，使黑白分明，以别本声、外来，庶便学者。
>
> 余曰：尚有此恨，……从茸音韵以来，每与同志包猜，用此为则：平、上、去本声则可，但入声作三声，如平声伏与扶，上声拂与斧，去声屋与误字之类，俱同声则不可，何也？入声作三声者，广其押韵，为作词而设也。毋使此为彼，当以呼吸言语还有入声之别而辨之可也。

这种说法也贯彻到他的韵书中了，他把入声派入三声时，是附属在本韵部之后，不像对待"浊上变去"那样直接跟三声的字合并在一起，而是使"黑白分明"的！派入三声之后他又像是不敢负起这个责任。比如他在《正语作词起例》上又说：

> 平、上、去、入四声，《音韵》无入声，派入平、上、去三声，前辈佳作中间备载明白，但未有以集之者，今撮其同声，或有未当，与我同志改而正诸。

分派也是按声母的发音方法机械地去做的，与实际语音演变情形不完全符合。这种种情形至少可以说明周德清的脑子里是存在着入声的概念的，至于当时北方话有没有入声尚是个疑案，单凭《中原音韵》的"入派三声"来证明当时已经失去入声是比较困难的事。

6)《中原音韵》里声调演变的另一大特点是平声分为阴阳两类，《中原音韵》周德清自序上说：

> 字别阴阳者，阴阳字平声有之，上、去俱无，上、去各止一声，平声独有二声……试以（某）字调平仄，又以（某）字调平仄，便可知平声阴阳字音，又可知上、去二声各止一声，俱无阴阳之别矣。

这是揭露了当时语言的实际情形的，不过如我们前面所引的周氏最初的写本是平声分为三类的，那就是用两种标准同时用于一种现象的不科学的方法。卓从之的《中州乐府音韵类编》(1351,

原见《太平乐府》,可是现在所见的本子未必就是"北腔韵类"。它和《中原音韵》虽然是同出一源,而卓书字数较少,当比《中原音韵》为早出)就正是这样分的。

三 《中原音韵》语音的性质

《中原音韵》所代表的语音系统的性质,我们可以从下面三方面来看。

(一)《中原音韵·正语作词起例》上说:

> 余尝于天下都会之所,闻人间通济之言,世之泥古非今,不达时变者众,呼吸之间,动引《广韵》为证,宁甘受鸱舌之诮而不悔,亦不思混一日久,四海同音。上自缙绅讲论治道,及国语翻译,国学教授言语,下至讼庭理民,莫非中原之音。不尔,止依《广韵》呼吸,上、去、入声姑置,未暇弹述。略举平声,如"靴"(许戈切),在戈韵;"车、邪、遮"却在麻韵,"靴"不协"车","车"却协麻,"元、暄、鸳、言、褰、焉"俱不协先,却与魂、痕同押。

由这段话里可以看出,周德清做书时是带着语音发展的观念的,他批评"动引《广韵》为证"的人为"泥古非今"、"不达时变",可见他自己是坚决抛开《广韵》一系传统韵书来审音定韵的。事实上在他的韵书里也这样做了(如上所述)。

上面的话里又提到"中原之音",并说当时社会的各种交际,都是用"中原之音"为标准,也就使人觉得这种"中原之音"似乎就是当时的普通话语音。

又在《中原音韵·自序》里说:

> 言语一科,欲作乐府,必正言语;欲正言语,必宗中原之音。

戏曲用韵也是遵从"中原之音"的,可见《中原音韵》的语音也就是"中原之音"的纪实。不过周德清在《正语作词起例》另一处却说:"余生当混一(统一)之盛时,耻为亡国(指南宋)搬戏之呼吸;以中原为则,而又取四海同音而编之"。看来还不是纯粹的"中原之音"的纪实。

(二)《中原音韵》是从它以前和当时的戏曲用韵中归纳出来的,这是可以得到证明的。这不仅是周氏自己一再说明他的书是根据了"前辈佳作",就是人家的批评也是由这里而引起的,如明王伯良说:

> 其所谓韵,不过杂采元前贤词曲,掇拾成编(见《曲律·论韵》)。

十三四世纪的北方戏曲是在北方话口语的基础上产生的,戏曲语言接近口语的程度是可以想见的。如果周德清以他精通戏曲的本领,对戏曲用韵进行纯客观的归纳,似乎《中原音韵》能够完全符合十三四世纪北方话的口语语音。可是事实并不如此简单,首先,这些元曲作家并非同一个地方的人,难免不杂糅自己方言的成分;就是同一地区的作家用韵也未必能完全一致。实际上,元曲用韵不合《中原音韵》的例子并不很少。

只可以说,《中原音韵》是当时戏曲用韵的规范;基本上代表了当时北方话口语的语音系统。

(三)《中原音韵》与当时改革了的韵书如《古今韵会举要》与《蒙古字韵》在语音上有很大的不同。简单说来,在声母方面,后者多出一套全浊声母并且在很大程度上保存了舌根鼻音声母(ŋ);韵母方面后者的-uŋ韵部与-əŋ韵部所收的字与《中原音韵》有很大差异;声调方面也不同。这样大的分歧只可以理解为两者所根据的不是同一个语音系统。

四 《中原音韵》的重要性

(一)上面已经提到《中原音韵》基本上代表了十三四世纪北方话口语语音系统,成为探讨普通话语音的形成和演变的重要资料,从《中原音韵》出发,可以了解现代北方话各个方言的语音演变的历史概况。

(二)《中原音韵》对传统的韵书做了一次彻底的改革,这种改革也给予它以后的韵书很大的影响。如菉斐轩的《词林要韵》,朱权的《琼林雅韵》(1398)是以《中原音韵》为蓝本而加以注释的;兰茂的《韵略易通》(1442)的分部也是基本上符合《中原音韵》的。不过,兰书把鱼模再分为居鱼、呼模二部,共 20 部。陆师云:元曲里齐微也跟鱼模偶然同用,南戏的用韵更只能用兰书的音韵系统来了解它,参看《西儒耳目资》。在声母方面更把当时北方话的声类用早梅诗明确地肯定了下来。毕拱宸的《韵略汇通》(1619)是改编兰茂的书而成的,它把-m 诸韵部索性并入-n 诸韵部去,为我们保存了一项极重要的语音演变的记录,这也是受了《中原音韵》根据实际语音来审音的作风的影响的。

(三)《中原音韵》是为戏曲用韵而做的,它以后的许多年代里,戏曲作家都是根据它来作曲的,因而它对于戏曲用韵所起的规范作用很大,在一定程度上促进了戏曲用韵的统一。

(原载《中国语文》1957 年 11 月号)

北方话"浊上变去"来源试探

"浊上变去"是指全浊声母(並、奉、定、澄、从、邪、床、禅、群、匣诸母)字由上声变为去声。这一语音现象的演变,在十三四世纪的普通话(所谓古官话)里就已经彻底完成,从《中原音韵》所代表的音系里可以看出来。今日的北方话各方言的语音里大致都是如此。

"浊上变去"语音现象的演变,牵涉到汉语语音历史发展的规律问题,也牵涉到汉语特有的声调的变化问题。因此探讨"浊上变去"的来源,探讨这一演变的历史形态,以及变化的原由对于汉语音韵史的研究,及认识这种规律以指导普通话语音的规范都有着重大的意义。

从前的学者认为"浊上变去"现象"由来久矣"。自南宋、北宋、五代、唐末一直上溯到中晚唐时期。这种见解对后来的工作者有很大的启发,不过他们讨论这一演变时,并未能道出变化的原因和变化过程中所表的状态;特别是运用史料方面,多半是以诗词用韵来作根据,不免有"见树不见森林"之嫌。

首先我们要谈的是夏承焘先生认为"浊上变去"现象"不始于元曲,宋词实已有之"。(见《阳上作去,入派三声说》,《国文月刊》第68期)他举方千里与周邦彦的词作对比,看到方词中的去声字对周词中的浊上声字的现象,就认为这是"浊上变去";又举晏殊词每片结尾句第二字及倒数第二字常用去声字,间用浊上声字的现象,于是也认为晏词中有"浊上变去"的例证。其实填词在声调上只讲求平仄,不再从仄声中严辨上去,用作韵脚尚且如此(毛驰黄曰:"填词之韵,大约平声独押,上去通押"),更不用说句中的字。

周祖谟先生曾在他的《宋代汴洛语音考》里也指出了宋代汴洛方音里上声浊母字已读为去,除以李涪《刊误》的话为旁证外,也引当时诗人用韵作证。他说:"如'是',广韵承纸切,上声纸韵禅母字,而《击壤集》卷九《自古吟》与'事、至、易'为韵,卷十八《师资吟》与'异'为韵,《简斋集》卷二十七《题象》与'寄、世、二'为韵,'事、至'等皆去声字也。又'动',广韵徒摁切,上声董韵定母字,而《击壤集》卷十八《观物吟》'动'与'重、众、用'为韵,'众、用'等皆去声字也。余如'士(止韵床母)、市(止韵禅母)、祀、似(止韵邪母)、静(静韵从母)、莠(有韵喻母)、泫(铣韵匣母)、弟(荠韵定母)'一类浊音上声字亦皆变为去声矣。"(见《宋代汴洛语音考》,辅仁学志第12卷,第284页)可是事实上并不完全是这样,如"是"字除周先生所引的跟去声字押韵外,又跟清上声字押韵。如《击壤集》的《辩熊耳》耳、是、水、矣(又去声)为韵;《人贵有精神吟》喜、是、比、此、美、子为韵。其他全浊上声字跟清上声字为韵的也不乏其例,如《击壤集》的《月新吟》似、喜为韵;《偶书》受、久为韵之类。更普遍的是清母上声字押入去声,如《击壤集》的《水火吟》济、至、此义叶;《观物吟》备、地、起、贵叶;《蝎蛇吟》死、异、事、尾叶;《多多吟》利、喜此事叶;《喜乐吟》喜、事、纪、此叶;《瓮牖吟》守、咎、宙、牖、斗、后、宙、玖、茂、有、走、受、陋、右、手、口、友、酒、偶、寿叶;等等。这足以证明宋诗里上去通叶,不是证明"浊上变去"。因为既是上去通押,也就无法肯定浊上是否变去了。

罗常培先生在他的《唐五代西北方音》(史语所单刊甲种之十二,1933年上海版)里指出:"全浊跟次浊的上声在这种方音(唐五代西北方音)里已竟显然的变成去声了。"他以《开蒙要训》中浊上注去例、去注浊上例加以证明,继引李涪《刊误》的话为旁证。旁证诚然确凿有据,然而《开蒙要训》本身注音之例尚不能帮助"浊上变去"这一结论的成立。因为上去声互注中,浊上跟去声相逢数远不及清上跟去声(浊上跟去声相逢10纽次,其他上声与去声相逢29纽次),清上断断乎不会变去,可见其注音时不严于声调。或可假定上、去两调调值极相近,注音人的语音习惯里没有声调的概念,也就不能精辨声调,乃造成各调通注之弊。罗先生在他的论文里也颇有这种见解,但在要证明"浊上变去"这一点时,提出新的看法,我们觉得这种看法还只能是一种假定,注音本身不能证实它。

从中、晚唐时期的诗里,是否可以使我们找到"浊上变去"的例证,还是一个悬而未决的问题。

最引人注目的是伟大诗人白居易的作品。白诗里有一首《琵琶行》,其中"住、部、妒、数、污、度、故、妇"为韵。"部(並、姥)、妇(並、有)"是全浊上声,"住(澄、遇)、妒(端、暮)、数(审、遇)、污(影、暮)、度(定、暮)、故(见、暮)"都是去声,因而这首诗被前人认为是"浊上变去"的绝妙例子。首先提出这一说的是钱玄同先生(参考于安澜《汉魏六朝韵谱》钱玄同序),说这是"据自然之音"。据《白氏长庆集》,像这样的浊上叶去的例子还有古调《高仆射》"泰、内、殆、外、载、世、辈、盖、迈、退、戒、带"为韵;《薛中丞》"遇、路、固、度、惧、复、具、柱、互、谕、恶、露、去、暮、数、故"为韵;格诗《自咏》"动、用、弄、梦"为韵;《卯时酒》"瀣、倍、内、背、大、带、代、碎、怪、载、盖、蜕、碍、外、会、泰、对"为韵;半格诗《春日闲居》"泳、鸣、病、性、圣、命、咏、幸"为韵;"事、意、味、累、至、二、媿、位、是、赐"为韵等。然而全浊上声字叶清上的比比皆是,就是上面所举,那些叶去的全浊上声字,同样也叶上声,(如'妇'在《青冢》里,'是'在《长恨歌》里都叶上声)。这样就很难解释出:如果是浊上变去的话,为什么表现出在此叶去,在彼叶上的矛盾现象。更重要的是唐诗中上去通叶的现象,不足为怪,白诗里更是多见。有清上叶去的:如律诗《冬日早起闲咏》"霰、见、卷、遍、劝、面"为韵;有次浊上声叶去的；如古体《开元寺东池早春》"滟、敛、染、汎、燄、念"为韵；上声叶去，自不限于浊上。白诗里是如此，在其他诗人的作品里也莫不如此，就是在晚唐如杜牧、李商隐、皮日休、陆龟蒙、聂夷中、唐彦谦、韩偓诸人的作品中，上去通叶仍是大量存在。因此我们得出一个总的概念：在唐宋的诗韵中，有浊上叶去的现象，但清上叶去更为多见，上去通叶成为诗韵中普遍现象，因此诗韵对于考察"浊上变去"这一语音演变现象是不足为凭的。

"浊上变去"现象有关的最重要的记载当推罗常培先生所引唐末李涪《刊误·切韵》中的一段话（见罗常培《唐五代西北方音》第127页所引，原文收在百川学海第十五册）：

然吴音乖舛，不亦甚乎？上声为去，去声为上……又恨怨之恨则在去声，佷戾之佷则在去声；又言辩之辩则在上声，冠弁之弁则在去声；又舅甥之舅则在上声，故旧之旧则在去声；又皓白之皓则在上声，号令之号则在去声；又以恐字苦字俱去声；今士君子于上声呼佷，去声呼恐，得不为有知之所笑乎？……凡中华音切莫过东都，盖居天下之中，禀气特正，予尝以其音证之，必大哂而异焉。……予今别白去上，各归本音；详较轻重，以符古义，理尽如此，岂无知音。

可惜我们见不到他这本"别白去上"的书，可是从他所举的这些系统性的例子也足够证实"浊上变去"的现象已经发生。罗先生说得好："他（指李涪）骂《切韵》是'吴音乖舛'，自然是冤枉了陆法言；可是从他所举的例看来，我们可以断定在他的方音里全浊上声是跟去声不分的。因为'佷'，胡恳切（匣，佷），'辩'，平免切（並，狝——原作符蹇切，类隔，依《集韵》改），'舅'，其九切（群，有），'皓'，胡老切（匣，皓），都是浊上；而'恨'，胡艮切（匣，恨），'弁'，皮变切（並，线），'旧'，其救切（群，宥），'号'，胡到切（匣，号），都是浊去；李涪既然不承认这种分别，可见在他的方音里当然混而为一了。至于'恐'字切韵本来有'丘陇'（溪，肿），'区用'

(溪,用)二切,'区用'一音也一定不是李涪的方言,所以他才觉得'上声呼恨,去声呼恐'不免'为有知之所笑'。"（见罗常培《唐五代西北方音》第127～128页）

李涪不是语言学家,《刊误·切韵》自然不免要说些外行话。可是正因为这一点,他的话越显得有价值,因为他能跳开传统的装在切韵系统那"空架子"里的字音规范,仗着一个地方的活语言音读说话,自然对我们更有用处。

李涪所指出的例证里,"佷"与"恨"对举;"辩"与"弁"对举;"舅"与"旧"对举;"皓"与"号"对举;都是全浊上声与全浊去声相混,而没有清音字掺杂进去,可证当时的"浊上变去"是变入浊去,其清去尚有其他一类去声调。这是"浊上变去"早期现象。王力先生曾认为这种同为浊纽上去声相混的现象最早起于中唐,从韩愈《讳辩》所说的话里可以引为例证（见王力《汉语史稿》上册,科学出版社,1957）。我们来看韩愈的《讳辩》（《朱文忠公校昌黎先生集》卷十二,四部丛刊初编本152,商务印书馆版）里所说的话:

　　……与贺争名者毁之曰:"贺父名晋肃,贺不得举进士"。为之劝举者为非,听之不察也,和而唱之,同然一辞。皇甫湜曰:"若不明白,子与贺且得罪"。愈曰然。律曰二名不偏讳。释之者曰:谓若言征不称在,言在不称征是也。律曰不讳嫌名。释之者曰:谓若禹与雨,丘与蓲之类是也。今贺父名晋肃,贺举进士为犯二名律乎,为犯嫌名律乎？父名晋肃,子不得举进士,若父名仁,子不得为人乎？夫讳始于何时？作法制以教天下者,非周公孔子欤？周公作不讳,孔子不偏讳二名,春秋不讥不讳嫌名,康王钊之孙,实为昭王。曾参之父名皙,曾子不讳昔。周之时有骐期,汉之时有杜度,此其子宜如何讳？将讳其嫌,遂讳其姓乎？将不讳其嫌者乎？汉讳武帝名彻为通,不闻又讳车辙之辙为某字也;讳吕后名雉为野鸡,不闻又讳治天下之治为某字也。今上章及诏,不闻讳浒、势、秉、饥(唐太祖名虎,太宗名世民,代祖名昞,玄宗名隆基)也。惟宦官宫妾,乃不敢言谕及机,以为触犯。……

从上文中他所涉及的字例中,禹雨(喻$_三$、麌)、丘蓲(影、侯)

(溪、尤)、晋进(精、震)、仁人(日、真)、钊昭(照、宵)、骐期(群、之)、彻辙(澄、薛)、势世(审、祭)、秉昞(帮、梗)皆为同纽同韵同调。暂(心、钖)与昔(心、昔)、饥(见、脂)与基(见、之)两组字同纽同调不同韵(这种不同韵在韩愈方音里也许同韵)。而杜(徒古切,定母姥韵)与度(徒故切,定母暮韵);雉(直几切,澄母旨韵)与治(直利切,澄母至韵)刚好是同纽同韵不同调,同是浊母,一上一去,这非常使人怀疑这是"浊上变去"现象的流露。

"浊上变去"除李涪《刊误》这一项系统的、确凿的史料外,紧跟着是北宋初年邵雍(1011—1077,范阳人)《皇极经世·声音唱和图》所反映的语音系统。《皇极经世》是一部很庞杂的书。我们仅取它的总括图,此图已经概括了全部声韵系统。邵有十声,十二音。"声"指韵,"音"指声,十二音图如下:

总括十二音图

	开发收闭 水火土石 清	开发收闭 水火土石 浊	开发收闭 水火土石 清	开发收闭 水火土石 浊
一音	古甲久癸	□□近揆	坤巧丘弃	□□乾虬
二音	黑花香血	黄华雄贤	五瓦仰□	吾牙月尧
三音	安亚乙一	□爻壬寅	母马美米	目貌眉民
四音	夫法□飞	父凡□吠	武晚□尾	文万□未
五音	卜百丙必	步白备鼻	普朴品匹	旁排平瓶
六音	东丹帝■	兑大弟■	土贪天■	同覃田■
七音	乃妳女■	内南年■	老冷吕■	鹿荦离■
八音	走哉足■	自在匠■	草采七■	曹才全■
九音	思三星■	寺□象■	□□□■	□□□■
十音	■山手■	■土石■	□□耳■	□□二■
十一音	■庄震■	■乍□■	■叉赤■	■崇辰■
十二音	■卓中■	■宅直■	■拆丑■	■茶呈■

从上面的音图里我们可以看出,邵子方音里不论哪一类声母都有清浊的对立。音一、音五、音六、音八、音十一、音十二是塞音、

塞擦音声母;纵行一、三行清,二、四行浊,清音一、三行的区别在于前者不送气,后者送气;与它相配的浊音二、四行的区别是前者全收仄声字,后者全收平声字,这正是后来北方话浊音清化后的现象,一望而知,这里也是浊音清化了的(参看陆志韦《记邵雍皇极经世的"天声地音"》,燕京学报第31期)。这里邵子的清浊并非指声母带音不带音而言,而是指声调的阴阳(应该是声调的高低,但是在具体语言中往往不一定是一高一低相应,所以这里用阴阳表示类别)而言。同时在音二、音三、音四、音七、音十里的边音、鼻音、半元音声母也分清浊,更证明了这一点(其他擦音声母的清浊也是声调不同)。这种声调成阴阳两大类,说明以声母清浊区分音位转换为以声调区分音位的情形。"浊上变去"在邵子方音里又是怎样的呢? 看起来音图没有给我们提供任何证据。但从它的整个音系来看,还是可以找到一些寻求解答的例子。图中的边音、鼻音、半元音声母在一、三行清音里全收上声,二、四行浊音里全收非上声,说明这些声母的上声有点特别,属于阴调那一类。这些声母在上声中表现得特别,也就说明原来的浊音在上声起了分化,一经分化就成为次浊声母变同上声的阴调,跟清母上声相混,全浊上声则变同去声的阳调。原来的上声阳调不再存在一个调位了。现代方音如吴语丹阳、靖江、江阴、苏州等处(见赵元任《现代吴语的研究》声调表,第76页,科学出版社,1956)。湘语邵阳、湘潭、临湘及湖北蒲圻、黄梅、监利、应山等处(参考《湖北方言调查报告》下卷)都是这样的情形。邵图的音系如果我们断定"浊上"已经"变去"的话,也是这种情形。邵图中"揆"、"父"、"象"、"士"……等全浊上声字都是放在阳调一类,也只可以认为变为阳去了。邵子方言呈四声七调的局面。

总上所考察的"浊上变去"现象,李涪《刊误》的话及邵图音系都是"浊上变去"早期的形态。这是发展的第一步,李涪时代应是在浊音清化之前,这时同纽同韵的浊上与浊去混一,邵子音图表明浊音已经清化，就是浊上变同去声的阳调。至于"浊上变去"第二步的演变，乃是将原来的去声阴阳二调合为一调，"浊上变去"就走完了最后的演变历程，成为"部"音"布"、"弟"音"帝"、"舅"音"究"的局面。这是宋以后的事，在《中原音韵》中已经显示出来，成为今天北方话诸方言的普遍现象。

  探讨"浊上变去"的根源，只有从声调发展本身特点中以及从声调诸形态的关系中去探讨才是正确的途径。如果企图从声母辅音的发音方法上去寻找变化的根源是不可能的。"声调与声母的发音方法最有关系，所以这一行差不多就是充分条件了。"(参见赵元任《现代吴语的研究》第73页)说声调与声母的发音方法有关系尚可，若说发音方法是声调变化的"充分条件"就难以令人信服。不可否认，浊音清化时，声调也起了重大的变化。乍一看来很容易使人误认浊音清化是声调的变化的原因。如果我们深入地去观测这种变化，就可以看出声母发音方法的变化跟声调的变化都有着本身的发展规律。两者不是互为因果的。发音方法的发展是浊音清化的过程，汉语浊音的性质是不送气的单纯浊音以及现代吴语和其他一些方言的清化带浊流的性质。中古时期的浊音是不送气的(参考陆志韦《古音说略》，燕京学报专刊之二十，第7~8页)。不送气的浊音清化后随声调的不同而变为两类(平声送气，仄声不送气)清音。这种演变倒可以解释为声调是发音方法变化的"充分条件"。但这是不可能的，因为我们不可能找到声调调型与发音方法之间的必然联系。也就是不能找出哪一种调型才使浊音变为送气清音，哪一种调型使浊音变为不送气清音的根据。同时，浊音清化的演变还有更多的形式，如客家话全部变送气，长沙话全部变不送气。发音方法对于声调也同样是这样。汉语声调的实质是元音音高曲线，我们管音高叫声调音高，管音高曲线型态叫调型。汉语的声调音高和调型是多种多样的，特别是在各方言中彼此差别极大，但在每一个具体方言或一个具体时期的方言里自成系统。各方言及历史上语言的声调有一种人为的"约数",即是四声。在某种程度上大约可以表现汉语声调的共性。相传周颙、沈约创四声,自然是一种误传,不过可以看到当四、五世纪时(或更早)人们的脑子里就有了声调的观念,于是定出类来研究汉语音韵。这种旧的分类沿袭了一千多年,其间汉语声调的变化和发展无疑是很大的,就从今日各方言的情形来看,声调音高、调型的分歧达到了不可思议的地步,从旧的类只能找到对应关系。这也说明声调变化的"向量"很大,有着自身的发展规律。旧的分类使我们局限于观测声调类别的演变,而看不到声调发展的全部,因而也就往往抓不到声调发展的本来的发展规律。"浊上变去"属于"跨类"的变化,而在整个声调变化中也许不是一种很重要的现象,正是因为这种"跨类"才引起人们的注意,单就这一现象而不去考察整个声调变化,自然很容易会跑到与之相关连的其他语言现象中去寻找原因。事实是很明显的,如上面所考察过的事实浊音清化之前,浊上已变去,浊音清化之后,浊上也变去,再者后来的去声阴阳两类混一,更是在浊音清化的演变过程以外进行的,这无论如何不能归结为浊上变去是因浊音清化所引起的。同时人们还有一种误解,以为从前是因声母的清浊不同一变而为声调的高低不同。这种误解也起源于严守四声的"框框"而来,以为古代四声,就是四种声调,或由于声母之清浊,在调子上呈现细微的差别,清高浊低,用现代方言可以作许多次证明,还可以补充古人作诗与韵,不是依四声押韵么?设若在古代的某一个时期,某一个具体方言确有过这种四声的局面,但也不能解释难保后来没有变化?此一地如此,另一地也就不一定如此,今日的方言可以为凭。清高浊低的现象是不是普遍?在今方言中除极少数有浊音的方言(如吴语吴兴话)是如此外,其他有浊音的方言中同是一个类,浊音的调比清音的调要高,同一个调系里,某些浊音的调比某些清音的调要高的情形比比皆是。说到作诗用韵方面，像今日实际语音里，已经发展到阴平与阳平的差别远远超过阴平与上、去的差别，但诗人用韵仍不是阴平与阳平相叶，而阴平与上、去不相叶么？假设四声是汉语声调的实际共性，为什么在今方言里不留下一点点痕迹？试举平声为例，阴平和阳平（有浊音的方言里可以叫清平浊平）在绝大多数方言中无论从调型上、调高上，都没有共同之点。所以证明四声不过是人为的分类，不代表汉语声调的实际情况，更不能据此把握声调的发展规律。"浊上变去"不过是声调变化中的一种现象，它的变化只能从声调本身发展规律中寻找根源。囿于传统的四声"框框"，怎么也找不到变化的本来缘由。

谈到声调本身的发展规律，首先也不能忽略它是受整个汉语音韵发展的规律所约束的。汉语音韵发展的规律可以简单地归结为由繁趋简与功能转化两类。由繁趋简多半是量的减少，如声母辅音发音部位的缩减、韵母元音由复杂到简单、介音互相转化、音髓消失、声调归并等现象。功能转化是在同等音位数量条件下，区分音位的功能在各语音成素中的互相转换，比如上古以元音长短（音质不同）作为区分音位的功能，转化为中古时期的以声母的清浊作为区别音位的功能。中古以后又有以声母的清浊作为区分音位的功能，转化为以声调调型的不同（不同型或不同音高）作为区分音位的功能。各个语音成素又有各自的发展规律。声调发展规律表现为同型不同高低或同高低不同型的声调合成或分化。"浊上变去"就是由这样的规律所引起的。可以看成变化之初，浊上跟浊去是同高低而调型微有不同的两个声调，于是两者发生合成作用，而混为一调。这在湖北蒲圻、湖南临湘方音里有这种情形，这些方言里上声跟阳去调型的起点同一高度，都是平调，不过声调曲线在上声略往低降，去声略往上升，形成两者调型微有不同的现

25

象。这些方言里浊上是变阳去的。可以代表"浊上变去"的早期的型态。再后的演变是去声阴阳合一,这是同型不同高的合成作用。湖南邵阳武冈方言里阳去(包括已变来的全浊上声)与阴去为同型(高升调)的两个调,而高低稍有不同。一者相应地高一点,一者相应地低一些。在这个方言里,逐渐合而为一了。老年人比较还能分辨,后生一辈的特别是带他地语音的人就几乎分辨不出来了。是否此地方言可以充当"浊上变去"第二步变化的旁证。当然不可一概而论,但是同型不同高低的声调能够起合成作用是常有的现象。

同高低而不同型的声调能够起合成作用也并非完全不可能。这样来看汉语声调由过去的四声到今北京语音的四声,由古四声到今广府话的九调或十调都能解释。不可认为由任何的调能够变成任何的调,更不可以认为声调的变化是由声母发音方法的演变而引起的,或者说声调的变化是以声母的发音方法作为它的充分条件的。

(原载《学术月刊》1958 年 2 月号)

略论汉语的入声

　　语言是民族的特征之一,不同的民族有不同的语言。语言的物质外壳——语音,也是随民族的不同而有不同的结构、不同的形式表现。汉语不同于俄语、英语,汉语语音也就有与俄语、英语语音不同的结构、形式。我们不能用自然主义的态度来对待语音,以为语音的发音基础是人类的器官,人类的器官在各民族之间是没有什么不同的;所发出的声音是一种物理现象,这在各民族之间也没有什么差别;因此,就否认民族语言的语音特点。这是错误的了解,因为语言是一种社会现象,它具有适应人类社会交际需要的本质。"语音只有结合为语词才能表达意义,而它的这种表义功能则是社会赋与它的。"(见罗常培、王均《普通语音学纲要》,科学出版社,1957,第52页)

　　汉语语音的最大特点是以一个一个的音节为单位,音节之间界限十分明晰(元音乐律性),没有像俄语的 ВЗГЛЯД,英语的 script 那样的音节。我国古代的诗歌有一段时期讲求"五言"、"七言",也就是从音节着眼,方块汉字也是以音节作单位的,一个音节有一定的结构方式,简单说来就是声、韵、调三个成素组成一个统一的整体。如下图:

声	韵			调
声母	韵头	韵腹	韵尾	声调

　　声母是音节的"起始"成素,汉语里的这个成素基本上是简单的,最复杂的只有 ts, tsʻ, tʂ, tʂʻ, tɕ, tɕʻ, pf, pfʻ 等及某些方言里的 mb, nd, ŋg 等这样的音,这还不能算做复辅音。上古汉语里有没有复辅音,至今还是一个疑案。瑞典高本汉(Bernhard Karlgren)从谐声通转上来证明上古有复辅音如 kl,gl 之类(见高本汉《Shi King researches》,Bulletin of the Museum of Far Eastern Antiquities,4,1932,第117~185页)。但是谐声通转的范围很广,很复杂,至今我们还没有找出它的规律来。韵母在汉语里是一个复合的成素,它具有韵头、韵腹、韵尾三项(当然不是每个字音都三项俱全)。韵头又称介音,是一个短而高的元音或半元音(如 i- u- y-),韵腹就是元音(如 a o),韵尾又称音随,有三种类型,一种是高短元音(如-i -u),一种是鼻辅音(如-m -n -ŋ),还有一种是塞而不裂的辅音(如-p -t -k)。这最后一种具有特殊的性质,构成汉语的入声,下面我们将详细讨论。声调是每一音节特定的音高曲线,汉语里可说没有不具备声调的音节。声调在汉语里能区别音位,有辨义的作用。

既然汉语语音是这样一种声、韵、调配合的结构模式,研究汉语语音也就有一定的方法。远在二世纪时,当汉语历史语音学萌芽时起,就开始用反切注音,反切这方法就是根据汉语音韵特点创造出来的,后来随着汉语历史语音学的发展,这种方法愈加完善起来。

汉语语音的发展,就是声、韵、调的发展,汉语语音的发展规律也体现在这三方面的发展规律中。一般的发展规律是在一个音节中声、韵、调的相互联系,相互影响而发展着,呈现出相互转化的现象。比如中古时期声母的清浊转化为现代汉语声调之阴阳,又如入声音随失去,元音延长,而归并入平、上、去声了。再者韵母中介音这一项随着元音和声母的影响而衰退或滋生。介音与介音之间相互转化得更加频繁,有开合、开齐、齐撮、合撮的相互交替。元音也发生位移,一般是元音高化。音随的相互转化尤甚,也就是"阴阳对转"、"阴入对转"、"阳入对转"。上列种种现象者是确切地表现了互相转化的规律的。我们研究汉语音韵的发展,也就是研究汉语声、韵、调的相互联系,相互转化的发展规律。

汉语的入声,它有两方面的特点,一方面是音节的元音是个短的,声调是短调;一方面是一个塞而不裂的辅音作收声(implosive -p -t -k)。除开这两个方面,就不能构成汉语里的入声。我国对声调的认识,大约起始于五世纪,相传沈约作《四声谱》,说明当时已经有了声调的概念。近几十年来,西方语音学被介绍过来,我国学者就应用语音学来解释声调,对汉语的声调有了更深一步的认识,了解到声调主要是音高曲线,刘复从实验证明声调只与音高有关(见刘复《四声实验录》)。后人又提到声调与音长、音强、音色不是完全没有关系(见王力《从元音的性质说到中国语的声调》),音高不过是主导方面而已。

构成入声既然有两个条件,一是元音短促,一是具有塞而不裂的辅音收声,这种收声究竟是怎样一种性质,怎样一种模式,它们在历史发展的过程中是怎样一种情形,是值得我们探讨的。入声收声的性质从现代汉语方言来看,是一个塞而不裂的清辅音,如广州方言里的-p、-t、-k,吴方言的-ʔ,整个汉语发展的历史中,应该只能是这样的性质。正如古人所说"入声短促急收藏"(见明释真空《玉钥匙歌诀》)。高本汉拟测上古音认定上古汉语的收声除有-p、-t、-k外,还有-b、-d、-g 等型式,是因为他看到舒声有与促声押韵、互谐的现象,于是就把阴声字也装上一个收声。这样一来,就造成一方面上古汉语除歌部、鱼部、侯部一部分韵母以外就再也没有开音节了,像这样的语言岂不是世界上最奇特的语言?这也就抹杀了我国古代诗歌的音乐性和可朗诵性,怎样也不能令人相信!另一方面,在一个语言里有-p、-t、-k 和-b、-d、-g 的对立,就不知道怎样一个念法。近年王力先生对这种理论进行了批判。王力先生采用黄侃平入两调说而有进一步的说解,认为上古汉语只有平入两调,平声是舒声,入声是促声,平声、入声又因音量的长短分为长平、短平(后发展为平上两调)和长入、短入(后发展为去入两调),因而得出一条结论:上古声调是元音长短为其特征,后来转变为以音高为其特征(见王力《汉语史稿》上册,科学出版社,1957)。这种看法是比较符合汉语的特征的,除了-p、-t、-k 之外,汉语入声韵还有没有其他的收声呢?高丽译音将山、臻两摄的入声译作-l,艾谨(J. Edkins)、伯希和(pelliot)对这种情形,解释为方言现象,他们采用-δ来代表。高本汉并解释它们的演变历程。"有些方言的-t 在别的地方读作-d,按照 pelliot 所确指的途径,中间经齿摩擦音 δ 而变成-r,这个-r 可以解释高丽的-l 了"(见高本汉《中国音韵学研究》,罗常培等译,第 455 页)。说这是方言现象还说得过去,只是高氏所解释的演变历程是不符合汉语历史的实际的。罗常培先生研究唐五代四种藏汉对音材料,也指出了唐五代西北方言中山、臻两摄入声收声译-r 的性质(见罗常培《唐五代西北方音》第 62 页)。现代汉语方言如江西昌都话山、臻、咸、深等摄的入声,湖北通城话咸、山、臻、深、梗、曾等摄的入声也有收-l 的现象(见丁声树等《湖北方言调查报告》第 1320 页)。

关于中古时期汉语入声韵的收声性质,从前的学者很少讨论,只有陆志韦先生曾经提出过一个假设,认为中古汉语入声韵收声是一个塞而不裂的辅音,但不敢肯定(见陆志韦《古音说略》,第 64 ~ 65 页)。这个假设很有价值,因为这关系到整个汉语的语音结构问题。我们觉得中古入声韵收声是塞而不裂的性质是有道理的。首先我们从《切韵》的反切方面来看,反切的原则是上字取其字,下字取其韵,两字相切以成音。但并不是简单地取声取韵,反切上字和反切下字是有联系的。我们在《切韵》的反切里看到这样一种情形:就是在 425 个反切上字中有 60 个入声字,共切 646 次,占全部 3609 个小韵的六分之一强,计:切出平声 227 次;切出上声 134 次;切出去声 188 次;切出入声 97 次(这是根据北京大学中文系佘光清先生的统计)。

略论汉语的入声

这种情形使我们可以推断出,反切上字用这样多的入声字,就显示出由于入声字音量短,入声字也跟平上去声字平行为反切上字。因此入声字的韵尾也只能是带有"唯闭音"的性质,是塞而不裂的音。如果带破裂音性质,那么切起来就形成一个"三截音"不合乎"两合"的原理。所以用入声字作反切上字证明入声字收声不能是破裂音的性质。

其次,从现代汉语方言来看,没有一处是入声字带破裂音性质的收声的。广州方言、客家方言、闽方言等保存最完备的入声韵收声,而所有这些方言入声韵收声都是一种塞而不裂的性质。可以说这些方言是保存了《切韵》的系统的。

再次,高丽译音将山、臻摄的入声韵收声译成-l,也可以解释为并不是译的方言现象,而是本来就是一个塞而不裂的-t,高丽音中没有相当的字母,所以只好用-l 来译,-l 与-t 的"始成期"恰好是差不多的。我们利用译音就是要特别小心,因为"当译音的时候彼此都不免有曲解读音、强人就己的毛病"(见罗常培《唐五代西北方音》,第62页)。

汉语入声收声的模式,上古时期的尚待研究,只能作一个初步假定,就是上古入声的模式也同中古时期的一样,也有-p、-t、-k 三套韵尾,不过有方言的分歧。中古时期的入声韵收声模式,可以肯定是-p、-t、-k 三套。以《切韵》为例,表现《切韵》的韵图将入声承阳声,有系统的配置:-p 承-m,-t 承-n,-k 承-ŋ。从中古时期的外国译音来看,如日译汉音、日译吴音、高丽译音、安南译音,都表露出这个系统(参考高本汉《中国音韵学研究》)。早期等韵如《韵镜》、《七音略》也是入声承阳声,是符合《切韵》的系统的。但后来的《四声等子》、《切韵指掌图》、《经史正音切韵指南》里面的入声再不是单承阳声韵,而是又承阴声韵,入声承阴声韵最早的记载是十一世纪邵雍《皇极经世·声音唱和图》,赵宋时的-p、-k、-t 已经变成近乎元

31

近代汉语音论

音的收声了(见陆志韦《记邵雍〈皇极经世〉的"天声地音"》,燕京学报第31期)。所谓"异平同入",例如《经史正音切韵指南》。

《经史正音切韵指南》入声兼承阴阳表

内转	通摄	东	:	屋
		冬	:	沃
		钟	:	烛
	止摄	脂	:	质
		微	:	物
	遇摄	鱼	:	烛
		虞	:	烛
		模	:	屋
	果摄	歌	:	铎
		戈	:	铎
	宕摄	阳	:	药
		唐	:	铎
	曾摄	蒸	:	职
		登	:	德
	流摄	尤	:	烛
		侯	:	屋
	深摄	侵	:	缉
	江摄	江	:	觉
外转	蟹摄	齐(废)(祭)	:	术
		皆	:	镴
		灰	:	末
		咍(泰)	:	曷
	臻摄	真	:	质
		谆	:	术
		文	:	物
		殷	:	迄
		痕魂	:	没
	山摄	元	:	月

32

略论汉语的入声

	寒	：	曷
	桓	：	末
	山	：	鎋
	仙	：	薛
效摄	宵	：	药
	肴	：	觉
	豪	：	铎
假摄	麻	：	鎋
梗摄	庚	：	陌
	清	：	昔
	青	：	锡
咸摄	覃	：	合
	盐	：	叶
	咸	：	洽
	凡	：	乏

　　从上表入声兼承阴阳的情形来看，当时入声收声三套型式已经在消变，从宋元的词曲用韵来看，也可以发现-p 与-t 混,-t 与-k 混的现象。陆志韦先生《记邵雍〈皇极经世〉的"天声地音"》说："诗人押韵的习惯，到了唐末已渐渐改变，入声虽然不能押阴声，然而-p、-t、-k 偶然互叶，再晚一点，《花间集》已经不少，这样的例子，宋词更多"。到了元代的《蒙古字韵》，入声再不承阳声，而一律承阴声，并且三套韵尾混而为一。如"圣、绩、溹、七、刺、缉，疾、寂、集、栗、力、立"同列。《蒙古字韵》入声承阴声如下表：

	四支	支	：	质缉
		支微齐	：	质职陌勿锡缉
		支齐	：	质锡
		支微灰(泰)	：	质陌职
		支齐	：	质锡
		支	：	质锡
		支	：	质陌

33

五鱼	虞鱼	:	屋沃质勿
	鱼虞	:	屋沃质勿月
六佳	灰佳(泰)	:	陌
	佳	:	陌
	佳	:	陌
	—	:	职
	—	:	职
十萧	豪肴	:	药觉
	萧	:	药
	萧	:	药
	肴	:	觉
	—	:	药觉
	—	:	药
十二歌	歌	:	曷合
	歌	:	曷
十五麻	麻	:	黠月洽合曷
	麻	:	黠洽
	麻	:	黠
	麻	:	屑叶月
	麻歌	:	屑叶月黠
	—	:	屑月
	歌	:	月

很显然,《蒙古字韵》所代表的音系已将-p、-t、-k 混而为一,入声承阴声是根据元音来分配的。是不是还有辅音韵尾？是怎样的性质？是一个难以决断的问题,陆志韦先生定为-ɿ、-ɦ(见《释中原音韵》,燕京学报第 31 期)。这里存而不论。到了《中原音韵》入声就似乎已经失去,派入三声了。很显然,《中原音韵》所代表的音系入声不但收声失去,而且元音延长,所以才能够"派入"平、上、去三声中去。

元明以降的各种韵书,关于入声有各种各样的处理方法,一种是依《中原音韵》那样将入声派入三声,如《中州乐府音韵类编》

等。一种是四声一贯,入声只承阳声,如《韵略易通》等。或只承阴声,如《五方元音》等。《五方元音》入声韵配阴声韵,只配单元音的阴声韵,可见在这种方言里入声还能保存短元音、短调的特点。还有一种是将入声别立,如《洪武正韵》。这种情况说明这些韵书都带有兼顾南北方音系统的色彩以及泥古的倾向。尤其说明在整个汉语里,有许多方言的入声都逐步消变,趋于消失,这种趋势愈来愈大,乃至今日除极少数的方言外,都不能保持中古汉语的面貌了。

总上所述,汉语的入声在汉语音韵中是一个衰落的历史现象。汉语音韵长期发展,都由复杂到简单这一规律所约制(由复杂到简单是事物发展规律的特殊表现形式,汉语音韵结构向简单方向发展,并不表明汉语发展到愈来愈贫乏;相反,结构愈简单,表义的功能愈大)。入声这一结构的渐趋衰退,表明了汉语音韵发展的一项具体内容。入声这一语音结构消亡以后,也改变了整个汉语音韵结构的面貌。以北京语音为标准音的普通话,是以汉语音韵发展的新的面貌出现的,也可以说明以北京语音作为汉民族共同语的标准音是汉语历史发展的必然结果。正是这样,普通话的语音系统也更利于全国人民所掌握,更能发挥作为汉民族共同的交际工具的作用。

(原载《人文杂志》1958年第4期)

八思巴字对音

——读龙果夫《八思巴字与古官话》*后

苏联杰出的汉学家龙果夫教授（А. А. Драгунов, 1900—1955）对汉语研究作出了许多重要的贡献。大家最熟悉的是他对现代汉语语法的研究（著有《现代汉语语法研究》〔郑祖庆译〕，科学出版社，1958年），现代汉语语音的研究（与其夫人龙果娃〔Е. Н. Драгунова〕合著《汉语普通话的音节结构》〔高祖舜译〕，见《中国语文》1958年11月号）。其次是汉语音韵史以及汉语方言的研究（著有《湖南湘潭和湘乡的方言》，苏联科学院通报〔社会科学部分〕，1932年）。他又是中国文字改革的最好朋友，曾经与瞿秋白同志一道草拟了中国拉丁化新文字方案并且对中国文字改革问题进行了科学研究（参看肖三《中国文字改革的最好朋友》，见《中国语文》1956年1月号。《祝中苏文字之交》，见《文字改革》1959年第21期）。他的全部著作以丰富的内容拓展了汉语研究的领域，以正确的理论给予汉语语言学者许多宝贵的启示。

龙果夫教授早期的研究活动在汉语音韵史方面，写下了《关于中国古音重订的贡献》（原载《通报》，1928年。唐虞译，见史语所《集刊》第3本第2分；又蒂若译文《灰韵之古读及其相关诸问题》见《中法大学月刊》第5卷第2期）、《八思巴字与古官话》和《中国古官话的波斯对音》（见《苏联科学院通报〔社会科学部分〕》，1931年）等多篇论文，都是很精彩的。其中《八思巴字与古官话》更是探讨了十三四世纪的汉语语音，对于研究普通话语音的形成和发展有很大的参考价值。

---

* 即唐虞译、罗常培校订《八思巴字与古汉语》，科学出版社，1959年11月第1版。

八思巴字对音

八思巴字是十三世纪西藏喇嘛八思巴仿效藏文体势而创制的一种蒙古文字,即所谓"蒙古新字",公元1269年元帝国把它作为国字在全国颁布施行。虽然这种文字通行得不很久远,却给我们保存了不少语言学的资料,即用八思巴字注汉字音的对音材料,包括碑刻、钱币、印章及《百家姓蒙古文》,以及用作注音规范的韵书《蒙古字韵》(现存抄本为1308年朱伯颜校订本,其影写本已经收入罗常培、蔡美彪《八思巴字与元代汉语》〔资料汇编〕,科学出版社,1959年11月出版)。十九世纪以后,西欧资产阶级东方学者致力于东方民族古文字的研究,对八思巴字也作了一些探讨(参看蔡美彪《北京大学文科研究所所藏元八思巴字碑拓序目》,见《国学季刊》第7卷第3期,1952年)。但是真正从语言学上研究八思巴字对音而作出了成绩的还是首推龙氏。龙氏这本书出版后,即刻引起了我国语言学界的重视。1938年罗常培先生修订了这本书的译文,并在书前写了一篇长序,详细地介绍龙氏构拟的元代官话语音系统,又补叙八思巴字的源流(参看罗常培《蒙古字韵跋》,见《益世报》1939年1月17日及《八思巴文和元代官话自序》,见《图书季刊》第1卷第3期,1939年)。后来罗先生参合新近获得的《蒙古字韵》照片及其他八思巴字对音资料继续进行研究,分析新的资料,同《古今韵会举要》、《中原音韵》等韵书作比较,找出八思巴字对音所代表的汉语音韵系统以及在普通话发展史上的地位,并对龙氏所得的结论有所补充或修订。他准备将研究结果写成《八思巴字的汉语对音系统在普通话发展史上的地位》一文,可惜这一工作没有进行到底就不幸逝世。

我国汉语音韵史的研究在长期的发展过程中形成了适合汉语语音特点的特殊方法。但是已往的研究工作都多少带有厚古薄今的倾向以及缺乏历史发展的观念。清代三百年中对上古音的研究有很大的发展;但是对中古音系统特别是近代语音系统很少涉及。本世纪初西欧学者利用历史比较法研究汉语音韵史,他们的共同特点是对于我国丰富的文献了解得不够以及从主观上来描绘汉语发展的情景,可以拿高本汉(B. Karlgren)作代表。高本汉研究汉语的历史,最热中于重建古音系统,对于语言的演变和发展却不重视,特别是对中古音及发展到现代语音的问题很不注意,并且在汉民族共同语的形成问题上暴露了他的错误观点:他绝不提汉民族共同口头语言在十三四世纪北方话的基础上开始形成这一客观事实,而是强调当时方言的分歧,把这种方言的分歧作为汉语历史上存在方言的例证。并竭力贬低蒙古译音(高本汉所指的蒙古译音还包括《元朝秘史》、《华夷译语》中的汉语专名的对音)的价值。他说:"元朝的蒙古译音里所保存的语言,显然是那个时候的许多方言中的一个。这个语言其实已经演变到了那种程度,我们不妨叫它作'老官话'了。例如止摄的'日'母字已经非常近似现代官话的读音œr;口部塞音的韵尾已经失去;等等。所以这个语言不过是一些范围极小的方言的'母语'。要具体的研究现代的方言跟它们从古代语言的演变,蒙古译音的价值是很平凡的"(《中国音韵学研究》中译本,1948年版,第237~238页)。龙果夫教授与这相反,把从六世纪到现在的汉语语音的演变首先作为自己仔细加以研究的对象(参看唐虞译《八思巴字与古官话》第1页,下同),并且在关于八思巴字对音的研究中科学地肯定了蒙古译音在语言学上的价值,提出了八思巴字对音所代表的语言由于政治上的缘故在有些地方当做标准官话使用的概念,在整篇论文中自始至终贯穿了阐明八思巴字对音的语音系统是由实际读音反映出来的这一明确的看法。龙氏研究这个问题,也促进了人们对近代语音史的研究兴趣。从这时候起,我国学者已注意到了近代语音史的研究。1932年罗常培先生发表了《中原音韵声类考》;1936年魏建功先生发表了《辽陵石刻哀册文中之入声韵》。今天,当我们大力推广以北京语音为标准音的普通话,积极探讨普通话形成的历史时,就更加感到龙氏的研究具有重大的意义。

八思巴字对音

利用汉语在别国或别的民族语言里的对音来研究汉语的音韵是本世纪初形成起来的一种新的方法,最初是用汉梵对音研究汉语的古音,写成专论的有:汪荣宝《歌戈鱼虞模古读考》(见《国学季刊》第1卷第2分,1923年);罗常培先生《知彻澄娘音值考》(见史语所《集刊》第3本第1分,1931年),《梵文颚音五母之藏汉对音研究》(史语所《集刊》第3本第2分)。后来采用汉藏对音研究汉语的中古音。1933年罗常培先生利用敦煌出土的汉藏对音文件及唐代碑拓进行研究,写成了著名的《唐五代西北方音》一书(史语所单刊之十二)。其次高本汉也曾利用汉语的日本译音、朝鲜译音、越南译音等作为构拟《切韵》音系的参考。龙氏采用这个方法有许多独到之处,比如他很注意译音人跟汉人由于语言习惯不同可能产生对译上的抵牾。他说:"如果我们不忘记这些八思巴碑文是综合一个外国人所听到而加以分析的汉语音系,那么这种抵牾就可以不解自明了。假使照我们所知道的,古汉语(即我们所称的中古音系统)ɣ和χ在i和ü的前头响亮度确实相同,这不一定说它们的声调也得是相同的。现在第一要注意的就是从一个中国人的观点上看z:s和d:t等音素(就是音位Phonematic)的不同并不在响亮度而是在声调。因此一个外国人听着是z:s,d:t;而一个中国人却听着是 ‹s:‹s, ‹t:‹t"。从这里我们还可以得到另外一种启示:八思巴字对音里用一套浊声母(b,d,g,dz,ʒ)对译中古音系的全清声母,用清的不送气的一套声母(p,t,k,ts,ĉ)对译中古音系的全浊声母。从当时别的史料里如代表曲韵的《中原音韵》以及汉语十三四世纪的波斯对音来看,中古音系的全浊声母已经失去,变同相当的清音。八思巴字对音所表现的这种区分,莫非只是显示声调的不同,并不是真有清浊声母的对立? 龙氏还运用了他对汉语方言的丰富知识来解决译音中的一些疑难问题。他又能从中古音系统出发,说明由中古到古官话的演变,有时还能把古官话跟现代普通话语音联系起来,指出语音发展的过程,这都是他超越前人的地方。

　　前面已经提到,龙氏在这本书中阐明了八思巴字对音的语音系统是反映了当时实际语音的问题,他说:"……我鉴于这些事实,打算在这篇论文里把八思巴碑文的语音特点研究出来,为的是显示这些碑文里所代表的'古官话'的声母系统绝不是靠古韵书的帮助臆造出来的,而是由实际的读音反映出来的。"(第3页)他举出三点理由来论证他的立说,其中第三项理由的见解是非常精辟的:

　　假如说八思巴字是由一种久已废异的读音构拟的,那么这位译音人怎么就会知道这一个人以前读作浊声,哪一个字读作清声呢?这大约可以说是从那些古韵书上知道的。不过这些韵书只告诉我们这些是 x,那些是 y,只有那些字的实际读音才能使这些记音解释的准确。……我们看一看八思巴字别的特点就可以毫无可疑的证明它是记载一种活语言的读音了。我们已经知道那些八思巴碑文里所代表的"古官话"的声母系统并不是摹仿古汉语,而是有几点和它不同的:

　　a) 古汉语和"古官话"都有 ɣ 和 χ。可是八思巴字在有几种情形之下古汉语 ɣ > "古官话" χ。这是一个绝妙的例子;它毫无错误地显示在那些确在开始清音化的例子里八思巴字绝不泥古,而是如实地记载着浊音的消失。

　　b) 在"古官话"和古汉语里都有声母[ʔ](影母)。八思巴字在那些古汉语原有[ʔ]而后来消失的字里却没有[ʔ]。只在"古官话"时期实在有[ʔ]音的字里才有ᠠ[ʔ]字母。

　　c) ……

　　d) ……

　　e) "古官话"和古汉语都有 ŋ 声母。可是我们在前面已经知道,在"古官话"里这个 ŋ 的分配和古汉语不同。ŋ 在 u 和 ü 的前头就像在现代"官话"方言里一样的消失。并且在古汉语有些没有 ŋ 的字里"古官话"里也有它。

　　f) ……

　　g) ……

　　h) 中古汉语(即宋代的语音)对于 f 和 f',ɱ 和 v 之间有分别(即非与敷,微与奉)。在八思巴碑文里中古音 ŋ>v;f,f',v>f(第22~23页)。

既然八思巴字对音系统跟中古音或宋代的语音有这许多不同之点,那么就不能说它是仿照韵书来的。八思巴字对音系统不只是跟中古音系统许多方面不合,就是跟能够揭露十一——十三世纪一些语音情况的传统的韵图如《四声等子》、《切韵指掌图》、《切韵指南》的语音系统也很不一致。比如八思巴字对音的 ei 韵里包含《切韵》支、脂、齐和质、锡等韵系的字,而这些韵系的字在那些韵图里是属于不同的摄的,即属止、蟹摄和臻、梗摄(入声)的。又《切韵》的入声韵在这韵图里兼承阴声韵和阳声韵,而在八思巴字对音系统里只承阴声韵,中古音的收声-p -t -k 已经混而为一,入声承阴声根据元音来分配(参看拙文《略论汉语的入声》,见《人文杂志》1958年第4期)。再是《切韵》系统的知组声母跟章、庄组声母在韵图里还有分别,而在八思巴字对音里也混同了。只有黄公绍的《古今韵会》所代表的音系跟八思巴字对音系统基本上一致。但不能说八思巴字对音是根据《韵会》,倒可以说《韵会》是照抄八思巴字对音系统的。由《韵会》卷首《礼部韵略七音三十六母通考》的《小序》所注:"《蒙古字韵》音同"可以看出来。又《韵会》第二卷第四页"宜"字下注:"疑羁切,角次浊音,旧音鱼羁切……案《蒙古韵略》宜字属疑母,旧音属鱼母,今依蒙古韵更定"。《韵会》跟所谓蒙古韵还有许多不牵涉到语音大系统的差别的例子,都作了注明。如第十六卷第九页"偶"下注:"语口切,角次浊音,蒙古韵入影母。"第十一卷第六页"冗"下注:"蒙古韵'冗'属'拱'字母韵"(《韵会》归在"孔"类)。有时采取两存的办法。如第七卷第二十四页"牙"下注:"牛加切,角次浊音,蒙古韵音入喻母。……案吴音牙字角次浊音,雅音牙字羽次浊音,故《蒙古韵略》凡疑母字皆入喻母(并不是所有疑母字皆入喻母),今案《七音韵》,牙字为角,则牙当为角次浊音明矣!今两存之(这里把《蒙古韵略》跟雅音联系在一起,也给解答《蒙古字韵》的语音性质问题提供了一些线索)。"何况《韵会》跟八思巴字对音系统的成立相距不远,而且它的语音系统也不是由已死的语言的反切反映出来的。龙氏这种看法是符合客观事实的,我国语言学家也相当同意。如陆志韦先生《释中原音韵》(燕京学报第31期,1946年)说:"跟《中原音韵》差不多同时的八思巴译音也应当是代表是当时的官话的……"罗常培先生在《八思巴字和古官话》里也谈到对龙氏这种看法相当赞同。

至于八思巴字对音的声母系统跟当时汉语专名对音及波斯对音不合,而大体上跟中国书本上的材料一致的情形,龙氏解释为:"我们没有充足的理由说'古官话'的语音组织是纯一的。在另一方面,我们的一些材料使我们可以说有两个大方言(或者是方言类)。从声母系统来看,它们是极端彼此分歧的:一个我们叫做甲类,包括八思巴碑文、《洪武正韵》、《切韵指南》;另一个我们叫做乙类——就是在各种外国名字的译音和波斯语译音里的。并且,甲类方言(就是八思巴字碑文所代表的)大概因为政治上的缘故,在有些地方也当作标准官话,可是这些地方的口语是属于乙类的。结果这些地方有些字有两种并行的读音,一种是官派的,像八思巴字所记载的;另一种是近代化的土话,像波斯对音所记载的。"(第23~24页)这样的处理办法对于探讨十三四世纪语音有很大启发性。我们看到《中原音韵》的系统跟八思巴字对音也是不同的,如果把它们归结为书面语读音系统跟口语语音系统的关系,问题就很明确了。从《蒙古字韵》通行全国作译音的规范来看,也可以证明八思巴字对音是当时很有势力的读音系统了。

龙氏在这本著作中所作出的结论,都具有语言学的意义,多半是可靠的。但是由于文献不足的局限,龙氏根据的只是八思巴文件里所找到的汉字703个,共出现1820次,八思巴字《百家姓》(日本元禄刻本)因为错误太多,只能参考。也产生了一些缺点,比如他误信了高本汉的 j 化（即软化或称喻化）声母说（j 化说其实不是高本汉的独创，1900 年荷兰人商克［S. H. Schaank］在他的《古代汉语发音学》［Ancient Chinese phonetics］里就提出了这一观念），以为"古官话"里也有 j 化声母。他说："我们在八思巴碑文里发现以下的结合写法：[g, k, kʻ, h+i, im, iŋ] 和 [g, kʻ, h+ėi, ėiŋ]。看一看 [g, k, kʻ, h+i, im, iŋ] 有规则的和古汉语的 j 化舌根声母 + -i-(-i) 相对照，[g, kʻ, h+ėi, ėiŋ] 有规则的和古汉语的纯舌根声母 + -i 相对照。我们就可以说古汉语里 j 化舌根音和纯舌根音的区别在'古官话'的 -i, -im, -iŋ 等韵母前头是依然存在的，八思巴字的 [ė] 字母就是用来标注这种区别的。"（本书第 9 页）

高本汉强加于中古汉语的 j 化说已经为我国学者彻底加以批判了（参看陆志韦《古音说略》，第 24 页，燕京学报专刊之二十，1947；李荣《切韵音系》，科学出版社，1956 新 1 版，第 107～110 页）。在八思巴字对音里同样不能得到证明。龙氏之所以得出上面的结论是因为资料不足，我们翻开《蒙古字韵》，情形就大为不同。《蒙古字韵》ėi 韵：

　gėi　雞雞稽枅笄　計係繫薊髻繼　吉激擊墼
　kʻėi　谿嵠溪磎谿　啟棨綮稽企跂　契企跂蚑棄弃　喫詰
　kėi　祇示歧歧派柢罊耆祁蕲
　χėi　醯
　γėi　奚傒嫨蹊稽兮鼷鼷屎　徯謑　系褉繫檄覡欯

在这 ėi 韵里固然有所谓纯舌根声母的字，即切韵系统的四等韵齐、锡韵系的字；也有所谓 j 化舌根声母的字，即切韵系统的寅类韵支、脂、质韵系的字。在 ėiŋ 韵里也是同样的情形，有纯的舌根声母青韵系的字，也有所谓 j 化的舌根声母丑类韵清、蒸等韵系的字，还有二等韵庚、耕韵系的字。所以八思巴字的 ė 不能说就是用来区别纯的和 j 化舌根声母的，"古官话"里也是无所谓 j 化不 j 化。

但是这些缺点是个别的，不能以瑕掩瑜，就龙氏这篇著作的整体来看,无论在观点上和方法上都是非常正确的,值得我们努力地学习。八思巴字对音系统经过龙果夫教授和罗常培先生的研究,已经给我们树立了良好的榜样,我们循着他们的路子再深入地探讨,一定能够对普通话语音史的形成和发展求得明确的解答。我写这篇读后感为的是把龙氏这部著作推荐给读者,并纪念罗常培先生逝世一周年。(1959年11月)

(原载《中国语文》1959年12月号)

《韵学集成》所传《中原雅音》

《韵学集成》又名《併音连声韵学集成》，十三卷，明代初期章黼(1378—1469)编①。章黼字道常，嘉定练川邑(今上海市嘉定县)人。这部书用了将近30年的时间，于明天顺庚辰(1460)编成②，明成化十七年(1481)刊行③。

《韵学集成》是根据当时流行的多种古今字书、韵书纂集的，收字43000多个，注释杂采众说，兼收并蓄。它的音韵系统完全按照《洪武正韵》编辑，计声母31类，韵母76类(平、上、去各22类，入10类)，声调4类。从汉语音韵史的角度看，这部韵书本身的价值是微乎其微的，但是它所采录的各种韵书，其中一部《中原雅音》，却是值得我们特别注意的。

《中原雅音》这部书，明代的著作中曾屡屡提到它。例如《洪武正韵·宋濂序》说："壹以中原雅音为定。复恐拘于方言，无以达于上下。"④吕坤《交泰韵·辨五方》说："中原当南北之间，际清浊之会，故宋制中原雅音，合南北之儒，酌五方之声，而一折中于中原。"⑤

---

① 章黼的生年是根据他在天顺庚辰(1460)写的《识语》云"时年八十有三"来推定的。卒年见《韵学集成·刘魁序》。

② 《识语》说："纂集编录……缮写，自宣德壬子(1432)岁起，至正统丙寅(1446)稿成。重理之，历丙子(1456)，凡数脱稿，迄天顺庚辰书完。"

③ 见《韵书集成·徐博序》。

④ 实际上《洪武正韵》并没有依据"中原雅音"审音定韵。正如吕坤《交泰韵·凡例》里所指出的："但《正韵》之初修也，高庙召群臣而命之云：'韵学起于江左，殊失正韵，须以中原雅音为定'。而诸臣自以为雅音矣，及查《正韵》，未必尽脱江左故习，如'序、叙、象、尚、丈、杏、幸、棒、项、受、舅'等字俱作上声。此类颇多，与雅音异。"

⑤ 吕坤《交泰韵》中提到《中原雅音》的有好几处，绝非向壁虚造。不过他把《中原雅音》定为宋代作品，很可疑。从音韵系统看，《中原雅音》似乎比元代的《中原音韵》要晚出。

到了明代末期，吕维祺《音韵日月灯》(1613—1633)还把《中原雅音》列入《采证篇·采择音韵书目》，吕书《凡例》里并说："以《正韵》、《中原雅音》考之，俱宜改正。"①王祯祚《清浊音韵鉴·自序》提到：在他的案头上成天摆着一部《中原雅音》，随时阅览。从此以后，这本书大概就亡佚了。

近人钱玄同、赵荫棠却断定"中原雅音"非书名，而是当时普通官话的名称。赵氏并做了一番考证②。用"中原雅音"指当时的共同语音，确有其事，如元代孔齐《至正直记》说："北方声音端正谓之中原雅音，今汴、洛、中山等处是也。南方风气不同，声音亦异，至于读音字样皆讹，轻重开合亦不辨，所谓不及中原远矣。此南方之不得其正也。"但这也不能排除用作书名。而且赵氏的论据是引毛注《礼部韵略》"以'中原雅声'求之"和《古今韵会举要》"惟以'雅音'求之"等语的，连"中原雅音"的字面都不见。即便把"中原雅声"、"雅音"都换成"中原雅音"，也难以用来否定《中原雅音》作为一部书的存在。现在有《韵书集成》摘录了《中原雅音》的许多内容这一事实，钱、赵的说法不攻自破。

《韵学集成》摘录的《中原雅音》内容，共 1300 余条，有注音，有释义，还有少数牵涉字形的。计单有注音的 1224 条，单有释义的 71 条，注音兼释义的 14 条，注字形的 10 条，其他 12 条。

所谓其他，就是有关《中原雅音》新增字的条目。例如：

  咱 子沙切，商清音，我也。《中原雅音》增。(9.44)③
  喥 七加切，商次清音，语辞。《中原雅音》增。(9.44)
  瞧 愉视貌。见《中原雅音》。(8.21)

---

① 据明崇祯七年(1634)原刊本，中国社会科学院语言研究所藏。
② 钱玄同以"辨'中原雅音'非书名"为"考辨之精"例，见赵荫棠《中原音韵研究》，商务印书馆，1956 年重印第一版。赵说也见《中原音韵研究》。
③ 括弧内圆点以前的数字表原书卷数，以后的数字表页数，下同。

《韵学集成》所传《中原雅音》

这些新增的字,都是不见于传统韵书,为《中原雅音》所特有的。其中"咱、砍、戳、瞧、潺"等 5 字,在新兴的韵书《中原音韵》里已经有了,其中"嗏、訃、瓻、趑、撽、屟、雄"等 7 字,《中原音韵》里不见,跟《中原音韵》同类的《词林要韵》①、《琼林雅韵》②里也没有收。由此可以看出,《中原雅音》也是一种摆脱因袭守旧作风的新兴的韵书,跟《中原音韵》一系的韵书是同样性质的,而在收字上比《中原音韵》一系的韵书范围要宽一些。

有关字形的条目,共 10 例,有 5 例"胸、搬、绊、疼、姥"等字见于《中原音韵》一系的书,还有 5 例,其中 4 例"榴、飑、拿、獝"《中原音韵》一系的书未收,一例"臁亦作臕",《中原音韵》一系的书有"臕"字而没有"臁"字。

《韵学集成》所传《中原雅音》,注音的最多,总共有 1238 条。注音的方法,有直音,有反切,还有一种"似"某音,姑且称做"摹拟"吧。详如下表:

注音方法	例字	注音例	条
直音	縠	中原雅音音古	702
反切	洪	中原雅音戏同切	432
直音+反切	肃	中原雅音音醋思雨切	46
反切+直音	颂	中原雅音思用切音宋	23
反切+摹拟	题	中原雅音剔奚切似梯音	30
直音+反切+摹拟	行	中原雅音音刑更作戏盈切似兴音	1
其它	也(平声)	中原雅音作平声用	1
	也(上声)	中原雅音作平声	1
	竖	中原雅音收去声	1
	江	中原雅音亦然分并	1
			1,238

---

① 作者和年代不详。原署"宋菉斐轩刊本",经赵荫棠考证,系元明之际的作品。本文据粤雅堂丛书本。

② 明初朱权撰,书成于洪武三十一年(1398)。本文据影抄洪武刊本。

近代汉语音论

从这些注音看,《中原雅音》反映了近代语音两项重大的语音变化,一是所谓"以浊音字更作清音",即浊音清化。例:颂,音宋(直音);洪,戏同切(反切);题,似梯音(摹拟)。浊音清化后,塞音、塞擦音平声变同"次清",仄声变同"全清","浊上变去"(並=病,技=记,被=贝,动=冻),这跟《中原音韵》一系的书完全一致。一是所谓"无入声",即入声消失。注音表明,入声字跟平、上、去声字已然混并(少数入声字"作"平、上、去声,可能还有区别除外)。这跟《中原音韵》的"入派三声",入声字"次本韵后","使黑白分明"又有很大差别。

《韵学集成》所传《中原雅音》,有释义85条,都注为"《中原雅音》云",即直接转录《中原雅音》的释义。这些释义言简意赅,通俗易懂,多半不见于经传,所以跟传统韵书的释义迥然不同,甚至跟新兴的韵书如《中原音韵》一系的书的释义①也很不同。举例如下(与《词林韵释》——一名《词林要韵》、《琼林雅韵》比较):

中原雅音		词林韵释	琼林雅韵
佈	佈置(3.79)	徧也	佈徧也
拐	拐骗(4.92)	携也	拐带骗也
唆	使唤(9.14)	喝唆儿声	喝唆小儿相应
褪	脱落(5.80)	卸衣花谢	卸衣
晌	晌午(10.47)	少时也	日中也
擱	拈擱(12.5)	手取也	戏令
霎	片时(13.32)	小雨	小雨也
掩	土埋(13.41)	土覆物也	土盖物也
勠	勠捕(8.16)	绝也杀也	绝也
搭	手搭(9.39)	手把著也	手把著也

---

① 《中原音韵》没有释义,跟它同类而较晚出的《词林韵释》和《琼林雅韵》有简单的释义。《中原雅音》的释义跟二书的释义除内容不同外,在收字上也有差别,《中原雅音》收字较二书为多。

从这些例子看,《中原雅音》释义绝大部分记录的是口语,比《词林韵释》、《琼林雅韵》更能反映活的语言。

总而言之,《中原雅音》是明初以前的打破传统韵书旧章程而记录活语言的一部韵书,它的音韵系统反映出早期"官话"的重大语音演变,它的释义提供了当时的口语实录,成为探讨近代汉语语音的很可宝贵的依据。可惜这书早已亡佚。今发现《韵学集成》保存了它的1300余条材料,涉及了1100多个小韵,又不能不说是近代语音史研究方面一件快事!爰记其大略,供同志们参考。

(原载《中国语文》1978 年第 4 期)

近代汉语-m 的转化

在汉语语音发展过程中，-m 韵尾转化为-n，是一项重大的演变。这种演变导致了汉语韵尾系统的简化，改变了汉语语音的结构。现代汉语除了个别方言，例如广府话、闽南（厦门）话、客家（梅县）话还保留-m 韵尾外，其他方言-m 都已经转化为-n 或-ŋ 了。

中古时期，-m、-n、-ŋ 韵尾齐全。《广韵》"侵、覃、谈、盐、添、咸、衔、严、凡"所谓"闭口"九韵（举平以赅上去）韵尾作-m，这是众所公认的。等韵的咸摄和深摄，归并中古音系，也该是反映带-m 韵尾的现象。

-m 韵尾转化为-n，就汉语的方言来说，很早就发生了。远的不说，中古以后，时有反映，比如唐代胡曾"戏妻族语不正"诗吐露出已经有了-m、-n 相混的方言①。唐代的变文，宋代的词②，金代的诸宫调③，元代的曲，都有一些-m、-n 或-m、-n、-ŋ 通押的例子，一般都认为是反映的某些方言现象。

就汉语共同语来说，到了十三四世纪，才有了少数-m 尾字转化为-n，这主要反映在周德清（1277—1365）的《中原音韵》（1324）里。《中原音韵》真文韵上声"牝(-n)品(-m)"同音；寒山韵平声阳

---

① 原诗是："呼十却为石，唤针将作真，忽然云雨至，总道是天因（阴）。""针、阴"收-m，"真、因"收-n。

② 如辛弃疾〔鹧鸪天〕《绿鬓都无》"侵神人云情深"为韵，"侵深"收-m，"神人云"收-n，"情"收-ŋ。〔西江月〕《一柱中擎》"寒山减悭还览"为韵，"减、览"收-m，余皆收-n。请参看鲁国尧《宋代辛弃疾等山东词人用韵考》，《南京大学学报》1979 年第 2 期。

③ 如《董西厢》卷七中吕调〔古轮台〕第二段"嫌变眼眼园乱拚远"为韵，"嫌"收-m，余皆收-n。

"烦繁膰(-n)礬蠜帆樊凡(-m)",去声"饭贩畈(-n)範(-m)泛(-n)范犯(-m)"同音。这些-m尾混入-n尾的字限于唇音声母(p- p'- f-等),这就是通常所说的"首尾异化"现象。至于绝大多数-m尾字还没有发生转化,正如王力先生《汉语史稿》(修订本上册,科学出版社,1958年,第35页)指出的:"《中原音韵》还保存着侵寻、监咸、廉纤三个'闭口韵',可见基本上还保存着-m尾。"

《中原音韵》的三个"闭口韵",都收-m,计有五个韵类,如下表:

中原音韵闭口韵表

广 韵	例 字	中 原 音 韵		
		韵 部	韵 类	拟 音
侵	簪森岑	侵 寻	簪 类	əm
	音金针侵林壬沉		金 类	iəm
覃谈衔咸	甘菴詀擔覃南含	监 咸	甘 类	am
咸 衔	监嵌咸渰岩		监 类	iam
盐严添凡	兼瞻尖添廉潜盐	廉 纤	兼 类	iɛm

周德清把-m尾字称做"合口"①,把-n、-ŋ尾字称做"开口",他竭力反对曲词里开、合(-m、-n、-ŋ)混押。他说:

> 切不可开合同押。《阳春白雪集》〔水仙子〕:"寿阳宫额得魁名,南浦西湖分外清,横斜疏影窗间印,惹诗人说到今。万花中先绽琼英,自古诗人爱,骑驴踏雪寻,冻在前村。"②开合同押,用了三韵,大可笑焉。词之法度全不知,妄乱编集板行,其不耻者如是……③

---

① 他的"合口"也包括中古收-p的字。比如他在《正语作词起例》第14条说:"《广韵》入声'缉'至'乏',《中原音韵》无合口,派入三声亦然。"
② 这段曲词收在杨朝英辑《阳春白雪》卷二商调,是杨朝英自己的作品。
③ 见《中原音韵·正语作词起例》第14条。周德清在《中原音韵·自序》里也对杨朝英和杨所编《阳春白雪》作了尖锐的批评。

这段曲词的韵字"名清英"收-ŋ，属于庚青韵；"今寻"收-m，属于侵寻韵；"村"收-n，属于真文韵，所以说"用了三韵"。周德清还专门举例教人们辨明-m尾字和-n尾字的分别。《正语作词起例》第21条诸方语病，有关分辨-m跟-n的共94例。计侵寻韵"针有真、金有斤、侵有亲、深有申、森有莘"等28例，监咸韵"庵有安、担有单、监有间、三有珊、贪有滩"等28例，廉纤韵"詹有毡、兼有坚、淹有烟、纤有先、金有千"等38例（前一字收-m，后一字收-n）。他如此不厌其烦地数列-m跟-n的区分，正好证明当时的"通语"里还保留-m尾。当然，这些例子也从反面告诉我们，当时-n、-m相混的方言已经有了相当大的势力。

有的学者却认为《中原音韵》保留三个"闭口韵"，是按照唱曲人的传统习惯，根据老的韵书而加以简化的，并不代表当时的实际语音①。

其实，《中原音韵》保留三个"闭口韵"，反映了当时实际语音是无可怀疑的。首先，元代的戏曲是一种新兴的文学，深受广大人民群众所喜爱，它的语言符合实际口语，是别种体裁的文学所望尘莫及的。周德清作《中原音韵》，正是为了给戏曲语言进行规范，"为订砭之文以正其语"，他的有关理论、方法的论据，都是从当时戏曲文学的实际出发，根据实际材料归纳出来的。《中原音韵》的韵谱理所当然反映的是当时的实际语音。其次，周德清的论述里，反复强调戏曲语言必须"以中原之音为正"，审音标准乃是"中原之音"②。这种"中原之音"就是当时北方广大地区通行的，应用于广泛的交际场合的一种共同语音③。由此可见，《中原音韵》的韵

---

① 参看朱星《汉语普通话的来历》，《语言教学与研究》第四集，第84页，北京语言学院，1979年2月。

② 《中原音韵·自序》说："言语一科。欲作乐府，必正言语，欲正言语，必宗中原之音。"

③ 《中原音韵·正语作词起例》说："……混一日久，四海同音。上自缙绅讲论治道及国语翻译，国学教授言语，下至讼庭理民，莫非中原之音。"

谱最能反映当时的共同语音。至于说《中原音韵》是根据老的韵书而加以简化的，也是找不到根据的。恰恰相反，根据老的韵书编制韵谱正是周德清所极力反对的。他明确地指出当时戏曲语言里产生某种混乱现象，乃是由于"坚守广韵、方语之徒""泥古非今，不达时变"，"动引广韵为证，宁甘受鴂舌之诮而不悔"所造成的。所以他完全摆脱那种僵化的老的韵书的陈章旧法，只凭着实际语音来审音定韵，对戏曲语言进行规范。

跟《中原音韵》同时期的另外一些语音资料也反映出-m 尾的存在。例如（一）元代出版的日用百科《新编纂图增类群书类要事林广记》（据元至顺间建安椿庄书院刻本影印本）后集（卷之九）幼学类"辨十四声"："〔口合〕甘含堪阖合（甘含堪收-m，阖合中古收-p）"。"口合"即周德清的"合口"。（二）陶宗仪《南村辍耕录》卷十九"射字法"条载当时"拊掌射字"（一种练习反切法的游艺）所使用的韵类代表字①，有四类字"侵、森、潭谈凡、盐添"不与真谆、臻、魂、痕、寒、欢、关、山、元、先等类字混同，显然是具有-m 韵尾的。（三）黄公绍、熊忠《古今韵会举要》的韵类划分，-m 尾字独立成类，跟-n、-ŋ 尾字严格区别开来。（四）《古今韵会举要》卷首所转引的《七音》小韵表，也是同样的情形。（五）八思巴字对音一律用八思巴字ꡏ（m）对译"闭口韵"的韵尾。《蒙古字韵》分十五韵部，其中侵、覃两个韵部相当于《中原音韵》的三个"闭口韵"，韵尾一律作ꡏ（m）。"蒙古字韵总括变化之图"把ꡏ（m）取名儿叫"噙口"，跟ꡎ（b）同类，描写了它的实际音值。

十三四世纪时，-m 韵尾只有唇音字已经转化为-n，其他的还能保存着。那么后来是什么时候转化的呢？王力先生说："在北方

---

① 全部韵类代表字是七言诗八句：东蒙锺江支兹为，微鱼胡模齐乖佳，灰咍真谆臻·匡亏，元魂痕寒欢关山，先森萧宵爻豪歌，戈麻阳唐耕钅荣，青蒸登尤侯车侵，潭谈盐添横光凡。共56字，除去相重的，计代表韵母38类。

话里,-m 的全部消失,不能晚于十六世纪,因为十七世纪初叶(1626)的《西儒耳目资》里已经不再有-m 尾的韵了。""到了十六世纪,-m 尾变了-n 尾,于是侵寻并入了真文,监咸并入了寒山,廉纤并入了先天。"①罗常培说:"在《中原音韵》的'正语作词起例'里已然列举'针有真、金有斤、贪有滩、南有难、詹有毡、兼有坚'等-m、-n 互混的现象,可见闭口韵的消变由来已久。在《韵略易通》(1442)里还遵守着《中原》和《洪武》的规模,没敢公然取消侵寻、缄咸、廉纤三部,到了《韵略汇通》(1642),就毫不客气地把侵寻并入真寻,缄咸并入山寒,廉纤并入先全。从此以后,在这一系韵书里就找不着闭口韵的踪影了。"②他们举的都是十七世纪的韵书的例子。十七世纪也是一个"音韵蜂出"的时代,这时期的韵书相当丰富,下面把《中原音韵》跟十七世纪各种主要"据音识字"的韵书关于-m 韵的处理列一张对照表(见下表)。

十七世纪的韵书分韵大多数都把"闭口韵"的韵类归并到-n 韵尾的韵部里去了,这绝不是偶然的。这只能说,这个时候,共同语音-m 尾已经转化为-n 尾,各种韵书才会竞相反映这种演变,证明前辈学者的论证是符合实际的。不过,这个时候也有五种韵书。

《中原音韵》与十七世纪韵书闭口韵分并对照表

韵 书	作 者	年代	闭口韵的分并					备注
中原音韵	周德清	1324	分五类	簪类	金类	甘类	监类	兼类	三韵部
重订司马温公等韵图经	徐 孝	1602	并入-n	臻摄		山摄			
交泰韵	吕 坤	1603	并入-n	真部		删部		先部	
字学元元	袁子让	1603	分三类	深摄		咸摄		盐摄	
韵表	叶秉敬	1605	分四类	侵部		覃部	咸部	盐部	

① 见王力《汉语史稿》(修订本)第 135 页。
② 见罗常培《京剧中的几个音韵问题》,《东方杂志》第 33 卷第 1 号,1936 年。又《罗常培语言学论文选集》,中华书局,1963 年,第 162 页。

韵 书	作 者	年代	闭口韵的分并					备注
元音谱	乔中和	1611	并入-n	奔佸		般佸		
韵法直图		?	分五类	簪韵	金韵	甘韵	监韵 兼韵	
韵法横图	李嘉绍	1614	分五类	簪韵	金韵	甘韵	监韵 兼韵	
西儒耳目资	金尼阁	1626	并入-n	en	in	an	ien	
切韵声原	方以智	1641	分二类	音唵部		淹咸部		
韵略汇通	毕拱辰	1642	并入-n	真寻部		山寒部	先全部	
五方元音	樊腾凤	1654—1673	并入-n	人 部		天 部		
拙庵韵悟	赵绍箕	1674	并入-n	昆 部		官 部		
等 音	马自援	1674	并入-n	裩 部		官 部		
声 位	林本位		并入-n	昆 部		官 部		
三教经书文字根本	阿摩利谛	1699—1701	并入-n	根 部		干 部		

显示出还保留-m尾,这种矛盾现象也还需要进一步地探索,说明保留-m尾的原因和它的实质。对于这种情况,我们拟暂时提出一些假定,供同志们研究时参考。

袁子让的《字学元元》把原-m尾的韵分为"深、咸、盐"三摄,跟-n尾的韵类对立,似乎跟他的"元音"基础理论有关。他的"元音"论认为语音是永恒地固定在一个体系之中,是不变的,保留-m尾就可能是他的固定的体系,或者是承袭老的韵书的分类。

叶秉敬的《韵表》是一种等韵图谱,晚期等韵派的分韵,一般说是比较守旧的。他把"闭口韵"称作"合口",-n尾韵称作"向外",把-ŋ尾韵称作"向内",这样的名词也比较含糊,未必就是分辨-m、-n、-ŋ的。他还说:"今吴越讴歌,并有开合。"事实上,当时吴、越绝不会还有"闭口韵"的唱法,所以他所谓"合口",指的不是真正的-m尾字。

《韵法直图》,作者未详,从内容看,跟《中原音韵》的音韵系统很接近。梅膺祚"从新安得是图",很可能这书很早就有的,不是十七世纪的作品。它的保存-m尾的五韵（跟《中原音韵》完全相同）不能代表这时期的语音实际。

《韵法横图》李嘉绍作，它是沿袭《韵法直图》的分韵而加以改编的。"一直一横，互相吻合，……其图不同，而理同也"（梅膺祚语）。也不能算作是反映了当代语音。

方以智《切韵声原》，最初分十六摄，保存了-m尾的各韵，但当他后来把十六摄归并为十二摄的时候，就取消了-m尾的各韵。因此可以解释为当初分韵保留-m尾是不当的，后来作了改正。

如上所述，-m韵尾的全部转化，就时间来说，上限和下限都基本上明确了。即-m韵尾的全部转化发生在十四世纪到十六世纪末约三百年的一段时间里。现在应该进一步地探讨一下这种演变发生的更为确切的年代。

我们先从曲韵方面来看。十四世纪以后，度曲家对"闭口韵"有过一些讨论。如李开先（1501—1568）对元代白朴的〔梧桐雨〕《迎仙客》，偶然以监咸韵叶寒山韵进行非难①。王骥德《曲律》卷八专门有一章"论闭口字"，沈宠绥《度曲须知》的"中秋品曲"、"出字总诀"、"收音总诀"等章节里对"闭口韵"并有过很细致的摹拟。至于曲韵韵书的分韵，从《中原音韵》以后都保存"闭口韵"的韵部，请看下表②：

曲韵韵书闭口韵分部对照表

书　　名	编著年代	闭　口　韵　分　部		
中原音韵	1324	侵寻	监咸	廉纤
中州乐府音韵类编	1351	寻侵	监咸	廉纤

---

① 李开先《词谑》："〔梧桐雨〕中中吕，白仁甫所制也，亦甚合调。但其间有数字误入先天、桓欢、监咸等韵，悉为改正。"中吕调的《迎仙客》"甘丹间艰安犯"为韵，"甘"属监咸韵，余皆属寒山韵。

② 本表采自罗常培《京剧中的几个音韵问题》所列各种韵书韵目对照表的一部分。

书　名	编著年代	闭口韵分部		
琼林雅韵	1398	金琛	潭岩	恬谦
词林要韵	1483	金音	南三	占炎
增注中原音韵	1508 前	侵寻	监咸	廉纤
中州全韵	?	侵寻	监咸	纤廉
中州音韵辑要	1781	侵寻	监咸	纤廉
曲韵骊珠	1792	侵寻	监咸	纤廉
增订中州全韵	1791?	侵寻	监咸	廉纤

从表里可以看出，直到十八世纪末，曲韵还保留三个"闭口韵"，跟《中原音韵》一脉相承，没有什么变化。难道说，到了这个时候，实际语音还能保留-m 韵尾么？这显然是不可能的。只能认为后期的曲韵是沿袭了《中原音韵》的分韵系统的。《中原音韵》是最早的一部曲韵，影响深远。后起的曲韵韵书包括南曲韵书在内，莫不以《中原音韵》为蓝本来编制，或就着它的体例加以诠释，或根据它的分韵体系加以增补。曲论也往往是就着《中原音韵》来立论的，不脱窠臼。显而易见，晚期的曲韵曲论的因袭作风严重地影响着戏曲语言随着实际语言的变化而变化，往往囿于某种传统的习惯，因而戏曲的唱念声腔随着时间的推移越来越跟实际语音脱节。关于这方面的情况，这里不能具论，仅举有关"闭口韵"的两个例子，说明晚期曲韵的传统习惯跟实际语音的差异。

（一）十五世纪以后，北曲逐渐衰落，南曲勃兴，取代了北曲，这时期的曲韵著作多半为南曲而设。照说南曲"以吴音为正"（见王骥德《曲律·论腔调》），"吴音"是早就没有了"闭口韵"①，可是这些曲韵韵书依然分出了三个"闭口韵"韵部。

（二）何良俊《曲韵》里告诉我们一个故事：南京有位老艺人名

---

① 徐渭（1521—1593）《南词叙录》："吴人不辨'清(-ŋ)亲(-n)侵(-m)'三韵。"王骥德《曲律·论闭口字》："盖吴人无闭口字，每以'亲'为'侵'，以'监(-m)'为'奸(-n)'，以'廉(-m)'为'连(-n)'，至十九韵中，遂缺其三。"

叫顿仁的,他学唱北曲,成天捧着《中原音韵》、《琼林雅韵》查字正音,还不免把"毡(-n)"字误唱成闭口音。说明实际语音已经没有-m,才会闹出这样的笑话。

由此可见,晚期曲韵里保留的"闭口韵"跟实际语音是脱节的。也就是说,考察-m 韵尾的转化,曲韵一系的资料不能给我们提供多少可靠的依据。

我们再从曲韵以外的其他韵书等语音资料来看,从十七世纪上溯。首推李登《书文音义便考私编》,这书是十六世纪晚期的著作,刊于 1587 年。赵荫棠已经介绍过了,并指出:"此中关于闭口韵(-m),已有归并于(-n)之象,虽云'内自有辨',而这种归并不是无因的。"(见赵荫棠《等韵源流》,商务印书馆 1957 年初版,第 213 页)李氏把-m 尾的四部(按以《平水韵》韵目而言)分别并到-n 尾的三部:

  上平声 七真 兼旧韵侵,内自有辨。
      十二寒 兼旧韵删覃咸,内自有辨。
  下平声 一先 兼旧韵盐,内自有辨。

归并之后,又说"内自有辨",说明他对于旧韵的分韵改革得还不够大胆,但总算吐露了当时-m 尾转化为-n 的消息。

同时,王荔的《正音捃音》〔书成于十六世纪晚期,刊于明崇祯元年(1628)(见唐作藩《正音捃言的韵母系统》,中国语文 1980 年第 1 期)〕分二十二韵,-m 韵都归并到-n 韵去了。例如本书卷二第九"吟韵"下对句韵语其二:

  莲对菊,凤对麟。麻冕对葛巾。渚清对沙白,霞重对岚深。荒邸梦,故园心,吹笛对鸣琴。草迎金埒马,花伴玉楼人。风细窗前横夏簟,月明门外急秋砧。清夜词成,炀帝那思玉树曲;长门献赋,相如不记白头吟。

其中"深、心、琴、砧、吟"原为-m 尾,现在与"麟、巾、人"等-n 尾字相押,同在一个韵里。

再往上就是云南和尚本悟(1440—1567?)的《韵略易通》,书大约编成于十六世纪初期,是根据兰茂的《韵略易通》改编的。分韵全承兰书。这书最特别之处是阳声韵十部注上"重"韵,阴声韵只有支辞、西微两部的"知"、"照"变音注上"重韵",阳声韵真文韵与侵寻韵相重,山寒韵与缄咸韵相重,先全韵与廉纤韵相重。也就是说,-n 尾韵跟相应的-m 尾韵相重,这就清楚地反映了-m 尾跟-n 尾相混的现象。陆志韦曾把本悟所注的重韵列出一个统计表,经考察后,觉得"重"字的意义不能确定,有些重韵可以用方言来解释,在"古今官话方言之中,断不能有一种可以符合这表所暗示的条件的","那些注也许单为禅门作偈之用"(见陆志韦《记兰茂韵略易通》,《燕京学报》第 32 期,1947 年,第 167~168 页)。说本悟的有些重韵反映了方言的变读是有点道理的,拿现代云南弥勒方言的鼻化韵来看,完全可以解释本悟阳声韵的"重韵"现象,当然现代方言不等于古代方言,但至少从结构上说,古今方言还是可以有对应的关系的。此外,兰茂在 1460 年还写过一部《声律发凡》,也把-m 韵注上"重先天"、"重仙寒"字样。这书是供方言区(云南)的人学"官话"用的,注上这一类重韵可能是为了避免照自己方言来读,因为他的"官话"音是有-m 韵尾的。本悟的"重韵"反映当时方言现象那是毋庸置疑的,至于能否反映当时官话的音变,那就难说了。

再往上溯,最引人注目的是朝鲜中宗朝(1506—1543)崔世珍所撰《四声通解》(1517)所注的谚文对汉语音。这书是据朝鲜世宗朝申叔舟(1417—1475)所撰《四声通考》(1449)加以增注的①。它的《凡例》(转引自小仓进平《朝鲜语学史》第 476 页)有一条说:

  诸韵终声ㄴ、ㅇ、ㅁ(-n、-ŋ、-m)之呼,初不相混,而直以侵、覃、盐合口终声,汉俗皆呼为ㄴ,故真与侵、删与覃、先与盐之音多相混矣。

---

① 郑东愈《昼永编》:"《四声通考》近世无传焉。……然则后人之于字书,所以考信者,惟崔世珍一人。崔即中庙时人也,崔就《四声通考》解其字义,为《四声通解》。"

这里明确不过地指出了"汉俗"已经把-m尾字念成-n尾,真与侵、删与覃、先与盐混而不分了。

所谓"汉俗"即汉语的俗音。崔氏书里关于汉语有"正音、南音、俗音"之分。"正音"是指《洪武正韵》的音系,"南音"是泛指当时中国南方方言,"俗音"或指当时的"官话"。崔氏这书是供朝鲜人学习汉文和汉语查字正音用的,注音的方法是采用朝鲜世宗朝于1443年颁行的谚文,于汉字之下注明"正音"和"俗音",他对申氏原注的"俗音"又根据自己"所得闻之音"加以厘定。崔氏"精于华语,兼通吏文,屡赴燕质习"①,又是《老乞大》、《朴通事》二书(朝鲜人学汉语会话手册)谚解的创始人,他所注的他那个时期的汉语音和关于汉语音的解说,无疑是可靠的。可惜他的这两种书都已经失传了。现存的《老乞大谚解》(1670?)和《朴通事谚解》(1677)是朝鲜肃宗朝边暹(宪)、朴正华厘定的本子,书里汉字右边的谚文对音(俗音),原-m尾字除了少数几个如"甚 ʃem"、"怎 tsəm"还保存-m外,其余一概作-n尾。例:"簪 tʃan"、"金 kin"、"甘 kan"、"监 kɤn""闪陕 ʃiɤn"(参看胡明扬《〈老乞大谚解〉和〈朴通事谚解〉中所见的汉语朝鲜语对音》,《中国语文》1963年第3期,第185~192页)。陆志韦曾经说,根据崔氏《训蒙字会》的谚文汉语对音来看,今本《老、朴谚解》的对音虽经边、朴有所厘定,但大致上还能保存崔世珍原本的面貌,其右行的谚解大致上还能代表十六世纪初叶的汉语语音。

综上所述,近代汉语-m的转化,"是逐步进行的,先是首尾异化,后来整个失去"(见陆志韦《释中原音韵》,《燕京学报》第31期,1946年,第39页),跟-n合流了。-m的部分转化不晚于十四世纪,全部转化不晚

---

① 《稗官杂记》:"崔同知世珍精于华语,兼通吏文,屡赴燕质习,凡中朝制度物名靡不通晓。尝撰《四声通解》、《训蒙字会》以进,又奉教谚解《老乞大》、《朴通事》等书,至今学译者如指诸掌,不烦寻师。"

于十六世纪初叶。这是就"通语""官话"而言,至于在汉语的方言里,这种演变的发生要早得多。可以说,-m 的转化先是从方言里发生,由方言逐步扩展,然后影响到共同语,也发生了这种演变。

(原载《语言学论丛》第 7 辑,商务印书馆
1981 年 7 月第 1 版)

汉语"影、幺、鱼、喻"的八思巴字译音

一

早期关于八思巴字的研究,主要内容是搜集、整理八思巴字文物和文献,考释、解读它的铭文和原文的音义,钻研一些跟它有关的问题。自从苏联龙果夫(A. A. Драгунов)于1930年在《苏联科学院通报》(人文科学部分)上发表了《八思巴字和古官话》以后,这项研究才进入了一个新的阶段。龙果夫利用八思巴字碑刻的703个汉语对音,对元代汉语的音韵系统进行了构拟,开辟了从语言学方面研究八思巴字的工作。往后罗常培、陆志韦、波普(N. Poppe)、服部四郎、烈维茨基(M. Lewicki)、李盖提(L. Ligeti)、柯劳孙(G. L. M. Clauson)、邓临尔(Paul B. Denlinger)以及桥本万太郎、中野美代子等人,都就这个课题继续进行研究,不断地取得了新的成果。龙氏筚路蓝缕之功诚不可没,诸家增益之力尤堪称道。但是迄今为止,关于八思巴字汉语音韵的研究,尚有不少的疑难问题未及解答,前人已经得出的结论又不无可商榷之处,因此,还需要进一步地钻研和探讨。

本文仅就汉语"影、幺、鱼、喻"的八思巴字译音,探讨一下这些声类的读音,以及有关的语音演变问题,提出自己粗浅的看法,请同志们批评、指正。

二

"影、幺、鱼、喻"是指十三、十四世纪出现的汉语声母系统中

汉语"影、幺、鱼、喻"的八思巴字译音

的四个声类,黄公绍、熊忠《古今韵会举要》①(简称《韵会》,下同)、《韵会》卷首转引的《礼部韵略七音三十六母通考》②(简称《七音》,下同)、朱宗文《蒙古字韵》③都是这样分类的,这四个声类的八思巴字译音为·(影)、j̣(幺)、'(鱼)、j(喻)④。它们跟《切韵》的声母系统和等韵三十六字母的对应关系如下表。

表 一

	韵会	七音	蒙古字韵	八思巴字	切韵	等韵
影	羽清音	影	影	·	影	影
幺	羽次清次音	幺		j̣		
鱼	角次浊次音	鱼	喻	'	云	喻
喻	羽次清音	喻		j	以	

这四个声类在《切韵》里属于影、云(喻$_三$)、以(喻$_四$),在等韵三十六字母里属于影、喻,《蒙古字韵·字母》的汉字标目同等韵三十六字母,而八思巴字标目仍是四类。从语音史的角度来看,这种现象似乎反映出声母的分化。

---

① 《古今韵会举要》共 30 卷,题"昭武黄公绍直翁编辑,昭武熊忠子中举要",书成于元成宗铁木耳大德元年(1297 年)。今存有元刊明万历庚子(1600 年)重修本、元刊明嘉靖十五年(1536 年)补刊本、明嘉靖丁亥(1527 年)郑氏宗文堂重刊本、明刊别本、清光绪二年(1876 年)精写本样本、清光绪九年(1883 年)淮南书局重刊本等版本,本文据明嘉靖丁亥重刊本。

② 本书现已亡佚,作者及成书年代无考,《韵会》转引的仅是一个小韵表。

③ 朱宗文校订的《蒙古字韵》,成于元武宗至大戊申(1308 年),刻本失传,今仅存旧写本,藏伦敦大英博物馆,国内有影抄影印本,载罗常培、蔡美彪《八思巴字与元代汉语》〔资料汇编〕,科学出版社,1959 年 11 月第 1 版,第 93~127 页。国外有壸井义正编《影印大英博物馆藏旧钞本〈蒙古字韵〉》,日本关西大学东西学术研究所刊,1956 年,共 128 页。

④ 这是八思巴字汉语的转写形式,原文是ꡁ(·)ꡚ(j̣)ꡖ(')ꡗ(j)。关于八思巴字的转写方案,是照那斯图同志和笔者参照前人的转写方案后共同制定的,详见《蒙古字韵校本》,民族出版社 1987 年 10 月第 1 版。

三

《切韵》和等韵三十六字母的"影",在八思巴字译音里分化为"影、幺",一类分为二类,其分化的条件如下表。

表 二

切韵 \ 八思巴		影	幺
影	一等	东[1] 唐开 唐合 灰合 泰合 模 屋 沃 咍开 泰开 痕开 魂合 寒开 寒合 豪 铎开 铎合 侯 覃 谈 歌开 末开 歌合 末合	
	二等	耕合 佳合 陌合 删合 麻合	耕开 佳开 陌开 皆开 麦开 夬开 删开 山开 肴 觉 咸 衔 麻开 狎
	三子[2]	庚开 微开 微合 废合 物合 殷 文合 元开 元合 严 凡 月开 业	
	三丑	钟 蒸开 阳开 屋 阳合 职开 职合 之开 鱼 虞 药开 药合 尤	(清开 清合 幽)
	三寅	支开 B 脂开 B 缉 B 祭开 B 支合 B 宵 B 仙开 B 盐 B 侵 B	支开 A 脂开 A 支合 A 真开 A 仙合 A 宵 A 侵 A 叶 A 盐 A
	四等	(屑合)	青合 齐开 先开 先合 薛 屑合

表注:

〔1〕东,举平以赅上去,下同。

〔2〕关于《切韵》韵母的分类,采用李荣先生的分法,见《切韵音系》,第76~79页。

从上表可以看出影母分化的条件是一种有规律的现象。即：

（甲）一等、二等合口、三等子类、三等丑类、三等寅类 B（等韵排在三等格子里的）→影

（乙）二等开口、三等寅类 A（等韵排在四等格子里的）、四等→幺

（甲）的例外仅三等丑类清开"婴、瘿"，清合"萦"，幽"幽、黝、幼"等小韵(→幺)；（乙）的例外仅四等屑合"抉"小韵(→影)。

《切韵》的"云、以"，等韵的"喻"，在八思巴字译音里作"鱼、喻"，跟《切韵》完全相合，即鱼 = 云，喻 = 以。等韵把二者合并为"喻"，但分别排在三等和四等格子里。"鱼、喻"分配的条件如下表(表三)。

表　三

切韵 \ 八思巴		鱼	喻
云以（喻）	三子	微合　月合　文合　元合 庚合　物合	
	三丑	阳合　虞　屋　药合　尤[1]	东　钟　清开　清合 蒸开　阳开　昔开　鱼 之开　职开　昔合　烛 药开　尤　麻开
	三寅	支合 B　脂合 B　祭合 B 质合 B　真合 B　仙开 B 仙合 B　盐 B[1]	支开 A　质开 A　脂开 A 祭开 A　缉　脂合 A 祭合 A　侵 A　质合 A 真合 A　仙合 A　宵 A 薛合 A　仙开 A　盐 A 薛开 A　叶 A

表注：

〔1〕三等丑类尤云母"尤、有、宥"小韵，三等寅类盐 B 云母"炎"小韵，八思巴字译音作"疑"[ŋ]，《韵会》、《七音》也同。云母照说不可能变成鼻音，只可以说是寄生出一个[ŋ]。

四

八思巴字译音的"鱼、喻",除了包含《切韵》的"云、以"外,还包含《切韵》的"疑"母字。"疑"在这个时候已经有一部分失去软腭鼻音,跟"鱼、喻"合流了。这就是所谓"牙音"转为"喉音","疑母入喻母"①,"疑"母没有失去软腭鼻音的那一部分,八思巴字一律译写作"疑"[ŋ]。疑母字哪些保存,哪些失去,这里不具论,仅把已经失去的并跟"鱼、喻"合流的情况列成下表。

表 四

切韵＼八思巴		鱼	喻
疑	一等	灰合 泰合	
	二等	皆合 删合 麻合 锴合	庚开 佳开 陌开 皆开 山开 删开 肴 觉 咸 衔 麻开
	三子	微合 物合 元合 月合	
	三丑	钟 鱼 屋 虞	
	三寅	支合 B	祭开 A
	四等		齐 萧 屑开

表中显示"疑"变"鱼、喻"的条件也是有规律的。即:

(甲)一等(只有合口字)、二等合口、三类子类(只有合口字)、三等丑类(只有独韵字)、三等寅类 B(等韵排在三等格子里的)→鱼

---

① 《韵会》卷首《凡例·音例》:"吴音角次浊音,即雅音羽次浊音,故吴音疑母字有入《蒙古韵》喻母者,今此类并注云:'《蒙古韵》音入喻母'"。又同书卷七页二十四"牙"字注:"案吴音牙字角次浊音,雅音羽次浊音,故《蒙古韵略》凡疑母字皆入喻母"。"皆入"不确。

（乙）二等开口、三等寅类 A（等韵排在四等格子里的）、四等（只有开口）→喻

这个规律跟"影、幺"分化规律恰好是一致的。并且也适用于"喉音"匣母的分化，因为非本文范围，兹不具论。这是一种值得注意的现象，可以使我们对近代汉语语音的细微末节加深认识。"疑"变"鱼、喻"的分配，各类韵里面有的只有开口，有的只有合口，有的只有独韵，那是因为其余部分的"疑"母还能保存[ŋ]，并没有跟"鱼、喻"合流的缘故。

五

关于这四个声类的实际音值，前人做了种种的构拟。龙果夫专门讨论了古汉语声母的"影"和"喻"，认为"影"不能按照藏语的读音来订，应该还是一个喉（声门）塞音[ʔ]，不过在当时有的保存，有的失去，有的将要失去。龙氏没有明确划分出"幺"，他把"幺"跟"喻"同作[j]。龙氏最重要的论证是关于"鱼"的音值，认为"鱼"不能按照藏语订为喉塞音，这些来自喻母三等的字，声母乃是在元音起头的前面的一种带音的送气音。龙氏关于这四个声类的构拟总括起来是三个：·[ʔ]'[ɦ]j[j]①。服部四郎根据八思巴字蒙古语材料，对龙果夫的论证进行了补充。他列举了八思巴字写蒙古语的规律：凡元音起头的字用词首字母"鱼"[']（常用来写 a）或用元音的变体（按：实际上是加字头符和连音符），在极少数的情况下用"影"[·]，说明了蒙古语元音起头的字之前没有一个清楚的喉塞音，跟藏语不同。蒙古语

---

① 见 A. Dragunov（龙果夫）《The 'phags-Pa Script and Ancient Mandarin》，苏联科学院通报（人文科学部分），1930 年，第 637~641 页。

词首的"影",可能用来表示喉塞音。服部氏关于这四个声类的音值的构拟,概括如下①:

  影[ʔ]   转写为·
  幺[ʔj]   转写为 y
  鱼 元音渐成的开头部分 转写为'
  喻[j]   转写为 j

中野美代子除补充前人的论据外,更利用汉语韵书关于声母分类的材料,论证了《韵会》的所谓"次音",是带摩擦成分的。"幺"为"羽次清次音",就是软腭摩擦送气清音,跟"晓"母[h]相类似,又跟"喻"[j]相类似,所以用"喻"的变体来制订这个字母。又论证了"鱼"和"喻"都是硬腭半元音浊声母。"鱼"和"喻"的区别,前者是合口,后者是开口。中野氏关于这四个声类的音值的构拟,概括如下②:

  影[ʔ] 转写为· 幺[x] 转写为·j
  鱼[ɥ] 转写为 y 喻[j] 转写为 j

此外,鸳渊一、波普、柯劳孙、邓临尔对这些声类的构拟(或转写)也发表了意见。

六

关于八思巴字汉语的这四个声类的分类和构拟,我们应该把握住两条基本原则:一是考订八思巴字汉语音韵必须跟同期的其

---

① 见服部四郎《元朝秘史的蒙古语记音汉字的研究》,东京,龙文书局,1946 年,第 71~72 页。

② 见中野美代子《A Phonological Study in the 'Phags-pa Script and the Meng-Ku Tzu-yün》,1971 年,第 75~80 页。

汉语"影、幺、鱼、喻"的八思巴字译音

他的汉语音韵资料相结合；一是必须采用音位归纳的方法。我们研究音韵史，要求达到对于某一个具体资料所反映的音系的分类和构拟，应该跟当时的语音平面的情况相符合，同时从它的来源和以后的发展演变来说，也能站得住脚。所以这两条原则在工作中显得很重要。前面诸家的研究，虽然没有明言，也是遵守了这些原则的。但是，这方面做得还是很不够的。当然，过去对于反映近代语音的各式各样的材料还未能作出认真的整理和说明，并加以充分利用，因而关于近代汉语音韵的各种问题的探讨，基础还相当薄弱；至于实行音位归纳的原则，也往往受材料的局限而不能达到预期的效果。

现在我们来考察一下，这四个声类在同期的另外的音韵资料里是怎样分类的。

首先，我们把它们跟当时的重要曲韵韵书《中原音韵》(1324) 相比较。这四个声类在《中原音韵》里，明显地表现出已经归并了。《中原音韵》的上、去、入作去，"影喻"，"影鱼"，"幺、喻"同在一"音"，用系联法系联起来，可以是"四合一"，例：

　　东钟　　〔上〕勇拥（喻影）
　　江阳　　〔上〕枉往（影鱼）
　　庚青　　〔去〕应硬（影喻）
　　尤侯　　〔去〕柚幼（幺喻）
　　齐微　　〔入作去〕逸一（喻幺）
　　歌戈　　〔入作去〕药约（喻影）
　　鱼模　　〔入作去〕玉欲郁（鱼喻影）

平声"影幺"属阴类，"鱼喻"属阳类。例从略。从音位归纳，也可以是"四合一"。

其次，再把它们跟其他音韵资料相比较，也表现出已经归并了。大致是"影幺"为一类，"鱼喻"为一类。今列一比较表如下。

表 五

八思巴 其他资料	影	幺	鱼	喻	备 注
中原音韵 21 声类	ɛ̃ ∅				
六十字诀 28 声	因	烟	寅	延	载《事林广记》后集卷九"幼学类"
陶宗仪 28 母	应		盈		载《南村辍耕录·射字法》
陈晋翁 32 母	影		喻		载《李氏音鉴·空谷传声论》
吴 澄 36 母	影		喻		同 上
洪武正韵 31 声类	影类		以类		据刘文锦的归纳

《中原音韵》把这四类归并成一类,在平声分为二类("影、幺"归平声阴,"鱼喻"归平声阳)。其他的音韵资料,除了《洪武正韵》是明代初年编著的以外,其余都是元代的作品。都是把这四类分为二类,(影幺/鱼喻)。"影幺"归"清","鱼喻"归"浊"。这些资料所反映的语音都是保存"浊"声母的①。因此,最合理的推论是,这四个声类,也是"清"和"浊"的对立。"影、幺"属"清","鱼、喻"属"浊"。至于"清"类中"影"和"幺"的区别,"浊"类中"鱼"和"喻"的区别,应该回到上述表二、表三、表四所显示的分化(或分配)条件的规律来理解。我想似乎可以提出这样一个假设:"清"类和"浊"类中的再分析可以是"洪音"和"细音"的区别。遵循着规律(甲)的"影"和"鱼"为"洪音",遵循着规律(乙)的"幺"和"喻"是"细音"。如下页表:

---

① 元代汉语音韵资料,一类是反映保存"浊"的一套声母的,另一类是反映"浊"声母已经消失,变为同部位的清音的。这证明当时汉语共同语的音韵系统不是纯一的,内部存在某些分歧现象。这一点,龙果夫、罗常培、服部四郎早已注意到了。他们的解释以罗常培的读书音和说话音之说最为合理。那么,《中原音韵》记录的是说话音,其他资料包括八思巴字译音在内,记录的是读书音。

表 六

	洪	细
清	影	幺
浊	鱼	喻

关于"影、幺、鱼、喻"的实际读音的构拟，根据《中原音韵》的"四合一"以及当时其他音韵资料的分类法，我们可以大胆地推断，这是一个零声母[Ø]，"洪音"应该是开的、低的元音开头，"细音"应该是关的、高的元音开头。前者带不带喉塞音，不是区别音位的标志，这是近代汉语和现代汉语与其方言的普遍现象。后者的[j]或[y]带不带摩擦成分，即是不是半元音，也许在区别"清、浊"方面能起决定性作用。这样的构拟，从历史来源和以后的发展演变情况来说，都能站得住脚。

七

"洪音""影、鱼"的区分采取"清、浊"对立而不采取喉塞音和"浊的送气摩擦音"的对立，更符合当时各种语音资料所反映的汉语语音实际。

以上的假设与推论，我们可以得到下列的几点论据。

1.《蒙古字韵·总括变化之图》把"影"注为"本音"，显然，作者是把"影"看做零声母的。

2. 盛熙明《法书考》(据《四部丛刊》本)、陶宗仪《书史会要》(据进陶氏逸园景刊洪武本)所列八思巴字原始字母表，八思巴字字母"影"，标音汉字为"阿"，八思巴字字母"鱼"，标音汉字为"哑"。"阿、哑"都是汉语"影"母字。可证"影"、"鱼"(喻三)的声母同一种性质，这种性质如果认为是无阻碍元音开头，比认为是喉塞音跟"浊的送气摩擦音"更加合乎情理。

3. 八思巴字的"影",藏文以ᦥ来对译,汉字标音也用"阿",这个"阿",从藏语来说,是带喉塞音的。但是八思巴字蒙古语的ᦥ,也是用汉字"阿"来转写,例如《密咒圆因往生集》和莫高窟《六字真言》碑里的"阿弥陀佛"的[a]—"阿"。八思巴字蒙古语印章也常常是这样转写的,八思巴字蒙古语的ᦥ('),正是零声母符号。

4.《蒙古字韵》五鱼:"吴五误兀",八寒:"岏〇玩",十四歌:"讹〇卧〇",一共三个小韵系,都显然是属于"鱼"母的字,八思巴字译写只是在开头的元音上加上字头符"一",《蒙古字韵·字母》关于单独书写的元音注为"归喻母"(也就是归鱼母),据照那斯图同志的研究,字头符实际上就是一种零声母符号,字头符"一"是用于某些元音字母前的零声母符号(见照那斯图《论八思巴字》,民族语文 1980 年第 1 期,第 41 页)。我们已经认为"影、鱼"都属"洪音",在这里又都是代表零声母,它们彼此的区分用"清、浊"来解释是毫无困难的。

5. 在《中原音韵》里,上述零声母的字往往跟"影"母字同在一"音"。例鱼模:〔上〕五坞(鱼、影);〔入作上〕屋沃兀(影、鱼);歌戈:〔去〕卧涴(鱼、影)。更说明"影鱼"在浊声母已经清化了的不分阴阳调类的语音里,实际上已经合流了。

6. 至于"幺、喻"的音值。盛熙明、陶宗仪所列八思巴字原始字母表里只有一个八思巴字字母 j,标音汉字为"耶","耶"是《切韵》麻丑开以母字。毫无疑问属"喻"。元代的八思巴字碑刻和元刻《百家姓蒙古文》同样用这个字母来译写"幺"。就是说,用八思巴字写汉语,对于"喻"和"幺"本来是不加区别的。可证译音人把"喻"和"幺"是看成同声母的。把它们加以区别是后来的事,仅见于朱宗文 1308 年修订的《蒙古字韵》。区别的方法是把原始字母 j 略加变形而成。《蒙古字韵·字母》根据汉文三十六字母的对照,记录了两者在形体上是有区别的,因版本恶劣,在有些地方的书写上，区别就不那么清楚或有些混乱。但也不能怀疑这里并非两个字母，因为盛、陶所列八思巴字原始字母表后面注有"汉字内则去×××三字而增入××××四字"，这两个字母之一已被列入增加的一类。根据这种情形，认为二者同一个声母：半元音[j]或元音[i]开头而有"清、浊"之分，还是说得过去的。所谓"清、浊"不能拘泥于带音不带音的概念，因为这类半元音或元音开头的字，不可能有带音不带音这种区别，应该都是带音的。汉语是有声调的语言，利用声调的不同也完全可以体现"清、浊"的区别，也就是说，音位的负荷量只落在声调上，这在汉语里是司空见惯的事实。

7.《韵会》第六卷第八页"渊"字注："'江左韵'音渊、娟、縈三字皆从幺母，羽次清之次音，故'监韵'以娟营切縈字，以縈缘、縈年切渊娟二字，此一音递相反切也。然俗呼娟为涓，縈为营，若以涓切縈，则縈音扃涓经坚扃也。以营切縈，则縈音营营月缘营也。二音皆误。"按《韵会》声母系统：縈、娟是"幺"母字，涓是"见"母字，营是"喻"母字。"俗呼"娟为涓，縈为营，前者是"幺、见"混，后者是"幺、喻"混。因此以涓切縈，以营切縈，皆误。"俗呼"娟为涓，可能读了白字，因为二字同声符。"俗呼"縈为营，乃是"幺"跟"喻"混，值得我们注意。可以推想，"俗音"应是说话音，在失去浊声母的说话音里，"幺"跟"喻"合流是完全合乎规律的。

总而言之，八思巴字汉语的这四个声类，来源于《切韵》的"影、云、以、疑"，中古时候都是具有辅音或半元音声母的（关于中古音的构拟，各家容有出入）。到了元代，辅音声母失去，或以元音开头，或以半元音开头，在浊音已经清化的声母系统里，可以归纳成一个声位，就是零声母。也就是说，从表面现象来看，声母在分化，而实际上是归并。在保存"浊"音的声母系统里，可以归纳成两个声位，一归"清"，一归"浊"。八思巴字译音大致可以认为是代表存浊系统的，当然应该归纳成两个声位。至于为什么八思巴字用四个字母来对译,除了八思巴字的拼写法本身的特殊因素以外,就是这两类里面又各有"洪、细"的区别。"清浊"乘以"洪细",$2 \times 2 = 4$。当然八思巴字的拼写法的特殊因素,也是根据译写具体语言的需要来定,而为译写该具体语言服务的。这正是"译写"一切有文字的语言的八思巴字的特殊性质的一个重要方面。所以我们研究八思巴字的音韵问题,必须从所译写的该具体语言的实际出发,紧紧扣住该具体语言的所反映的情况,其他有关语言只能是参考、旁证。如果方法不对,就会得不到满意的结果。

(原收入《中国民族古文字研究》,
中国社会科学出版社 1984 年第 1 版)

汉语"知、章、庄、日"的八思巴字译音

一

"知、章、庄、日"是指《切韵》音系的"知彻澄、章昌船书常、庄初崇生俟、日"等声母。这四组十四类声母,到了十三、十四世纪时,发生了归并现象。当时有关音韵的各种资料,都反映了这种归并现象。但是,它们是怎样归并的,归并后形成多少个声母?直到如今还没有弄得很清楚。音韵学研究者们意见不一,争论颇多。

前人利用周德清(1277—1365)的《中原音韵》作为基本材料,来研究当时的声母分类,所得的结论,有分二十声类的,有分二十四声类的,加上"疑"母独立成一类,就又有分二十一声类和二十五声类的。二十、二十一声类说跟二十四、二十五声类说的分歧焦点,正集中在对于这种归并现象的看法上。前者认为归并后形成一套(四类)声母,后者认为归并后形成两套(八类)声母。

关于汉语的八思巴字译音,前人考订出的声母系统,在这一点上同样存在着分歧意见。龙果夫(А. А. Драгунов,1900—1955)在他的《The 'phags-pa Script and Ancient Mandarin》(《八思巴字和古官话》(唐虞译、罗常培校订,更名为《八思巴字与古汉语》,科学出版社,1959 年)里,认为知组跟章组合并,而庄组还能独立。他构拟的"古官话"声母系统,知组、章组、日母的变者为 č čʻ ǯ š ž 共五类,庄组的变音为 tṣ tṣʻ dẓ ṣ 共四类(见《八思巴字与古汉语》,第 17~20 页,第 31~46 页)。罗常培先生不同意龙氏的这一看法,认为不仅是知组跟章组合并,而

且庄组也一同合并了。因为八思巴字译音,庄组同知组、章组用同样的字母对译,又《洪武正韵》一系的韵书,也从未见过把庄初崇生俟加以分立的(参看罗常培遗著《论龙果夫的〈八思巴字和古官话〉》,《中国语文》1959年12月号,第577~578页)。罗先生早年考订《中原音韵》的声类,就指出"正齿二三等混用或与知组合并……其分化现象与现代北音相近,盖以二三等不分为原则而以转入齿头为例外也"(见罗常培《〈中原音韵〉声类考》,史语所《集刊》,第二本第四分,1932年)。八思巴字译音也是这种情况。

我们同意罗先生的结论,关于《中原音韵》的声类,我们在《中原音韵音系》(中国社会科学出版社,1981年10月第1版)一书里,已就罗先生的二十声类说进行了诠释,并论证了"疑"母的保存,共分二十一声类,兹不具论。本文仅就八思巴字译音的这几组声母的归并问题,对罗先生的结论进行仔细的论证,补充一些论据,并就一些相关的问题,提出自己粗浅的看法,就正于音韵学前辈学者和同志们。

二

"知、章、庄、日"的八思巴字译音,就字母说,一共用了一套六个辅音字母。即:

ᠳ dž　ᠴ tšʻ　ᠳ tš　ᠱ š₁　ᠱ š₂　ᠷ ž

诚如罗常培先生所说,知、章、庄共用一个八思巴字字母来对译。各类声母对译的情况见表一。

表 一

八思巴	汉译	切韵	例　　字
dž	遮	知章庄	中征捉张章庄展支斋
tšʻ	车	彻昌初	钟充初杵春差琛车察
tš	者	澄船崇	重乘床浊唇柴沉船愁
š₂	-	书生	声生商双施师申莘沙

汉语"知、章、庄、日"的八思巴字译音

(续表)

š₁	设	常俟	成常时辰蝉韶甚社俟
ž	若	日	戎仍儿如人然柔任惹

关于八思巴字字母表，盛熙明《法书考》(据《四部丛刊》本)、陶宗仪《书史会要》(据武进陶氏逸园景刊洪武本)都有记载。根据这些记载，吾友照那斯图同志考证后认为，八思巴字字母表应当分为"原字母表"和"变通字母表"、"总字母表"三种。"原字母表"是最初设计的基本字母表，共计41个字母。"变通字母表"是译写某一个具体语言时，根据该具体语言的实际需要，对"原字母表"加以增损后所形成的字母表。"总字母表"或称"字母总表"是"原字母表"加上译写各种语言的所有后加字母所形成的字母表。八思巴字汉语字母表，即对"原字母表"去三增四后所形成的42个字母(辅音35个，元音7个)的字母表(参看照那斯图、杨耐思《八思巴字研究》，《中国民族古文字研究》，中国社会科学出版社1984年第1版)。这六个字母，其中五个 dž tš· tš š₁ ž 是"原字母表"里已有的，从其所译写的汉语以外的其他有文字的语言来看，大致上属于腭龈音[dʒ][tʃ·][tʃ][ʃ][ʒ]等。用它们来对译汉语的这套声母，可能当时汉语的这套声母也是腭龈音。只是塞擦音以"浊"对"清"，以"清"对"浊"(这里所说的"清"和"浊"，是从分类上说的，当时的文献资料也是这么记载的，但是它们的实际音值尚待考订。不能简单地归结为声母的带音和不带音。汉语的"清"和"浊"，在当时也是这种情形)，跟塞音(如 p:b、t:d、k:g)的译对规则相同。

其中的 š₂ 在"原字母表"里没有，是为译写汉语添置的一个字母。这个字母是把 š₁ 略加变形而成的。在元朝的八思巴字碑刻、印章以及元刊八思巴字《百家姓》等材料里很少见到它的实际用例。这些材料里几乎都只用一个 š₁ 来对译汉语的"书生"和"常俟"。例如：š₁ èu——书舒束；š₁ i——氏石十时世施；š₁ in——臣申慎；š₁ iw——收授；š₁ iŋ——圣成；š₁ èun——舜淳；š₁ ue——水垂。唯有龙果夫所采集的一个1294年的碑文(疑即朴节〔Pauthier〕发表在《亚洲学报》的"松江府学宫碑",按应为"孔子庙学圣旨碑")里,出现了这个 $š_2$ 跟 $š_1$ 相对立的情形。$š_2$ 用来对译"施师世使书所设朔"等"书生"母,$š_1$ 用来对译"时垂臣成上常十"等"常"母(见《八思巴字与古汉语》,第 18~20 页)。而系统地出现则在朱宗文校订的《蒙古字韵》里。朱氏《蒙古字韵·字母》列 $š_1$,汉字母"禅",又列 $š_2$,汉字母"审",韵内也是这样对译的。只是在个别的韵里面,有混同的现象。例如:六佳(韵部),$š_1$aj——灑洒杀索;$š_1$uaj——衰帅率。八寒(韵部),$š_1$an——珊散伞散。关于 $š_1$、$š_2$ 的分合,可以作这样的推断:"书生"与"常俟",当时的汉语共同语的发音,在译音人听起来,两者是没有区别的,所以就用一个清辅音[ʃ]来对译,可是按照当时的汉语韵书和韵图,"书生"与"常俟"被严格地区分开来,"书生"属"清","常俟"属"浊"。为了跟当时的韵书、韵图的分类相一致,又能照顾到能区分这样两类的方言区的人便于学习使用,所以就用不同的两个字母(其中一个是变形)来对译,看来是合乎情理的。这种区分两类的对译法,似乎在推行八思巴字的早期阶段,还没有得到应用,所以在八思巴字碑刻和其他文物上,很少见到它的实际用例。

从这里可以看出 $š_1$ 和 $š_2$ 的区别,哪怕是细微的区别,只有借助于韵书、韵图或某些方言才能确定下来,八思巴字译音系统尚且都能把它显示出来,而"知、章、庄、日"却始终没有加以区别的任何标志。这就从反面证明了,"知、章、庄、日"在当时只有一套声母,不可能有两套声母。这是从对译的字母使用的情况看,只能得出这样的结论。

三

再从八思巴字译音系统的声、韵配合关系来看,"知、章、庄、日"也可以归纳成一套声母。译写"知、章、庄、日"的材料,一共是 160 个八思巴字字头,对译的汉字共有 1539 个。译音的声、韵配合关系,如下表:

汉语"知、章、庄、日"的八思巴字译音

表 二

韵＼声	dž 知章庄	tš' 彻昌初	tš 澄船崇	š₂ 书生	š₁ 常侯	ž 日
uŋ	东三、钟[1]	中钟	忡充		崇春	鱅	
ėuŋ	东三、钟			虫			戎
iŋ	清开、蒸开	贞征	柽称	呈乘	声	成	仍
hiŋ	庚二开、耕开	丁	争	瞠	琤橙	生	
aŋ	阳开	张章	伥昌	长	商	常	穰
u̯aŋ	江	桩		窗幢	漴双		
haŋ	阳开		庄	创	庄	霜[2]	
i	支开、脂开、之、祭开、职开、质开、缉、昔开、齐开	知支	缔眵	驰实	施	时	儿
hi	支开、脂开、之、栉开、缉		葘	差		师	俟[3]	
ue	支合、脂合、祭合	追锥	吹	锤	水	垂	蕤
u	鱼、虞、屋三、质合		阻	初	锄	疏[2]	
ėu	鱼、虞、屋三、烛、质合	猪诸	楮杵	除纾	书	蜍	如
aj	皆开、佳开、陌开、麦开、哈开、夬开	摘斋	诶钗	宅	柴	洒[2]	
u̯aj	支合、脂合、夬合、麦合		揣			衰[2]	
hiaj	职开		侧	测	崱	色[2]	
in	真开	珍真	疹[4]瞋	陈神	申	辰	仁
ėun	真合	屯谆	椿春	唇	舜	纯	犉
hin	臻开、真开		臻	衬		莘		
an	山开、删开、仙开	醆	剗	绽潺		删[2]	
u̯an	删合、仙合		跧	篡	撰			
en	仙开	遭		缠		禅	然
ėn	仙开	展旃	蔵阐		羶[2]		
u̯ėn	仙合	转专	穿	传船		遄	堧
aw	肴	嘲爪	抄	桌	巢	稍	
cw	宵、药开	朝昭	弨	晁	烧	韶	饶
ėw	宵、药开		超					
u̯aw	觉	涿	捉	逴	婥	浊	淖朔	
iw	尤	肘周	抽臭	俦	收	酬	柔

近代汉语音论

(续表)

韵＼声	dž 知章庄	tš' 彻昌初	tš 澄船崇	š₂ 书生	š₁ 常俟	ž 日
hiw 尤		邹	搊	愁	搜	
am 咸、衔	站	斩	搀	湛 逸	杉	
em 盐	沾 詹	觇 襜		陕	蟾	染
im 侵	砧 针	琛 瞫	沉 甚	深	甚	任
him 侵		簪	谶	岑	森	
ė 麻三开、薛开、叶	哲 遮	撤 车		奢		惹
ua 麻二合、薛合	挝 茁			刷		
uė 薛合	辍 拙	歠		说	啜	爇
e⁽⁵⁾ 麻三开、叶				社		
a⁽⁵⁾ 麻二开、黠开		察	查	沙		

表注：

〔1〕这是切韵韵目，举平以赅上去。

〔2〕"霜、疏、洒、衰、色、删、馔"等小韵系(指平上去入一贯的小韵)的声母，八思巴字译作 š₁，跟早期的译法同，这里按来源归类。

〔3〕八思巴字译音，"俟、漦"跟"茌士事"等"崇"母字混同，今把"俟"小韵归入"俟"母。

〔4〕"疹"，八思巴字材料作"狋"，按"狋"，《广韵》"丑刃切"，当是"疹"的异体。

〔5〕a、e 两韵，今存《蒙古字韵》旧写本残阙，这里根据的是八思巴字碑刻和八思巴字《百家姓》等资料。

从上表声韵配合的关系看，一个韵母里面，"知、章、庄、日"的出现，只有一套，没有对立现象，我们可以毫不犹豫地认定它们是一套声母。

但是从归并的趋势来看，"知₌章、彻₌昌、澄₌船、书、常、日"为一类，"知₌庄、彻₌初、澄₌崇、生、俟"为一类。前者我们管它叫甲类，后者管它叫乙类。在一个韵母里面，要么出现甲类，要么出现乙类，或者说，出现了甲类，就不出现乙类，出现了乙类，就不出现甲类，甲类跟乙类是互相排斥的，只有 uŋ 韵例外。这固然是体现出一个韵母里面这两类声母只有一套，可是这两类声母之间有没有差别，差别有多大，还是个未知数。

汉语"知、章、庄、日"的八思巴字译音

  这两类的不同,跟"等"有密切的关系,甲类来自三等韵,乙类来自二等韵或三等韵里韵图排在二等的。等韵学分一二三四等,最初是分析《切韵》音系的。到了元代,语音发生了很大的变化。大致上说,《切韵》音系的韵母系统,这时已经大大地简化了。入声韵的韵尾-p -t -k 消失了,韵腹(元音)也归并了,韵头(介音)也发生了转化现象。从韵母的分类来说,这个时期的韵母数目,比《切韵》音系要少得多了。《中原音韵》所代表的音系,韵母只有四十六类。八思巴字译音系统,情况比较复杂一些,因为译音人似乎比较重视韵书、韵图的分类,不免多少带有点因袭守旧的色彩。另一方面,由于八思巴字"原字母表"的字母,是以调和、折中多种语言的语音来定音值的,用来对译汉语时,又不免在一定程度上带有适应多种语言所需要的拼写法的特点,所以八思巴字汉语的韵母系统,就比《中原音韵》多出一些韵母,这多出的韵母,都是由于上述原因造成的。如果把这些特殊原因造成的重出韵母不计在内,那么就跟《中原音韵》的韵母系统没有多大差别了。从这样的背景上来看等呼,这个时期的变化也是很大的,原有的等呼疆域已经突破,而按新的语音系统进行重新组合。例如八思巴字译音,"影、匣、疑、喻(云以)"的分化,表现出:属于一等、二等合口、三等(包括重纽三等的 B 类)的为一类,属于二等开口、重纽三等的 A 类、四等的为另一类。现在回到"知、章、庄、日"的归并趋势分两类的问题上,甲类属于三等韵,乙类属于二等韵、三等韵的二等,跟上述声母分化的条例并无共同之点,即是说,二等与三等之分,不能构成声母分化的条件,因此,甲类和乙类的差别,不在声母方面,而是在别的方面。

  "知、章、庄、日"的归并趋势分两类,既不在声母方面,那么就应该是在韵母方面。八思巴字译音也正是这么记录的。如上所述,甲类和乙类正是归在不同的韵母里,甚至在某些韵母里,如 haŋ 韵、hi 韵,只有乙类(知₌庄、彻₌初、澄₌崇、生、俟)或再包括

"齿头音",而加上字母 h 以资跟甲类相区别。如果像龙果夫所订的那样,把"庄初崇生"(还包括"知₌彻₌澄₌")独立出来,那么为什么用这个韵母的区别符号,而不用声母的区别符号呢?同时在出现"庄"等、也出现其他声母的韵母里,"庄"等跟其他声母平行,也不用声母区别符号呢?只能说明"庄"等跟"知₌章"等在声母方面是没有区别的。

退一步说,即使是"庄"等跟"知₌章"等由于出现在不同的韵母之前可能产生一些音质上的差别,甚至差别比较大,可是根据音位学的原理,把它们归纳成同一个音位,也是无可厚非的。也就是说,甲类和乙类即使有差别,但这种差别还不足以构成不同的音位。由此可见,八思巴字译音,在这点上是符合实际的、可信的。《中原音韵》二十四、二十五声说者甚至把"日"母也分成两类。这不仅不符合音位归纳的原理,而且从八思巴字译音来看,也是找不到依据的。

四

再用元代的其他的音韵资料来参证,也证明"知、章、庄、日"在当时只能是一套声母。这些资料有《中原音韵》(1324),黄公绍、熊忠《古今韵会举要》(1297)(以下简称《韵会》)以及《韵会》转引的《礼部韵略七音三十六母通考》(以下简称《七音》),《事林广记》的"六十字诀"(载《事林广记》后集卷九"幼学类"。据元至顺间(1330—1333)建安椿庄书院刻本《新编纂图增类群书类要事林广记》的影印本),陶宗仪所传字母(见《南村辍耕录》卷十九"射字法")、陈晋翁字母、吴澄字母(见李汝珍《李氏音鉴》卷七"第二九问:空谷传声论")以及《洪武正韵》(1375)的声类。这些资料的性质虽然各有不同,但在反映"知、章、庄、日"这一点上相当的一致。如下表:

表 三

八思巴	dž	tš‘	tš	š₂	š₁	ž
切 韵	知章庄	彻昌初	澄船崇	书 生	常 俟	日
韵 会	次商清音	次 商 次清音	次商浊音	次商次 清次音	次商次 浊次音	半商徵
七音	知	彻	澄	审	禅	日
陈晋翁 32 母	知	彻	澄	审	禅	日
吴澄 36 母	照	穿	澄	宙	禅	日
六十字诀 28 声	真 甄	称 焯	澄 缠	声 膻	神 禅	人 然
陶宗仪 28 声	征	称	澄	声	成	〔1〕
洪武正韵 31 声类	陟 类	丑 类	直 类	所 类	时 类	而 类
中原音韵 21 声类〔2〕	钟 tʃ	充 tʃ‘		双 ʃ		戎 ʒ

表注:
〔1〕"日"母缺,而"澄"母重出(澄、橙),不知所以然。
〔2〕据罗常培《〈中原音韵〉声类考》。

从上表可以看出,跟八思巴字译音同期的其他八种音韵资料,反映"知、章、庄、日"的读音,从类别来说,基本上是一致的。其中——七种材料跟八思巴字译音几乎完全相同,只是名称不同而已。都分成六类,从《韵会》把前五类叫"次商",后一类叫"半商徵"来看,这六类大致上是同一个发音部位(前五类同一发音部位,后一类发音部位相近)的辅音。唯有最后一种《中原音韵》只分成四类,少了《七音》所称的"澄、禅"。"澄、禅"乃是"浊"音,《中原音韵》"浊音清化"了。"浊"音分别归到同部位的"清"音里去了。

这六类声母,采用历史比较的方法,可以上联《切韵》音系,下联现代方言语音,构拟出它们的可能音值。我们认为龙果夫构拟的、罗常培先生修订的这些声母的音值基本上是可以接受的,只是龙氏把"澄船崇"等浊音构拟成带送气的,不如修正为不送气。龙氏"书生"跟"常俟"不加区别,今加以区别。修正后的龙、罗的构拟如下：

表 四

八思巴	dž	tš'	tš	š₂	š₁	ž
切韵	知章庄	彻昌初	澄船崇	书生	常俟	日
拟音	tʃ	tʃ'	dʒ	ʃ₂	ʃ₁	ʒ

五

《中原音韵》所反映的声母系统,"浊音清化",八思巴字译音所反映的声母系统,保存"浊"音。"知、章、庄、日"在前一个系统里分为四类,在后一个系统里分为六类。两个系统显然不同。龙果夫解释八思巴字译音跟波斯语译音的差别时曾经写道："我们没有充足的理由说'古官话'的语音组织是纯一的。在另一方面,我们的这些材料使我们可以说有两个大方言(或者是方言类)。从声母系统来看,它们是极端彼此分歧的：一个我们叫做甲类,包括八思巴碑文,《洪武正韵》,《切韵指南》；另一个我们叫做乙类——就是各种外国名词的译音和波斯语译音里的。并且甲类方言(就是八思巴碑文所代表的)大概因为政治上的缘故,在有些地方也当作标准官话,可是在这些地方的口语是属于乙类的。结果这些地方有些字有两种并行的读音——一种是官派的,像八思巴文所记载的；另一种是近代化的土话,像波斯语译音所记载的。"(见《八思巴字与古汉语》,第23~24页)罗常培先生对龙氏这种解释"相当地赞成"。并说："这两个系统一个是代表官话的,一个是代表方言的；也可以说一个是读书音,一个是说话音。前一个系统虽然不见得是完全靠古韵书构拟出来的,可是多少带一点儿因袭的和人为的色彩,它所记载的音固然不是臆造的,却不免凑合南北方言想作成'最小公倍数'的统一官话。"(见《论龙果夫的〈八思巴字和古官话〉》)这样的解释是有道理的。当时的汉语共同语的语音在某些方面表现出有读书音与说话音的区别,是完全可能的(参看李新魁《论近代汉语共同语的标准音》,《语文研究》〔山西省语言学会会刊〕,总第 1 辑,1980 年,第 46 页),这些音韵资料所反映的两种不同的声母系统,也只有用读书音和说话音之分才能解释得合乎情理。唯其如此,那么八思巴字译音跟另外的七种材料所反映的,应当是读书音,最末一种《中原音韵》所反映的,应当是说话音。

无论是当时的读书音,还是当时的说话音,"知、章、庄、日"的变音都只是一套声母,而不是两套声母。这个结论既符合当时的音韵材料所反映的真实情况,又符合历史的来源以及它以后的发展的规律。也就是说,这个结论就语音演变的历程而言,能够站得住脚。

(原收入《音韵学研究》第 1 辑,
中华书局 1984 年 3 月第 1 版)

近代汉语"京、经"等韵类分合考

一

十三、十四世纪近代汉语的韵母系统,从《中原音韵》来考订,一共四十六个韵类。可是从同期的《古今韵会举要》(简称《韵会》,下同)和八思巴字汉语①来考察,却有七十三个左右的韵类②,于是发生了近代汉语语音的共时差异问题。这种共时差异主要表现在《中原音韵》的有些韵类,在《韵会》和八思巴字汉语里被分割成两个或两个以上的韵类。本文不打算讨论这些分合的全部情况和问题,只就"京、经,羁、鸡,妫、规,鸠、樛,鞬、坚,骄、骁,箝、兼,迦,嗟,厥、玦"等九组十八个韵类的分合情况进行初步的考察,作一点相应的说明,请同志们批评指正。

二

考察时所据资料有《韵会》、《蒙古字韵》、《蒙古韵略》、《中原音韵》和《切韵》、《韵镜》等,兹分别简略说明如下:

《韵会》采用清光绪九年(1883)淮南书局重刊本,必要时用元

---

① 八思巴字汉语是指元朝用八思巴蒙古字译写的汉语,俗称八思巴字译音或八思巴字对音。这类资料保存下来的颇为不少,本文采用的主要是朱宗文校订的《蒙古字韵》。

② 《韵会》原分为七十五个韵类(平上去入相承),参照《礼部韵略·七音三十六母通考》(简称《七音》,下同)和《蒙古字韵》,"琼"当并入"形"(参看花登正宏《古今韵会举要考——韵类について——》,山形大学纪要〔人文科学〕第九卷第一号,第五五页,一九七八);"云"当并入"筠",实只七十三个韵类。

刊明补本、明嘉靖丁亥(1527)重刊本校勘。《韵会》的韵类原名"某字母韵","某"即韵类的代表字。今为了列表方便,只取韵类代表字"某",省略"字母韵"。韵类举平以赅上、去、入,必要时列入声韵类,随文注明。

《蒙古字韵》采用日本关西大学东西学术研究所刊(壶井义正编)《影印大英博物馆藏旧抄本〈蒙古字韵〉》,用其他的八思巴字汉语资料刊谬补缺,随文注明。八思巴字一律用转写音标转写。

《蒙古韵略》久佚。朝鲜崔世珍(1478?—1543)著《四声通解》(1517),大量转录了《蒙古韵略》的注音,是用正音文字转写的。近年俞昌钧教授据崔氏书辑佚重编成《较定蒙古韵略》①,俞氏据正音文字再构,转写成音标,本文采用了俞氏再构及其音标。

《中原音韵》采用明正统辛酉(1441)刊本,又称讷庵本(中华书局影印本,1978)。关于《中原音韵》的韵类划分和构拟,请参看拙著《中原音韵音系》(中国社会科学出版社,1981)。

《切韵》是指《切韵》、《广韵》一系的韵书及其代表的音系。关于《切韵》的韵类划分和标目,本文据中国社会科学院语言研究所《方言调查字表》(修订本)(简称《字表》,下同)(商务印书馆,1981)。

《韵镜》采用古籍出版社1955年(据《古逸丛书》本)影印本。

三

这九组十八个韵类按音韵结构来分析又可分为两类,"京、经,羁(讫)②、鸡(吉), 妫(国)、规(橘), 鸠、樛"等四组八个韵类

---

① MÊNG-KU YÜN-LÜEH (Abbreviated〔Chinese〕Rimes In The Mongolian Script), Reconstituted by Chang-kyun Yu, Chinese Materials and Research Aids Service Center, Inc., 1973,桥本万太郎教授序。

② "讫"是与"羁"相承的入声。声、韵彼此完全相同。今用括号括起来,附在相承的平声韵类之后,以备参考。在只有入声韵类的情况下,入声韵类去掉括号。

为一类,①我们管它叫甲类;"鞬、坚， 骄(脚)、骁(爵)， 箝、兼，迦(讦)、嗟(结)， 瘸(厥)、玦"等五组十个韵类为另一类,我们管它叫乙类。

四

甲类各组韵类在同期的各种音韵资料中的分合情况如下表(表一——表四):

表一　韵类比较表之一　　京、经

切韵[1]	例　　字[1]	韵会	蒙古字韵	蒙古韵略	中原音韵
梗开三庚	京卿擎迎英兵平明	京	iŋ	iŋ	京 iəŋ
梗开三清	婴盈贞柽并名蜻清情伤声成令				
	颈轻	经	éiŋ	jəiŋ	
曾开三蒸	兢凝应徵橙澄冰凭缯升陵仍	京	iŋ	iŋ	
	兴	经	éiŋ	jəiŋ	
梗开四青	丁汀庭宁俜瓶冥青星灵	京	iŋ	iŋ	
	经磬馨	经	éiŋ	jəiŋ	
梗开四青	莹	京	iŋ	iŋ	
梗开二庚	硬				
	庚坑亨[2]	经	éiŋ	jəiŋ	
梗开二耕	耕铿				
	莺[2]	京	iŋ	iŋ	

表注:

〔1〕《切韵》韵目和例字均举平以赅上、去,例字如无平声字或虽有平声字但偏僻的,列上声或去声字。

〔2〕"亨、莺",《中原音韵》归"恒"əŋ。

---

① 这里只是粗略的归类。严格地说,这四组韵类各有千秋,情况复杂。关于这点,拟另文讨论。

表二 韵类比较表之二　　羁(讫)、鸡(吉)

切韵	例　字	韵会	蒙古字韵	蒙古韵略	中原音韵
止开三支	羁攲奇宜牺猗移知摛驰卑婢弥施匙[1]离兒[1]	羁	i	i	羁i
	企衹	鸡	ėi	jəi	
止开三脂	饥器跽劓唏懿伊姨絺脂[1]墀尼纰尸视二梨	羁	i	i	
	系弃耆	鸡	ėi	jəi	
蟹开三祭	罽憩偈曳制澨蔽毙袂祭逝世	羁	i	i	
臻开三质	姞肸乙壹逸质抶昵秩必匹邲聖七疾悉失栗驲蜜	讫	i	i	
	诘欯	吉	ėi	jəi	
深开三缉	急泣及岌吸邑揖熠挚蛰噜缉集习湿十立人	讫	i	i	
止开三之	姬欺其疑僖医饴之[1]痴持诗时[1]釐而	羁			
曾开三职	棘极巆艶忆翼职敕直懝即聖息试寔力日	讫			
梗开三昔	虩益绎摭尺射璧僻辟积碛籍昔夕释石				
止开三微	机气祁沂希依非肥微[2]	羁			
蟹开三废	刈废吠[2]				
臻开三迄	讫乞屹迄	讫			
梗开三陌	戟隙剧逆				
蟹开四齐	鷖低梯题泥篦批鼙迷齑妻齐西𦬱黎	羁			
	鸡溪醯奚	鸡	ėi	jəi	
梗开四锡	的籴狄溺壁霹甓觅绩戚寂锡历	讫	i	i	
	激喫檄	吉	ėi	jəi	

表注：

〔1〕"脂之施尸诗匙时兒而"等字，《中原音韵》归入支思韵赀ï。

〔2〕"非肥微废吠"等唇音字，《韵镜》归入"合"类。

表三　韵类比较表之三　　妠(国)、规(橘)

切韵	例　　字	韵会	蒙古字韵	蒙古韵略	中原音韵
止合三支	妠亏诡委危搥吹觜陂[1]披皮縻[1]剂陴隋垂蘂	妠	ue[2]	ui	规 uei
	规阒隳	规	éue[3]	joi	
止合三脂	龟嶲遂惟追椎悲伾邳[1]眉[4]醉翠萃绥遂水谁蘂甤	妠	ue	ui	
	癸葵	规	éue	joi	
蟹合三祭	彗缀毳脆岁篲[5]税芮	妠	ue	ui	
臻开三质	笔弼密	国	ue	ui	
臻合三术	橘獝	橘	éue	joi	
止开三微	归威围	妠			
梗开三陌	碧[6]	国	ue	ui	
曾合三职	域逼愊復[7]				
蟹合四齐	圭奎嘒携	规	éue	joi	
梗合四锡	鵙狊欰	橘			
蟹合一灰	傀恢灰回隈桅堆推颓捼杯醅裴梅崔摧挼雷	妠	ue	ui	
蟹合一泰	侩䢰诲会荟外祋娩兑旆昧[8]最最酹				
曾合一德	国或匐墨[8]	国			

表注：

〔1〕"陂披皮縻悲伾邳"等唇音字，《韵镜》归入"开合"类。
〔2〕《蒙古字韵》原作 uų，误。今据八思巴字碑刻校正。
〔3〕同上，原作 éuų。
〔4〕"眉"字，《韵镜》归入"开"类。
〔5〕"篲"，邪母字。
〔6〕"碧"，《广韵》在昔韵，误，今照《字表》改为陌韵。《中原音韵》归入"吉"i。
〔7〕"逼愊復"等唇音字，《韵镜》归入"开"类。
〔8〕"旆昧匐墨"等唇音字，《韵镜》归入"开"类。

表四 韵类比较表之四   鸠、樛

切韵	例字	韵会	蒙古字韵	蒙古韵略	中原音韵
流开三尤	鸠丘求忧尤犹舟抽筹纽啾秋酉修囚收仇刘柔	鸠	iw	iw	鸠 iəu
	休	樛	éiw	jəiw	
流开三幽	幽彪缪	鸠	iw	iw	
	虯樛	樛	éiw	jəiw	
流开一侯	吼喉[1]	鸠	iw	ɨw	钩 əu

表注：

〔1〕"侯"韵字，《韵会》《蒙古字韵》归"鸠"iw 的限于"晓、合"二母字，其余的归入"钩"hiw，《蒙古韵略》《中原音韵》皆全归入"钩"iw。

从上面表一——表四来看，甲类各组韵类有如下几个特征：

1. 从声、韵的配合关系看，各组的前一个韵类（A 型）所配合的声类，"牙、舌、唇、齿、喉、半舌、半齿"七音具足；后一个韵类（B 型）所配合的声类，唯有"牙、喉"音。其中"牙"音又只有"见、溪、群"，而无"疑、鱼"，"喉"音又只有"晓、匣"，而无"影、幺、合、喻"①。

甲类各组所配合的声类情况如下表。

---

① "见溪群疑鱼端透定泥帮滂并明非奉微知彻澄娘精清从心邪审禅影晓匣合幺喻来日"三十五字母是《韵会》《七音》《蒙古字韵》等所代表的声类系统，这些声类的代表字（母）采自《七音》。《蒙古韵略》的声类系统应当相同。但崔世珍用正音文字转录时，"鱼、喻"不分，"影、幺"不分，"泥、娘"不分。《四声通解·韵会三十五字母之图》后注云："鱼即疑音，娘即泥音，幺即影音，敷即非音，不宜分二。而韵会分之者，盖因蒙韵内，鱼、疑二母，音虽同而蒙字即异也。泥、娘、幺、影、非、敷六母亦同。但以泥、娘二母别著论辨，决然分之，而不以为同，则未可知也。"按，此说表明崔世珍时代（十六世纪初叶），上举各列声类已然混并。又按，《韵会》"非、敷"分开，是表面现象，从反切看，已混而不分。

表五　甲类各组韵类声类配合表（+号表示有，-号表示无）

声\韵	牙 角 g[3] k	舌 徵 d t	唇 宫 b hu̧ p f	齿 商[2] dz dž ts tš	喉 羽 · ʔ	半舌 半徵商 l l	半齿 半商徵 ž[4] z[4]	韵镜[1] 韵会 蒙古字韵 蒙古韵略
A 京	+	+	+ -	+ +	+	+	+	
B 经	+	-	- -	- -	+	-	-	
A 羁(讫)	+	+	+ +	+ +	+	+	+	
B 鸡(吉)	+	-	- -	- -	+	-	-	
A 妫(国)	+	+	+ -	+ +	+	+	+	
B 规(橘)	+	-	- -	- -	+	-	-	
A 鸠	+	-	+ -	+ +	+	+	+	
B 樛	+	-	- -	- -	+	-	-	

表注：

〔1〕半舌、半齿，《韵镜》原作"舌(音)齿"，今改为习惯称呼，以便区别。

〔2〕"知、彻、澄"原属"舌"音(舌上音)，到了十三、十四世纪时，已经跟"齿"音(正齿音)"照、穿、牀"合流，所以全列在"齿"音。

〔3〕为了列表方便起见，这里以一个声类代表该系列全部声类，例 g 代表 g, k·, k, ŋ。

〔4〕《蒙古字韵》和《蒙古韵略》的声类音标是转写体系不同，不关乎音值。

甲类各组 B 型韵类所配合的声类情况如下表。

表六　甲类 B 型韵类声类配合表（+号表示有，-号表示无）

声\韵	见 g	溪 k·	群 k	疑 ŋ	鱼 ,	影 ·	晓 h	匣 ɦ	合 ɣ	幺 ĭ	喻 j	韵会声类 八思巴字
经	+	+	-	-	-	+	-	-	-	-	-	
鸡(吉)	+	+	-	-	-	+	+	-	-	-	-	
规(橘)	+	+	+	-	-	+	+	-	-	-	-	
樛	+	+	+	-	-	+	-	-	-	-	-	

B 型韵类唯有"牙、喉"音，可以称之为"牙、喉"音重出韵类。

2. 从历史来源看，甲类各组同一个组的韵类来源于中古的同一个韵摄(有少量是相近的韵摄)的不同韵(入声例外)，有的甚至来源于中古的同一个韵。例如:"京、经"来源于梗摄开口三、四等韵,开口二等韵,合口四等韵的部分字,曾摄开口三等韵。"羁(讫)、鸡(吉)"来源于止摄开口诸韵,蟹摄开口三、四等韵以及梗摄开口三、四等入声韵,曾、臻、深诸摄开口三等入声韵。"妫(国)、规(橘)"来源于止摄合口诸韵,蟹摄合口一、三、四等韵以及梗摄合口(唇音字开口)三、四等入声韵,曾摄合口一、三等入声韵,臻摄合口(唇音字开口)三等入声韵。"鸠、樛"来源于流摄三等韵,一等韵"晓、匣"字。这是近代汉语韵母系统归并的共同趋势。

至于同组的韵类,"牙、喉"音重出的分配情况,也是有规律可循的。A型韵类所配合的是三等韵字和"重纽"三等韵的三等字①,B型韵类所配合的是四等韵字和"重纽"三等韵的四等字,间有开口二等字,绝少例外。也就是说,A型"京、羁(讫)、妫(国)、鸠"等韵类的牙、喉音属于《韵镜》排在第三排格子里的三等字,B型"经、鸡(吉)、规(橘)、樛"等韵类的"牙、喉"音(仅有)属于《韵镜》排在第四排格子里的四等字。表现出A、B"牙、喉"音的对立乃是三、四等的对立。

3. 从八思巴字的译音来看,甲类各组A型韵类译成 iŋ, i, ue, iw, B型韵类译成 èiŋ, èi, èue, èiw。很明显A型跟B型的差别,就是韵母的前面部位有、无è的差别。也就是说,A型韵母前面部位不加è,B型韵母前面部位加è。《蒙古韵略》也是如此,崔氏是用正音文字 jə 来转写è的。

由上面所说,可以概括为:甲类各组分韵,A型韵类七音具足,B型韵类唯有"牙、喉"音(且非全部);A型、B型"牙、喉"音的对立,表现为三、四等的对立(A型是三等,B型是四等);八思巴字的译写,A型韵母前不加è,B型韵母前加è。

---

① 参看花登正宏《古今韵会举要考——古今韵会举要における三等重纽诸韵——》,《日本中国学会报》第29集,第188~210页,1977。

五

乙类各组韵类在同期的各种音韵资料中的分合情况如下表（表七—表十一）：

表七　韵类比较表之五　鞬、坚

切韵	例　　字	韵会	蒙古字韵	蒙古韵略	中原音韵
山开三3仙[1]	搴愆乾焉[2]遭缠铤辩免连然	鞬	en[3]	jən	坚 iɛn
	鄢饘燀氊变鸢	坚	ėn		
山开三4仙[1]	遣（去声）延便绵钱涎	鞬	en		
	甄遣（上声）鞭篇煎迁仙	坚	ėn		
山开四先	研颠天田年蹁眠前	鞬	en		
	坚牵烟边片牋千先	坚	ėn		
山开三元	鞬言	鞬	en		
	轩蔫	坚	ėn		

表注：

〔1〕仙韵除开口对立外，还有"牙、喉、唇"音字对立，即所谓"重纽"，今据《韵镜》，把含有列在三等的"牙、喉、唇"音字的韵，用3表示，含有列在四等的"牙、喉、唇"音字的韵，用4表示。

〔2〕"焉"，中古"云（喻三）"母字。

〔3〕《蒙古字韵》原作 uan，误。今据八思巴字碑刻校正。

表八　韵类比较表之六　骄（脚）、骁（爵）

切韵	例　　字	韵会	蒙古字韵	蒙古韵略	中原音韵
效开三3宵	骄撽乔鸮[1] 枵妖朝弨晁烧韶镳殍苗缭饶	骄	ew[2]	jəw	骄 iɛu
	超	骁	ėw		
效开三4宵	遥标瓢眇	骄	ew		
	趫翘腰漂焦鏊樵宵	骁	ėw		
效开四萧	尧迢聊	骄	ew		
	骁窔哓幺貂挑嫋箫	骁	ėw		

切韵	例　字	韵会	蒙古字韵	蒙古韵略	中原音韵
宕开三药	脚却噱虐[3] 谑约药著[3] 灼绰[3] 爍勺略若[3]	脚	ew		
	婼爵鹊嚼削	爵	ėw		

表注：
〔1〕"鸮"，中古"云(喻三)"母字。
〔2〕《蒙古字韵》原作ŋaw，误。今据八思巴字碑刻校正。
〔3〕"虐约药著略若"等字，《中原音韵》收入萧豪韵部，又见于歌戈韵部。《蒙古字韵》仅收入萧部。

表九　韵类比较表之七　　箝、兼

切韵	例　字	韵会	蒙古字韵	蒙古韵略	中原音韵
咸开三3盐 咸开三4盐	检箝俨淹炎霑粘贬苦撏 廉髯盐尖金暹[2]	箝	em[1]	jəm	兼 iɛm
	厌潜	兼	ėm		
咸开四添	点添甜鲇僭惦	箝	em		
	兼谦	兼	ėm		
咸开三严	剑黔严欠[3]	箝	em		

表注：
〔1〕《蒙古字韵》原作ŋam，误。今据八思巴字碑刻校正。
〔2〕"暹"，《蒙古字韵》作"遌"，今从《韵会》、《蒙古韵略》改。
〔3〕"欠"，《广韵》在梵韵，误。今照《字表》改为𠪚韵。

表十　韵类比较表之八　　迦(訐)、嗟(结)

切韵	例　字	韵会	蒙古字韵	蒙古韵略	中原音韵
果开三戈	迦呿伽	迦	e[1]	jə	嗟 iɛ
假开三麻	邪[2] 藉邪阇	迦	e[1]		
	遮车乜嗟且些奢	嗟	ė		
山开三3薛	孑[3] 杰藥别[4] 舌	訐	e		
	哲撤别[5] 列热	结	ė		
山开三4薛	揑弊	訐	e		
	鷩瞥灭薛	结	ė		
咸开三叶	叶捷涉䍐	訐	e		
	厌聂饁接妾摄猎餣	结	ė		

近代汉语音论

切韵	例字	韵会	蒙古字韵	蒙古韵略	中原音韵
山开四屑	侄鳖截	讦	e	je	嗟iɛ
	结挈缬噎裂窒铁涅闭擎蔑节切屑	结	ė		
咸开四贴	喋	讦	e		
	颊惬协喋帖捻浹燮	结	ė		
咸开三业	袷笈业	讦	e		
	胁	结	ė		
山开三月	讦蘖竭钀歇	讦	e		

表注：

〔1〕这一韵类《蒙古字韵》原缺，今据八思巴字碑刻、八思巴字《百家姓》及其他文献资料补。

〔2〕"邪"，中古"以(喻四)"母字。

〔3〕"孑"，《韵镜》列在四等。

〔4〕"别"，中古"并"母字。

〔5〕"别"，中古"帮"母字。

表十一　韵类比较表之九　瘸(厥)、玦

切韵	例字	韵会	蒙古字韵	蒙古韵略	中原音韵
果合三戈	瘸鞾[1]	瘸	ue[2]	juə	玦 aui
山合三薛	蹶[3]	厥	u̯e		
	缺悦辍歠蓓绝雪蜥说啜劣爇	玦	u̯é		
山合三月	厥阙鳜	厥	ue		
	月	玦	u̯é		
山合四屑	玦阕血穴抉				

表注：

〔1〕"鞾"，《蒙古字韵》脱漏，《中原音韵》作"靴"。

〔2〕《蒙古字韵》原作 uu，误，今据八思巴字资料校正。

〔3〕"蹶"，又月韵。

　　从上面表七—表十一来看，乙类各组韵类有如下几个特征：

　　1. 从声、韵的配合关系看，各组的前一韵类(A型)和后一韵类(B型)所配合的声类，"牙、舌、唇、齿、喉、半舌、半齿"都可能具有，两者没有系统性的差别。乙类各组所配合的声类情况如下表：

表十二　乙类各组韵类声类配合表（+号表示有，-号表示无）

声＼韵	牙 角 g k	舌 徵 d t	唇 宫 b hu̱ p f	齿 商 dz dž ts tš	喉 羽 · ʔ	半舌 半徵商 l l	半齿 半商徵 ž ẓ	韵镜 韵会 蒙古字韵 蒙古韵略
A 鞬	+	+	+ -	+ +	+	+	+	
B 坚	+	-	+ -	+ +	+	-	-	
A 骄(脚)	+	+	+ -	+ +[1]	+	-	+	
B 骁(爵)	+	+	+ -	+ +	+	-	-	
A 箝	+	+	+ -	+ +	+	+	+	
B 兼	+	-	- -	+[2] -	+	-	-	
A 迦(讦)	+	+	+ -	+ +	-	-	+	
B 嗟(结)	+	+	+ -	+ +	+	+	+	
A 瘸(厥)	+	-	- -	- -	+	-	-	
B 玦	+	+	+ -	+ +	+	+	+	

表注：

〔1〕唯有"彻（穿）"母字。

〔2〕唯有"从"母字。

各组 A 型韵类好像具有半舌音、半齿音，B 型没有，但"瘸（厥）、玦"组的情况恰恰相反，"迦（讦）、嗟（结）"组的情况也有点类似。

各组 A 型、B 型韵类跟声类配合所表现出来的一个差别，是塞音、塞擦音（牙、喉音除外）的分配呈现出一种饶有趣味的趋势。即同系（或同组）的声类，A 型韵类往往拼"浊"音，B 型韵类往往拼"清"音。这一趋势，龙果夫（А. А. Драгунов）已注意到了，他说："可是在'古官话'用浊声母 ǯ, ž, ŋ, m, n, l, d‘, dzˑ, š（＜古汉语 ś）和古喻母起头的字有一个写作[e]的有力倾向而在清声[母]k, kʻ, x, ·, č, čˑ, ts, tsˑ, s, pˑ, š（＜古汉语 ś̂）的后头却写作[ė]，这是很有趣味的。"①

---

① 见龙果夫著，唐虞译、罗常培校订《八思巴字与古汉语》第 27 页，科学出版社，1959。

我们就来分析一下这种趋势的具体情况。《韵会》和《蒙古字韵》所代表的声母系统,塞音、塞擦音分为"清、次清、浊"三套,A 型、B 型韵类与之相配合的情况如下表:

表十三　乙类各组 A 型 B 型韵类声母清浊表

声\韵	徴			宫			商			次 商			韵　会
	清	次清	浊	清	次清	浊	清	次清	浊	清	次清	浊	
	d[1]	t'	t'[1]	b	p'	p	dz	ts'	ts	dž	tš'	tš	蒙古字韵
A 鞬 B 坚	颠	天边	田篇		便	煎千		钱	遵饘		缠煤		
A 骄(脚) B 骁(爵)	貂	挑	迢镳		瓢漂	焦鏊		樵	朝弨 超		晁		
A 箝 B 兼	点	添	甜			砭	尖金	潜	霑覘				
A 迦(讦) B 嗟(结)	窒	铁	牒 鹫瞥		蹩 嗟且		藉 遮 车						
A 瘸(厥) B 玦						䓖		绝	鐵歜				

表注:

　〔1〕八思巴字汉语塞音、塞擦音以清对浊,以浊对清。关于清、浊,只是分类上的名称,其实际音值待考。

从上表可以看出,各组 A 型韵类倾向于跟"浊"音配合,B 型韵类倾向于跟"清、次清"音配合,正则的例子是"迦(讦)、嗟(结),鞬、坚"二组,其余三组都有例外("鞬、坚"组 d t·母也属例外),尤其是"箝、兼"组几乎是逆反映。但总的趋势 A 浊 B 清还是大致上可以成立的。

2. 从历史来源看,乙类跟甲类相类似,同组的韵类往往都来源于中古的同一个韵摄(有些是相近的韵摄)的不同的韵(入声例外),甚至来源于中古的同一个韵。我们从表七—表十一里可以看到:"鞬、坚"来源于山摄开口三、四等韵。"骄(脚)、骁(爵)"来源于效摄(开口)三、四等韵以及宕摄开口三等入声韵。"箝、兼"来源于咸摄(开口)三、四等韵。"迦(讦)、嗟(结)"来源于果、假摄开口三等韵以及山摄开口三、四等入声韵、咸摄(开口)三、四等入声韵。"瘸(厥)、玦"来源于果、假摄合口三等韵以及山摄合口三、四等入声韵。

就"牙、喉"音的分配而言,也是 A 型韵类具有三等韵以及"重纽"三等韵的三等字,B 型韵类具有四等韵以及"重纽"三等韵的四等字,绝少例外。也就是说,乙类各组"牙、喉"音的对立,也是三、四等的对立。

3. 从八思巴字的译音来看,乙类各组 A 型韵类译成 en,ew,em,e,u̯e,B 型韵类译成 ėn,ėw,ėm,ė,u̯ė。A 型、B 型的区别,表现在韵母的同位成分,A 型是 e,B 型是 ė。

由上面所说,可以概括为:乙类各组分韵,A 型、B 型韵类的声类配合没有系统性的差别。但就"牙、喉"音而言,"牙、喉"音的对立,也是三、四等的对立(A 型是三等,B 型是四等)。就塞音、塞擦音(牙、喉音除外)而言,有按"清、浊"分配的趋势。A 型韵类倾向于拼"浊"音,B 型韵类倾向于拼"清"音。八思巴字的译写,A 型、B 型的区别,也是 e 跟 ė 的区别。

六

甲类各组分韵的特征是加 ė 与否,乙类各组分韵的特征是 e 与 ė 之别。那么,弄清楚 ė 的实际音值和 ė 跟 e 在音质上的区别,是解决"京、经"等韵类分化问题的关键。

e(ㄱ)和 ė(ㄷ)是八思巴字字母表里两个不同的字母。《蒙古字韵·字母》①在所列辅音字母之后,列出七个元音、半元音字母

---

① 见《蒙古字韵》上五(页),日本关西大学东西学术研究所刊(壶井义正编)《影印大英博物馆藏旧抄本(蒙古字韵)》第 9~10 页。

近代汉语音论

(开头还应该有一个元音 a,是以零形式来表示的,即不用字母,只空位),它们的顺序是 i,u,e,o,ė,u̯a,i̯a,前四个是元音字母,后两个是半元音字母,至于 ė 正处在元音字母和半元音字母的当间儿,它的性质,存乎两可之间。

关于 ė 字母的性质和它的音值,八思巴字学界历来聚讼纷纭,莫衷一是。龙果夫(А. А. Драгунов)认为 ė 字母有两种不同的用法,一种是用于领音的,一种是用于非领音的。用于领音的,ė 跟 e 一样,用来对译"古官话"韵母-ie,-iem,-ieu̯,-üe 里的-ie。ė 和 e 互用。对这种 ė、e 互用的解释,是假设它们之中没有一个和"古官话"的 e 一样。如果我们说 e 是一个关 e 而 ė 大概是一个倾向 ə 的 e,并且如果我们把"古官话"的-e 当作开 ɛ,像现代北京话里的那样,那么我们就容易解释为什么这位译音人把有些字写作 e 而把另一些字写作 ė 了。用于非领音的,例如 ėi,ė 是嵌在硬舌根音和 i 中间所发生的一种流音①。龙果夫采用了高本汉(B. Karlgren)关于中古声母分为[j]化的和单纯的两种的学说②,ė 往往跟所谓单纯的(龙氏称为硬的)舌根声母相配合,因此流音说是这种理论推演的必然结果。服部四郎认为 ė 是 e,而 e 是 ɛ③,对龙氏的结论略有修正。而波普(Nicholas N. Poppe)则认为 ė 是前元音 e,而 e 的音值是比前元音 e 更窄一些的 ė④,对于这两个字母所代表的元音的开口度的看法,刚好跟龙氏相反。李盖悌(L. Ligeti)认为 ė 是

---

① 参看《八思巴字与古汉语》第 26~28 页。
② 我国学者早已摒弃了高本汉的[j]化声母说。参看陆志韦《古音说略》第 24 页,前燕京学报专刊之二十,1947。李荣《切韵音系》第 107~110 页,科学出版社,1956 年新 1 版。
③ 见服部四郎《元朝秘史の蒙古语を表わす汉字の研究》第 42~45 页,龙文书局,1946。
④ Nicholas N. Poppe and John Krueger:《The Mongolian Monuments in hP·agspa Script》(Göttinger Asiatische Forschungen, Band 8), p. 25, Wiesbaden, Otto Harrassowitz, 1957.

ä,而 e 是 e①。看来他也是倾向于 e 窄 ė 宽的看法的。桥本万太郎详细地考证了 ė、e 这两个字母的来源,分析了各家关于这两个字母的音值产生分歧意见的原委。他认为八思巴字字母 e 是根据藏文表示"e"的字母加以仿制的,字母 ė 则是来自直接表示梵文 ai 的藏文字母,也可以说是表示"ai"的科坦语(Khotanese)字母。关于这两个字母的音值,桥本认为,e 是高中元音,ė 是低中元音。在译写汉语时,e 往往带有"内在音"a(我们称为 a 的零形式),它是 e 的较短的变体,当作一个"中间字母"符号来使用,他用 l 来转写,而把 ė 转写成 e②。

现在我们从汉语音韵学的角度,结合"京、经"等韵类各组分韵的特征,来试探着确定这两个字母是怎样的性质和可能音值。ė 这个字母是八思巴字里的一个特殊的字母。在八思巴字蒙古语里,它有两个用途,一是跟 o,u 相结合(置于 o,u 之前)构成 ėo,ėu,表示阴性元音。它的音值,与其说是代表一个元音,不如说是阴性元音的标志,因为它跟单个儿元音相结合,构成的仍然是单个儿元音,只改变了该元音的音质。一是表示比 e 较开的前中元音,请比较:'ėok'ėodėe(ök'ödėe),'ėoldžėet'u(ölįeė t'u)。在八思巴字汉语里,有可能也跟蒙古语里的情形一样。ė 不止一种用法,我们从上面的韵类比较表里可以看到,甲类 B 型韵类 ėi、ėue、ėiŋ、ėiw 中的 ė,居于 i,u 之前。按照汉语音韵的结构,参照《中原音韵》,这里的 i 和 u,除 ėi 的 i 居于主要元音(韵腹)的位次外,其余三个韵类的 i,u,都应该是居于介音的位次。那么这里的 ė 的位次是多余的了,即是说,它不能够单独作为介音。因此,这里的 ė 不作为代表一个

---

① Louis Ligeti:《Le po Kia Sing en écriture 'Phags-pa》, Acta Orientalia Academiae Scientiarum Hungaricae, Tomus 6, Fasciculi 1—3, p. 11, 1956.

② Mantaro J. Hashimoto:《hp'ags-pa Chinese—The hp'ags-pa transcription of a Medieval Chinese vowel》(Writing and Language Reference Materials, I), pp. 65~73, 1978.

元音而是作为一种区分标志,或用以跟别的元音相结合,改变那个元音的音质,才是顺乎情理的。这证明在汉语里也跟在蒙古语里的第一种用法的情形相类似。从 A 型、B 型韵类的三、四等的区别来看,作为区分标志,这个 ė 是用来标志四等的。在《切韵》时代,三、四等的区别有两点,一是开口韵有无前腭介音,二是其元音开口度的大小。到了近代,从当时的许多音韵资料来看,元音上的差别已经消失,同摄开口三、四等韵的归并成为普遍现象。至于前腭介音的有无,也似乎变得一致起来(在《中原音韵》里表现得很明显)。只有一种可能,四等韵由原来没有后来滋生出来的前腭介音跟三等韵原有的前腭介音还没有类化,彼此还保存着音质上的差别,这个 ė 就是用来显示这种差别的。我们可以用 ı 来转写这个ė,以便跟三等韵的前腭介音相区别。至于合口韵,是三等韵的前腭介音消失后,而跟四等韵合流,在"牙、喉"音方面,还没有真正的合流,表现出还存在某种差别,这个 ė 也就是用来显示这种差别的。

乙类各组在韵母的同一位次上,A 型韵类是 e,B 型韵类是 ė,参照《中原音韵》,正如龙果夫指出的那样,这里的 ė 跟 e 一样,代表 ie(或 iɛ)①。这是一个复合元音。从汉语的音韵结构看,是韵母的主要元音(韵腹)加上前腭介音(韵头)构成的。这可以说是 ė 的另一种用法。ė 和 e 的区别,"牙、喉"音三、四等的对立用甲类各组分韵的同样理由可以作为区分它们的前腭介音的依据的基础,"牙、喉"音以外的各系各组声母字,也可以由"牙、喉"音类推。我们把 ė 转写成 ı,从形式到内容都可以跟甲类各组的这个字母的构拟一致起来,只不过这里的 ı 是指由 ė 所表示的韵母的前腭介音的可能音值,它又是跟同位次的 e 一样,是带主要元音 e 的零形式的。至于乙类各组"舌、唇、齿"音以"清、浊"分韵的趋势能否作为

---

① 参看《八思巴字与古汉语》第 26 页。

区分的依据的基础,由于例外太多,显得有些勉强,同时从音质上加以说明,也有一定困难,虽然在汉语的江苏高淳方言里和高棉语 Souei 语里有类似的例证①。这些问题有待进一步的探索。

我们暂拟"京、经"等韵类的音值如下表:

表十四　京、经等类韵母表

	A型	韵类	拟音	B型	韵类	拟音
甲类		京	iəŋ		经	ɿəŋ
		羁(讫)	i		鸡(吉)	ɿi
		妫(国)	uei		规(橘)	ɿuei
甲类		鸠	iəu		樛	ɿəu
乙类		鞭	iɛn		坚	ɿɛn
		骄(脚)	iɛu		骁(爵)	ɿɛu
		箝	iɛm		兼	ɿɛm
		迦(讦)	iɛ		嗟(结)	ɿɛ
		瘸(厥)	iuɛ		玦	ɿuɛ

(原收入《音韵学研究》第 2 辑,中华书局 1986 年 7 月第 1 版)

---

① 罗汉·沙加尔(Laurent Sagart)在中国音韵学会第二届学术讨论会上宣读的论文《江苏高淳方言里声母的清浊对元音的影响》(Changements Vocaliques Conditionnes Par le Voisement de L'initiale Dans Le Dialecte de Gaochun au Jiangsu), 1982。

《中原音韵》音

《中原音韵》音指《中原音韵》(1324)一书所反映的语音系统。《中原音韵》是中国最早出现的一部曲韵著作。作者元代周德清(1277—1365),江西高安人。"工乐府,善音律",对于元代盛极一时的北曲的创作和演唱了解得很深。他感到当时作曲、唱曲的人都不大讲究格律,艺坛上出现了不少混乱现象。他认为要使北曲发挥更高的艺术效果,就必须使它的体制、音律、语言都具有明确的规范,特别是语音的规范更为重要。于是他根据自己的亲身体验,在理论上进行了一番总结,完成了这部划时代的著作。

《中原音韵》的内容分为两大部分:第一部分是以韵书的形式,把曲词里常用作韵脚的5866个字,按字的读音进行分类,编成一个曲韵韵谱。韵谱分为19韵:东钟、江阳、支思、齐微、鱼模、皆来、真文、寒山、桓欢、先天、萧豪、歌戈、家麻、车遮、庚青、尤侯、侵寻、监咸、廉纤。每一个韵里面又分为平声阴、平声阳、入声作平声阳、上声、入声作上声、去声、入声作去声等类。每一类里面以"每空是一音"的体例,分别列出同音字组,共计1586组。第二部分称做《正语作词起例》,是关于韵谱编制体例、审音原则的说明,关于北曲体制、音律、语言以及曲词的创作方法的论述等。

考订《中原音韵》音的方法。《中原音韵》所代表的语音系统,主要反映在它的韵谱里,韵谱已经划分出了同音字组,至于这些同音字组各读什么音,韵谱本身不能回答,必须经过一番考订,才能了解清楚。考订的基本方法是以韵谱的音韵分类为基础,参考《中原音韵·正语作词起例》的有关说明,比照同期的音韵资料,如黄公绍、熊忠《古今韵会举要》(1297)，《古今韵会举要》转录的《七音三十六母通考》，朱宗文校订本《蒙古字韵》(1308)，卓从之《中州乐府音韵类编》等，构拟整个音韵系统。

考订的具体方法，可以是先把韵谱中所有的同音字组按各种线索组成一个"等韵图"式的小韵表，然后构拟出各个同音字组的音值。

罗常培最先考订出《中原音韵》音20声类。他根据《中原音韵·正语作词起例》的说明总结出两个条例："凡一音之中而括有等韵三十六母二纽以上者，即可据以证其合并，偶有单见，不害其同；此一例也。""凡全浊声母去声混入全清者，则平声虽与阴调分纽，声值实与次清无别；此二例也。"这两个条例可以总称为"归纳法"，早年研究《中原音韵》音的学者，大都沿用此法。此法对于考订《中原音韵》音里绝大多数的声类是行之有效的，但用于分析"疑"与"影喻"的分并，古全浊塞音、塞擦音读全清还是读次清，却遇到了阻碍，至于古全浊平声的"声值实与次清无别"的结论也缺乏内部证据。所以后来的人对罗常培此法有所补充和发展，改称"内部分析法"。

声母　罗常培用"归纳法"，考订出《中原音韵》20声类，后来的研究者又补充一个"仰"类，共21类：

崩	p	烹	p'	蒙	m		风	f	亡	v
东	t	通	t'	农	n	龙 l				
宗	ts	怱	ts'				嵩	s		
支章	tʃ	眵昌	tʃ'				施商	ʃ	戎	ʒ
工姜	k	空腔	k'	仰	ŋ		烘香	x		
邕	ø									

这21类声母中有如下几个重要问题。

"仰"类即中古音"疑"母的一部分，保存[ŋ]　《中原音韵》共收

《广韵》"疑"母字200个,其中,138个跟"影、云(喻三)、以(喻四)"同在一空,5个混入"泥、娘",57个独自成空。"疑"母字跟"影、云、以"或"泥、娘"同空的,可以证明它们已经合并,或失去[ŋ],或变[n]。而独自成空的,不仅不能跟它们合并,而且跟它们(包括混入"疑"母字的小韵)发生对立。例如:

江阳	上声	第21空	仰疑
		第2空	养痒以鞅影
江阳	去声	第25空	仰疑
		第4空	漾羕炀养样以怏影漾恙以
萧豪	去声	第8空	傲奡鳌疑
		第30空	奥懊澳影
萧豪	入声作去声	第8空	虐疟疑
		第1空	岳乐疑药以约影跃钥瀹以
歌戈	上声	第12空	我疑
		第10空	妸影
歌戈	入声作去声	第7空	虐疟疑
		第1空	岳乐疑药以约影跃钥以
车遮	入声作去声	第4空	业邺额疑
		第3空	拽噎谒影叶以烨影

参照同期的《蒙古字韵》,"疑"母字独立成空的,八思巴字汉语一律作[ŋ],与之对立的"影云以"母字,则作表示零声母的字母,可见《中原音韵》的声类里,的确有[ŋ]的存在。

浊音清化 在《中原音韵》里,中古浊音(全浊)字普遍地跟清音(全清、次清)字混并,上声的全浊音字一律变为去声,跟去声的全浊、全清音字混并。而在平声,中古浊音自成一调,不跟清音字混并。周德清在声调方面"平分二义",是一大发明。他的平声阴来自中古清音字,平声阳来自中古浊音字。塞音、塞擦音的清音分全清(不送气)次清(送气)两类。塞音、塞擦音的浊音清化后,是变同全清,还是变同次清,这一点《中原音韵》韵谱本身无法显示出来,只有参证《中州乐府音韵类编》才能得到了解。《中州乐府音韵类编》平声分为三类:阴、阳、阴阳。所谓阴阳类是指同一个声母的字而能够阴阳成配偶的一类。《中原音韵》的平声阳类字,塞音、塞擦音是跟《中州乐府音韵类编》的次清音字成配偶而归入同一个阴阳类的。例如:

东钟　阴阳类——通:同/冲:重/邕:容/风:冯/烘:红/葱:丛/烹:彭/

可见平声塞音、塞擦音浊音字清化后,是变同次清了。

唇音的分化与合并　中古音唇音字在等韵三十六母系统里,分化为重唇音"帮滂並明"和轻唇音"非敷奉微",共八类。在《中原音韵》里,重唇音是三类(並母并入帮滂),轻唇音"非敷"合并,"奉"按浊音清化规律,也与"非敷"合并。例如:

齐微　去声　第4空　吠奉沸费非肺敷废带非
鱼模　去声　第11空　赴敷父釜辅奉付赋傅富非……
真文　去声　第9空　忿敷分奉粪奋非
寒山　去声　第19空　饭奉贩畈非范奉泛敷……

"非敷奉"同空,证明三类并为一类。

"微"母字在《中原音韵》跟"影、云(喻三)"的小韵对立。例如:

齐微　平声阳　微:围
　　　上声　　尾:委
　　　去声　　未:胃

前者为"微"母字,后者为"影、云"母字。

《中原音韵·正语作词起例》"诸方语病"也列举"网有往"等,《中州乐府音韵类编》平声"微"母字都属"阳",不与"影"母字成配偶。八思巴字汉语作 w-。《中原音韵》微母字仍然自成一类,例如:

江阳　平声阳　　　第5空　　忘亡微
　　　上声　　　　第12空　　罔网辋微
　　　去声　　　　第13空　　望忘妄微
鱼模　入声作去声　第4空　　物勿微

这说明"微"母字在《中原音韵》里独自成一个声母。

影云以合并　中古音"影、云、以"三类,在《中原音韵》里已经合并成一类。例如:

齐微　上声　　　　第21空　　委猥影唯以隗疑苇伟云
东钟　去声　　　　第13空　　用以咏云莹影
鱼模　入声作去声　第6空　　玉狱疑欲浴以郁影育鹆以

知章庄三组字的合并情况　中古音"知彻澄、章昌船书常、庄初崇生"三组字在《中原音韵》里已并成一组。合并的情况,大致是"知三"组和"章"组混。例如:

江阳　上声　　第18空　　掌章长知三
　　　　　　　第9空　　敞氅昌昶彻三
先天　平声阳　第14空　　船船传椽澄三

"知二"组和"庄"组混。例如:

萧豪　去声　　第21空　　罩知二笊庄棹澄二
江阳　平声阳　第9空　　床崇撞幢澄二咮

也有"章"组和"庄"组混的,限于止摄开口字。例如:

支思　去声　　第1空　　是氏市常柿崇侍常士仕崇使生示谥船莳
　　　　　　　　　　　　恃常事崇施书嗜豉常试弑书笾视噬常

像今山东、河南一些地方的方言。

也有"知三"组、"章"组、"庄"组混的,限于通摄字。例如:

东钟　平声阳　第8空　　重虫澄三慵鳙常崇崇

《中原音韵》音

像今天津、山东胶东一带的方言。

当时别的音韵资料,如《古今韵会举要》、《蒙古字韵》、《事林广记》中的"六十字诀"、元陶宗仪《南村辍耕录·射字法》、陈晋翁字母、吴澄字母等,也都是把这三组并成一组的。罗常培拟作[tʃ]、[tʃ']、[ʃ]。

戎类的构拟 中古"日"母的变音,在《中原音韵》里自成一类,即"戎"类。罗常培拟作[ʒ]。陆志韦说它不是[ʂ]的浊音[ʐ],也不是[ɕ]的浊音[ʑ],它的性质是介乎软音跟硬音之间,所以拟作带引号的"ʐ"。王力拟作[ʐ]。

韵母 《中原音韵》音的韵母共46类。

东钟			uŋ	iuŋ
江阳	aŋ	iaŋ	uaŋ	
支思	ï			
齐微	ei	i	uei	
鱼模	u	iu		
皆来	ai	iai	uai	
真文	ən	iən	uən	iuən
寒山	an	ian	uan	
桓欢	on			
先天		iɛn		iuɛn
萧豪	au	iau, iɛu		
歌戈	o	io	uo	
家麻	a	ia	ua	
车遮		iɛ		iuɛ
庚青	əŋ	iəŋ	uəŋ	iuəŋ
尤侯	əu	iəu		
侵寻	əm	iəm		
监咸	am	iam		
廉纤		iɛm		

这些韵母是根据《中原音韵》韵谱所划分的小韵求出来的。

韵谱以"每空是一音"的原则划清了小韵的界限。同一个小韵的字必同音,不同小韵的字彼此必不同音。这种不同音有 3 种情况,即声母同而韵母不同;韵母同而声母不同;声母、韵母都不同。根据这种同音与不同音的情况,就可以考证出韵母来。下面就韵母的几个比较重要的问题略作说明。

一二等牙喉音重出问题　中古一二等开口韵字,在《中原音韵》里一般已经合流了,唯有牙喉音字一、二等仍然对立。例如:

皆来　一等　该开孩哀:二等　皆揩鞋挨,
寒山　一等　干刊寒安:二等　奸悭闲颜,
萧豪　一等　高 蒿廒:二等　交敲哮坳,
监咸　一等　甘堪含庵:二等　监嵌咸渰。

参照八思巴字汉语一、二等字元音相同,而二等字有一个模糊的腭介音[i]。这是新产生的音变现象。

在江阳韵里,二等牙喉音字与三等牙喉音字合流,例如:

江阳　平声阴　第1空　姜阳江杠釭江薑疆殭僵阳
　　　　　　　第16空　腔牷江艭羌阳
　　　上声　　第1空　讲港讲镪养
　　　去声　　第1空　绛降泽虹绛糨强漾
　　　　　　　第9空　巷绛向漾项讲

看来,江阳韵里的二等字介音已经跟三等字介音没有区别了。除江阳韵外,开口二等喉牙音字与开口三等韵字都从不相混,并且不会在一个韵里同时出现。由此可知,两者的区分不限于介音的差别,而且元音也有所不同。

桓欢韵的韵母　桓欢韵字全来自中古的桓韵系,只一类。与寒山韵分立,是《中原音韵》音的一大特点。桓欢韵在元曲里是个险韵,一般不独用,周氏显然不能从曲韵归纳出这个韵部来,大概根据的是"中原之音"。《中原音韵·正语作词起例》辨"诸方语病",列举"完有皖、官有关、慢有慢、患有缓、惯有贯"等例,强调桓欢与寒山的合口类有别。《古今韵会举要》、《蒙古字韵》归寒部,但自成一类,八思巴字汉语作 on,陆志韦拟作[uɔn]。

支思韵的韵母 支思韵的小韵不多,只有"舌齿音",来自中古的止摄开口各韵系的"精"系、"章"、"庄"组字、"日"母字以及少数几个"知"组字。这类字的音变,早在北宋邵雍(1011—1077)的《皇极经世书》的"声音唱和图"里已见端倪,邵雍已把止摄开口"精"系字列在"开"类,稍后的《切韵指掌图》把它们改列在一等。《古今韵会举要》把这类字独立成一个"赀"字母韵,包括止摄开口"精"系、"庄"组字,八思巴字汉语作 hi。《中原音韵》成立一个新的韵部,与齐微韵分立,收字范围又有所扩大。

支思在元曲里与齐微同用,极少独用,周德清不能凭曲韵归纳出这一韵部,也必定是根据的"中原之音"。这一韵的韵母,陆志韦认为,最妥当的办法是把支思韵全拟作 ï,这 ï 音是[ɿ、ʅ]跟[i、ə]中间的一个音,还不是实在的舌尖音,不过借用 ï 符号而已。

鱼模韵的韵母 鱼模韵的小韵可分为两类,一类来自中古的遇摄一等韵以及三等唇音;一类来自遇摄三等韵。《古今韵会举要》、《蒙古字韵》也是分为两类:孤类,居类。八思巴字汉语作 u,iu。陆志韦认为《中原音韵》的 u 元音比较靠前,所以跟尤侯韵不混,曲韵里除入声字外,也不跟尤侯韵通押。

真文、庚青韵的韵母 真文韵从小韵的对立情况看,应该分为四类,开口和合口各为两类。从《中原音韵》的总的音变趋势看,开口类一二等跟三四等还可以区别,合口类的归并比开口类显得更为积极,《中原音韵》有的韵里二者都归并到一起了。但在真文韵里,合口类来自一等的小韵跟来自三等的小韵发生对立。例如(中古音采用《广韵》韵目):

	一等	魂/混/慁	:	三等	谆文/准/问
l		论	:		伦
ts		尊	:		遵
ts'		村	:		逡
s		孙/损/逊	:		询/笋
k		鲲/衮	:		君/窘
x		昏/混	:		薰/训
ø		温/稳/揾	:		氲/允/酝

庚青韵与真文韵的情形相同。这四类的主元音可参照八思巴字汉语作 hi = [ə]，真文韵四类可拟作[ən、iən、uən、iuən]；庚青韵四类可拟作[əŋ、iəŋ、uəŋ、iuəŋ]。

歌戈韵的韵母 歌戈韵平上去声字来自中古音歌、戈两韵系，本是一开一合，只是唇音字不分开合。在《中原音韵》里，除牙喉音字还保持原有的开合口对立外，其余都合并到一起了。例如：

平声阴	第7空	他拖佗歌诧戈
	第5空	莎簑唆脞梭戈娑挱歌
平声阳	第3空	挪那歌捼戈傩歌
	第7空	矬戈蓑歌
上声	第3空	棵臝果挆哿夥果愣哿
去声	第3空	舵哿堕髢惰果剁过垛果驮大瘥个
	第2空	佐左个坐座过

参照《古今韵会举要》、《蒙古字韵》，这一韵也是分为两类，一类来自歌韵系，八思巴字汉语作 o，一类来自戈韵系，作 uo，唇音字可以参照八思巴字汉语归入 uo 类，歌韵的舌齿音字参照现代北方话也可归入 uo 类。这一韵的入声字来自一二等的不难分别归入 o、uo 类，来自三等（药韵）的字（唇音字除外），又全都互见于萧豪韵，可以拟成[io]类。

萧豪韵一二等重出问题 在《中原音韵》里，开口一二等字一般已经混并,只有牙喉音字重出。在萧豪韵里,不限于牙喉音字,唇音字和"泥、娘"母字也有一二等重出现象。例如(前者一等,后者二等),褒:包,宝:饱,抱:豹,脑:挠。

《中原音韵·正语作词起例》辨"诸方语病"也列举"包有褒,饱有保,爆有抱",可见周氏是强调这种区分的。但又有杂乱现象,即这类声母的字也有一二等混并的。例如,萧豪韵:

平声阳　第15空　袍豪炮跑鞄匏咆庖肴
　　　　第5空　毛芼庨豪茅蛮猫肴髦豪
　　　　第6空　猱狃豪饶呶峱挠谚肴
去声　　第4空　豹爆效瀑号
　　　　第5空　抱皓报暴号鲍巧鞄效洵
　　　　第23空　貌效冒帽耄眊号茂候

特别是"抱"与"豹"虽然对立,而两小韵内部却又是一二等混并的。同期的音韵资料如《古今韵会举要》、《蒙古字韵》都是把二者合并的,所以这种一二等重出现象很可疑。

-m 尾字转化为-n　在《中原音韵》里,有少量[-m]尾字与[-n]尾字混并,例如:

真文　上声　　第14空　牝轸品寝
寒山　平声阳　第7空　　烦繁膰礬蠻元帆凡樊元凡凡
　　　去声　　第19空　饭贩畈愿範范泛梵范犯范

这种混并只限于唇音字,显然是由于"首尾异化"作用所发生的。同期的音韵资料还受传统约束,没有反映出这种现象。

两韵并收字的读音　《中原音韵》有好些两韵并收字,其中大多数是成系统的,一共有81字,分3系:①东钟、庚青并收字——肱觥轰薨泓崩绷烹倾兄棚鹏盲薨萌宏紘嵘横(平)弘荣艋蜢永迸孟横(去)咏莹,共29字。②鱼模、尤侯并收字——逐轴熟宿烛粥竹褥,共8字。③萧豪、歌戈并收字——薄箔泊铎度缚凿浊濯镯着学鹤镬杓末沫幕寞莫落络烙洛酪乐(lè)蕚鹗鳄恶岳乐(现代音 yuè)药跃钥约略掠弱蒻虐疟桚诺,共 44 字。

关于两韵并收字的读音问题,陆志韦认为:东钟、庚青跟鱼模、尤侯和萧豪、歌戈两韵并收的性质有所不同。

东钟、庚青并收字的读音,从历史上考察,属于梗、曾摄牙喉音合口和唇音,古音只有一读。跟《中原音韵》同期的音韵资料,如《古今韵会举要》、《蒙古字韵》、《中州乐府音韵类编》等所反映的也只有一读。《古今韵会举要》、《蒙古字韵》的这类字多数读如东钟,少数读如庚青;《中州乐府音韵类编》全收在东钟韵,注明"收"。这反映了一种新的语音演变趋势,即来源于梗、曾摄牙喉唇音字,这时已经变同通摄。从现代北方话各个次方言看,这类字也只有一读,大致是牙喉音字读为东钟型,唇音字读为庚青型。这类两韵并收字的读音,最合理的推断,是代表新、老两派读音并存现象。读为东钟韵是反映新的音变,是新派读音,读为庚青韵是老派读音,这也是语音发展的一种普遍规律。

鱼模、尤侯并收字全是入声,来自中古音通摄入声一等屋、三等烛韵,原来只有一读,跟《中原音韵》同期的音韵资料,如《蒙古字韵》、《中州乐府音韵类编》也只有一读。《蒙古字韵》读如鱼模。它的尤(尤侯)韵根本不收入声字,《中州乐府音韵类编》入声作平声阳的互见于鱼模与尤侯,入声作上声、入声作去声的只见于鱼模。互见的,在鱼模的注"与尤韵通",在尤侯的注"收"。从历史来源看,参证同期音韵资料,这类入声字的韵尾-k 已经脱落,按元音归类,最宜于与鱼模合流。读为鱼模是实际读法,收入尤侯是反映曲韵通押现象。从元曲用韵的例子中可以得到证实。但也有另外一种可能,这里反映的是文白异读现象。从现代北方话各个次方言的情况看,这类中有些字,如"六",已经普遍读成尤侯型了,可见当时已经孕育着这种新的音变趋势。

萧豪、歌戈并收字也全是入声，来自中古音江、宕摄入声二等觉韵，一等铎韵、三等药韵，另有"末沫"二字来自末韵（特例）。古音只有一读。同期的《蒙古字韵》也是一读，全收在萧（萧豪）韵，《中州乐府音韵类编》入声作平声阳的也只见于萧豪，入声作去声的除"末沫"二字只见于歌戈外，其余都是萧豪、歌戈互见。从语音的发展历史来看，参照同期的音韵资料，这类字原具有 a 类元音，其韵尾 k 转化为后高元音 u，于是与同类的"阴声韵"韵母合流，归入到萧豪韵是顺理成章的。这类字收入歌戈也是反映曲韵的通押现象，从元曲的实际用韵中，可以得到证实，从现代北方话各个次方言的情况看，跟鱼模与尤侯的情况相仿佛，当时已经孕育着歌戈型的新读法的演变趋势。

声调 《中原音韵》的调类归结为"平分二义"，"入派三声"。这是周德清的两项发明。他强调曲词平分阴阳是"作词之膏肓，用字之骨髓"。他详细地列举了各式各样的曲牌，指明什么地方该用"阴"字，什么地方该用"阳"字，这也是他的"独得之妙"。这跟现代汉语普通话和大多数方言一致，很好理解。至于"入派三声"，却引起后人截然不同的两种理解，至今尚在争论中。

《中原音韵》的韵谱，把原来的入声字，收于"阴声韵"的支思、齐微、鱼模、皆来、萧豪、歌戈、家麻、车遮、尤侯等 9 个韵里面，分别派入平声阳、上声、去声。他的"派入"，不是直截了当地跟平、上、去声字并在同一个小韵，而是单独成小韵，"次本韵后，使黑白分明"。他又在《中原音韵·正语作词起例》里进一步说明："入声派入平上去三声者，以广其押韵，为作词而设耳。然呼吸言语之间，还有入声之别"。又说："平上去入四声，《音韵》无入声，派入平上去三声。前辈佳作中间备载明白，但未有以集之者。今撮其同声，或有未当，与我同志改而正诸。"

一种看法是：《中原音韵》的"入派三声"，反映了当时实际语言的入声已经消失,分别变同平上去三声。周德清所说:"呼吸语言之间,还有入声之别",是就某种方言说的,或者拘泥古音系统。持这种看法的以王力为代表,近年又有一些研究者进一步加以论证。

另一种看法是:"入派三声"不等于"入变三声"。"入派三声"是为了曲词唱念方便扩大押韵范围,在戏曲语言里对入声字行腔吐字采取的变通办法,根据入声字的声母性质分别派入平上去,即全浊的派在平声阳,清(全清、次清)的派入上声,次浊的跟"影"母字派入去声。而在当时实际语言——共通语里,入声仍然存在,跟平上去声严格地区分开来。持这种看法的以陆志韦为代表,后来有的研究者利用现代北方话次方言的材料,作了补充论证。

(原收入《中国大百科全书·语言文字》
中国大百科全书出版社 1988 年 2 月第 1 版)

元代汉语的浊声母

一

这里所说的清、浊,是指音韵学上关于声母的分类而言,不是指的语音学上声母的带音不带音。音韵学上所谓声母的清、浊,跟语音学上声母的带音不带音,有时是等同的(即:清＝不带音,浊＝带音),但有时又不等同,所以二者不能混为一谈。

音韵学上关于声母的分类,按照某一种发音特点(一般认为是发音方法)来分,可以分为清、浊两类。再细分,清又分为清(又称全清)、次清,浊又分为浊(又称全浊)、清浊(又称次浊)。今以等韵三十六字母的分类为例,有如下表:

表一　等韵三十六字母清浊表

清 { 清:帮 非 端 知 见 精 心 照 审 晓 影
　　次清:滂 敷 透 彻 溪 清　　穿

浊 { 浊:並 奉 定 澄 群 从 邪 床 禅 匣
　　清浊:明 微 泥 娘 疑　　　　　喻 来 日

上表横行第三行"浊"类"並奉定澄群从邪床禅匣"等十母,就是属于本文所说的浊声母。

二

元代汉语的声母系统,如果就周德清(1277—1365)《中原音韵》(1324)来说,浊声母已经不成其为独立的一类了。原来的浊声母在《中原音韵》里已经清化。浊音清化后,在平声:浊声母跟清声母虽然形成对比,但是这种对比,反映的是声调的区别。《中原音韵》平分阴阳,清(含次清)声母字归入平声阴,浊(含清浊)声母字归入平声阳。在仄声:上声浊声母字转为去声,入声浊声母字"作"平声阳。去声浊声母字变成了同部位(表一同竖行)的清声母。例如:蚌=谤,奉=讽,洞=栋,丈=帐,共=贡,匠=酱,象=相,巷=向;等等。跟现代普通话和汉语官话方言同一模式。但是就《古今韵会举要》(1297,以下简称《韵会》)、《七音三十六母通考》(载《韵会》卷首,以下简称《七音》)、《蒙古韵略》和《蒙古字韵》的音系来说,浊音母自成一类,就是说,浊声母还完整地保存下来。在同一调类之中,浊声母跟同部位(表一同竖行)的清声母形成对比。在塞音、塞擦音方面,更是三位对比的格局。即清:次清:浊。有如下表:

表二 韵会等声母清浊表

清浊	等韵	韵会	七音	蒙古韵略	蒙古字韵
清	见	角清音	见	k[1]	g[2]
次清	溪	角次清音	溪	k'	k'
浊	群	角浊音	群	g	k
清浊	疑	角次浊音	疑[3]	ɲ	ŋ
		角次浊次音	鱼[4]		,
清	端	徵清音	端	t	d
次清	透	徵次清音	透	t'	t'
浊	定	徵浊音	定	d	t
清浊	泥	徵次浊音	泥	n	n
清	知照	次商清音	知	tš	dž
次清	彻穿	次商次清音	彻	tš'	tš'
浊	澄床	次商浊音	澄	dž	tš

（续表）

清浊	娘	次商次浊音	娘	ɲ	ň
清	审	次商次清次音	审	š	š₂
浊	禅	次商次浊次音	禅	ž	š₁
清	帮	宫清音	帮	p	b
次清	滂	宫次清音	滂	p'	p'
浊	並	宫浊音	並	b	p
清浊	明	宫次浊音	明	m	m
清	非	次宫清音	非	f	h͡u
次清	敷	次宫次清音	敷		
浊	奉	次宫浊音	奉	v	h͡u
清浊	微	次宫次浊音	微	w	w
清	精	商清音	精	tṣ	dz
次精	清	商次清音	清	tš'	tš'
浊	从	商浊音	从	dẓ	ts
清	心	商次清次音	心	s	s
浊	邪	商次浊音	邪	z	z
清	影	羽清音	影[3]	ʔ	·
		羽清次音	幺		j
清	晓	羽次清音	晓	h	h
浊	匣	羽浊音	匣[3]	ɦ	ħ
		羽浊次音	合		ɣ
清浊	喻	羽次浊音	喻	ø	j
清浊	来	半徵商音	来	l	l
清浊	日	半商徵音	日	ẓ	ž

表注：

〔1〕《蒙古韵略》音,采用俞昌钧《较定蒙古韵略》用正音文字转写所定的音标标注。

〔2〕《蒙古字略》音,采用照那斯图、杨耐思《八思巴字研究》(载《中国民族古文字研究》,中国社会科学出版社,1984)转写八思巴字所定的音标标注。

〔1〕与〔2〕的标注有不同的地方,除了 ɲ 与 '、ʔ 与 ɪ、ɦ 与 ɣ 以外,都是音标体系的问题,不牵涉到音值的差异。

〔3〕疑与鱼、影与幺,匣与合,是由中古的疑、影、匣分化而来,这是《韵会》等声母系统的一个重大特点,这个问题,拟另文讨论,这里从略。

〔4〕"鱼"母有一部分字来自喻三（属于《切韵》微合、月合、文合、元合、庚合、物合、阳合、虞、屋、药合及支合B、祭合B、质合B、真合B、仙合B、仙开B、盐B诸韵），请参看拙作《汉语"影、幺、鱼、喻"的八思巴字译音》（载《中国民族古文字研究》，中国社会科学出版社，1984）。

从上表可以看出，各组声母清浊对比的型式是：见、端、知（照）、帮、精各组的第一、二、三位都是清：次清：浊三位对比。知（照）组的第五、六位是清：浊两位对比。精组的第四、五位是清：浊两位对比。非组的第一、二、三位，四种韵书中，有两种是清：次清：浊三位对比；另两种第一、二位合流，是清：浊两位对比。三位对比的属于塞音、塞擦音，两位对比的属于擦音，跟《切韵》音系同一模式。

三

元代汉语里保存一套完整的浊声母，不仅由上述当时的几种韵书反映了出来，而且可以从当时的记录汉语声母系统的几种音韵资料里得到证实。这些音韵资料如陈晋翁《切韵切掌图节要》的三十二字母：见溪群疑、端透定泥、帮滂并明、非敷奉微、精清从心邪、知彻澄审禅、晓匣影喻、来日①；吴澄（1249—1333）的三十六字母：见溪芹疑、圭缺群危、端透定泥、邦滂并明、敷奉微、威、精清从心邪、照穿澄审禅、晓匣影喻、来日②。元代《新编纂图增类群书类要事林广记》后集卷九幼学类"六十字诀"二十八母：因烟、人然、新鲜、饧涎、迎妍、零连、清千、宾边、经坚、神禅、秦前、平便、宁年、寅延、真邅、娉偏、亭田、澄缠、擎虔、轻牵、称燀、丁颠、兴掀、汀天、精笺、民眠、声氊、刑贤、——③。陶宗仪《南村辍耕录·射字

---

① 均转引自李汝珍《音鉴·字母总论》。
② 同上。
③ 据元至顺间（1330—1333）建安椿庄书院刻本影印本卷9，第9~10页。

元代汉语的浊声母

法》所记录的字母诗,七言四句二十八字母:轻轻牵、兵兵边、平平便、明明眠、逢○○、兴兴掀、征征煎、经经坚、迎迎年、偏偏偏、停停田、应应烟、成成涎、声声氇、清清千、澄澄缠、星星鲜、晴晴涎、丁丁颠、檠檠虔、盈盈延、能能○、称称千、非○○、精精煎、零零连、汀汀天、橙橙缠①。这几种音韵资料所记录的声母系统,就声母的数目来说,各有不同;就声母的名称用字来说,也互有差异,有的是沿袭旧制,例如"六十字诀"几乎照搬《玉篇》卷首所附"切字要法"三十声类;至于就语音基础来说,也可能不尽相同;但是在声母的清、浊方面,反映出一个明显的共性:浊声母自成一类,完整地保存了下来。几种音韵资料里都是浊声母跟同部位的清声母形成对比,塞音、塞擦音的为三位对比,擦音的为两位对比。请看下表(表上略去"清浊"类):

表三 元人所传字母清浊表

清浊	等韵	陈晋翁	吴澄	六十字诀	陶宗仪	备注
清 次清 浊	见 溪 群	见 溪 群	见圭 溪缺 芹群	经坚 轻牵 擎虔	经经坚 轻轻牵 檠檠虔	
清 次清 浊	端 透 定	端 透 定	端 透 定	丁颠 汀天 亭田	丁丁颠 汀汀天 停停田	
清 次清 浊	帮 滂 并	帮 滂 并	帮 滂 并	宾边 娉偏 平便	兵兵边 偏偏偏 平平便	
清 次清 浊	非 敷 奉	非 敷 奉	敷 奉	─ ─	非○○ 逢○○	
清 次清 浊	精 清 从	精 清 从	精 清 从	精笺 清千 秦前	精精煎 清清千 橙橙缠	陶宗仪的字母诗,从字母的小字看,精清从心邪与照穿

---

① 《南村辍耕录》卷19,第233页。

(续表)

清浊	等韵	陈晋翁	吴澄	六十字诀	陶宗仪	备注
清 浊	心 邪	心 邪	心 邪	新鲜 饧涎	星星鲜 睛睛涎	床审禅已经混并，可能语音基础不同。
清 次清 浊 清 浊	知照 彻穿 澄床 审 禅	知 彻 澄 审 禅	照 穿 澄 审 禅	真毡 称燀 澄缠 声羶 神禅	征征煎 称称千 澄澄缠 声声羶 成成涎	
清 清 浊	影 晓 匣	影 晓 匣	影、威 晓 匣	因烟 兴掀 刑贤	应应烟 兴兴掀	威接微后，为微之清，疑为u起头的零声母。

四

元代汉语里保存一套完整的浊声母，不仅可以从当时的记录汉语声母系统的几种音韵资料里得到证实，而且跟当时的汉语与非汉语的各种对音资料相合。

元朝建立以后，十分重视国内各族人民的文化上的交往，重视跟国外进行文化交流，汲取各族文化。上自中央各部门，下至州、县，普遍设置翻译机构，专门培育翻译人才，大量翻译典籍文书。从汉文译成蒙古文或从蒙古文译成汉文的图书甚多，从梵文或藏文译成蒙古文的佛经也不少，还有从畏兀文译成蒙古文或汉文的"回回书籍"达二百四十二部。汉文典籍素来繁富，应用的范围也比较宽广。因而不是直接跟汉文相互对译的非汉文文献，也能或多或少地提供一些有关汉语与非汉语的对音资料。可惜，元朝当时翻译出来的文献虽然很多，但是遗存下来的却很少。跟汉文相互对译的文献资料，除了蒙古文的还能保存一定数量外，其他文种的已经寥寥无几。因此，我们不能完全依靠各个文种的原文资料，只能利用有限的原文资料，再参考元人记录的各个文种的字母表及其汉译来进行研究。元人关于各种文字的记录，见于盛熙明《法书考》①、陶宗仪《书史会要》②以及元末无名氏的《译语》③。前两种载有八思巴蒙古文字母表及其汉语译音、畏兀文字母表及其八思巴蒙古文译音、梵文字母表及其汉语译音，后一种载有八思巴蒙古文字母表及相应的藏文字母的汉语译音。我们根据这些资料，从汉语与非汉语的对音上，来看元代汉语声母的清、浊分类情况。

1. 梵、汉对音

元人所传梵文字母表，对梵音的汉语译写，基本上沿用宋代惟净等《景祐天竺字源》④的对译系统⑤，其中"牙、齿、舌、喉、唇"五音二十五母（略去"融转喉舌二音"的九母），即属于塞音、塞擦音的梵、汉对音如下表：

表四　元代梵汉对音清浊表

牙音	梵音	ka	kha	ga	gha	ṅa
	汉译	葛(见)	渴(溪)	哑(疑)	竭(群)	哦(疑)
齿音	梵音	ca	cha	ja	jha	ña
	汉译	拶(精)	擦(清)	惹(日)	岑(从)	倪(疑)

---

① 据《四部丛刊续编》本。
② 据武进陶氏逸园景刊洪武本。
③ 《译语》一卷，不见于著录，作者及成书年代无考。现存袁寿皆贞节堂钞本。内容包括：陶宗仪《书史会要》节录，八思巴字汇，元人增修《事林广记续集·蒙古字体》，元人增修《事林广记新集·蒙古语》，《译语》。《译语》包括鞑靼蒙古译语、委兀儿译语、河西译语、回回译语等。卷末附有北元宣光元年(1377)十一月　日中书礼部造"太尉之印"(八思巴字篆书)摹拓。书中《蒙古字体》小序有"上世大元"之语，疑为北元时所编。
④ 据罗振玉影写日本东京博物馆藏本石印本。
⑤ 陶宗仪所传梵音的汉语译写，比起《景祐天竺字源》只有微小的差别。即：梵音十六声的第八、第十声的"黎引、卢引"原无"引"字。三十四母的唇音第五位的"麻"原作"摩"。

	梵音	ṭa	ṭha	ḍa	ḍha	ṇa
舌音	汉译	咥(知)	诧(彻)	疱(娘)	茶(澄)	拏(娘)
喉音	梵音	ta	tha	da	dha	na
	汉译	怛(端)	挞(透)	捺(泥)	达(定)	那(泥)
唇音	梵音	pa	pha	ba	bha	ma
	汉译	钵(帮)	娑(滂)	末(明)	婆(并)	麻(明)

从上表可以看出,梵音"牙、齿、舌、喉、唇"五音,每音的第一位为不送气清音,汉语用清音对译。每音的第二位为送气清音,汉语用次清音对译。每音的第三、第四位都是浊音,前者不送气,后者送气,汉语对译前者用鼻音(清浊或次浊),后者用浊音。从这种对译的清、浊形成对比的格局来看,宋元的汉语里是存在浊音的。梵音浊音两套(一套不送气,一套送气),汉语浊音一套,汉语的浊音只能对译梵音浊音的一套,对梵音浊音的另一套,对译时得另想办法。早期的梵音汉译系统,例如唐代不空(705—774)的译音系统,对译梵音第三位浊音用的汉语浊音,对译第四位浊音则用的汉语清音。到了宋元时期,对译梵音第四位浊音用汉语浊音,对译第三位浊音则改用汉语鼻音,跟对译梵音第五位鼻音用字同类。此时为什么对译梵音第三位浊音要改用汉语的鼻音,那是因为从唐末以来藏文、回鹘文译写汉语的鼻音往往用浊音(浊塞音不送气)的缘故。举例如下:

藏译汉:

磨(明)'ba, 寐(明)'bi, 微(微)'byi;
那(泥)'da, 纳(泥)'dab;
业(疑)'geb, 议(疑)'gi;
入(日)zib[①];

[①] 见 B. Csonger(陈国、床兀儿),"Some Chinese texts in Tibetan script from Tunhuang", AOH. X(1960), pp.97~140.

元代汉语的浊声母

回鹘译汉：

摩(明)ba,　　　昧(明)bai,　　万(微)ban,　　戊(明)bou;
兀(疑)gön,　　　彦(疑)gen　　危(疑)gü,　　义(疑)gi;
壬(日)nžim/šim,　　　　　　　仁(日)žin,　　如(日)zü;
日(日)žir①;

2. 藏、汉对音

藏文塞音、塞擦音分三套，两套清音，一套浊音，也是清不送气:清送气:浊三位对比，古藏语就是这样的格局。现代藏语一套浊音失去，剩下两位对比。在藏语的有些方言里还保存一套浊音或者在声调方面还保持古浊音与清音的区别。元代藏语有没有浊音，还不能确定，但从文字上和一些对音资料来看，还能显示出两清一浊三位对比的格局，请看下表：

表五　元代藏汉对音清浊表

藏文	译音	汉译	藏文	译音	汉译
ཀ	ka	嘎(见)	ཚ	tšha	擦(穿)
ཁ	kha	喀(溪)	ཛ	dža	查(床)
ག	ga	噶(群)	ཤ	ša	沙(审)
ང	ṅa	迎阿切(疑)	ཞ	ža	纱?
ད	ta	答(端)	པ	pa	巴(帮)
ཐ	tha	塔(透)	ཕ	ba	拔(並)
ད	da	达(定)	མ	ma	嘛(明)
ན	na	纳(泥)	ཝ	wa	斡(影)
ཅ	tša	?	ཙ	tsa	匝(精)
ས	sa	萨(心)	ཧ	ha	哈
ཟ	za	靸(心)	ཨ	'a	阿(影)

---

① 见 B. Csonger, "Chinese in the Uighur script of the T'ang-period" AOH. Ⅱ (1952), pp. 73~121。

ལ la 拉(来) ཨ ·a 阿(影)
ཡ ya 鸦(影)

藏音塞音、塞擦音两清一浊三位对比,汉译也是拿清、次清去对藏音的两套清音,拿浊音对藏音的浊音,虽然资料不全,这种以三套对三套的格局还是很清楚的。因此可以证明元代汉语里保存一套浊声母。

3. 蒙、汉对音

元代蒙古语塞音、塞擦音声母只有两套(即两位对比),两套的区别是否清和浊的对立尚难确定。其中的一套现代蒙古语多读成不送气清音,另一套多读成送气清音。在元代,汉译蒙时,把蒙古语的前一套译成清音或次清音。例如:

dasmad——答失蛮 答清音
gege·en——格坚 格、坚清音
džiŋgis——成吉思 (成浊音)吉清音
buyaldu——普颜笃 普次清音 笃清音

把后一套译成浊音或次清音。例如:

setš'en——薛禅 禅浊音
k'ülug——曲律 曲浊音

如果把蒙古语的前一套称做浊音,把后一套称做清音,汉译蒙时就表现出以清对浊、以浊对清的趋势。蒙译汉时,这种以清对浊、以浊对清的趋势更加严整,几乎没有例外。例如:

天宝宫——t'en baw gėuŋ 宝、宫清音
解典库——gėi dem k'u 解、典清音
提点——ti dem 提浊音 点清音

元代汉语的浊声母

这种情况正可以证明当时的汉语声母存在着三位对比,保存一套浊声母无疑。

畏兀、汉对音跟蒙、汉对音情况相同,兹不赘述。

五

元代汉语里保存一套完整的浊声母,不仅跟当时的汉语与非汉语的各种对音资料相合,而且跟当时的官话区某种方言语音相合。元代汉语方言的资料,迄今尚未系统地整理,不能提供多少立论的依据。不过明朝初年"一以中原雅音为定"的《洪武正韵》,它的声母三十一类①,明显地保存一套完整的浊声母。这种情况一般认为是反映某种方言语音现象。即使是方言语音现象,由于它标榜的是"中原雅音",这种方言也就不可能超出官话区的范围。陶宗仪所传字母诗,保存浊音,如果说是反映的方言语音现象,也应该跟《洪武正韵》的情况相类似。

六

《中原音韵》所代表的浊音清化语音系统,是元代汉语"古官话"(Old Mandarin)的标准音,这是众所公认的。《中原音韵》作者周德清原来就极力宣称过他的书"以'中原之音'为正",并说:"唯我圣朝,兴自北方,五十余年,言语之间,必以'中原之音'为正。"②

---

① 见刘文锦《〈洪武正韵〉声类考》,史语所《集刊》第 3 本第 2 分,1931 年,第 237~249 页。

② 见《中原音韵·正语作词起例》,《中原音韵》影印本,中华书局 1978 年,中册,第 60 页。

"混一日久,四海同音。上自缙绅讲论治道,及国语翻译,国学教授言语;下至讼庭理民,莫非中原之音。"①而《韵会》与《蒙古韵略》等韵书所代表的保存浊音的语音系统,跟周德清所说的情况正相符合,而且《七音》卷首小序有云:"惟以雅音求之,无不谐叶。"《蒙古字韵·朱宗文序》:"蒙古字韵,字与声合,真语音之枢机,韵学之纲领也。"照说也该是当时通行四海、应用于各种交际场合的一种标准音。

从前的学者如龙果夫（A. Драгунов, 1900—1955)、罗常培（1899—1958)、服部四郎等早已注意到元代存在着声母显然不同的两个语音系统并做了解说。龙果夫把两个语音系统一个叫甲类（保存浊音的),一个叫乙类（浊音清化的),他认为:"甲类大概因为政治上的缘故,在有些地方拿它当标准官话,可是在这些地方的口语是属于乙类的。结果这些地方有些字有两种并行的读音——一种是官派的……另一种是近代的土话。"②服部四郎认为甲派读音是临安的汴京方音③。罗常培对龙果夫的解释相当地赞成,并进一步地明确指出:"这两个系统一个是代表官话的,一个是代表方言的;也可以说一个是读书音,一个是说话音。前一个系统虽然不见得是完全靠古韵书构拟出来的,可是多少带一点儿因袭的和人为的色彩,它所记载的音固然不是臆造的,却不免凑合南北方言想作成'最小公倍数'的统一官话。"④我们通过上面的分析,这两个系统应该都是当时实际存在的汉语"官话"的标准音。或者说,

---

① 见《中原音韵·正语作词起例》,《中原音韵》影印本,中华书局1978年,中册,第49页。

② 见 A. Dragunov, "The 'Phags-pa Script and Ancient Mandarin",《苏联科学院通报》(人文科学部分),1930年。

③ 见服部四郎:《元朝秘史的蒙古语记音汉字研究》,东京,龙文书局,1946年。

④ 见罗常培:《论龙果夫的〈八思巴字和古官话〉》,《中国语文》1959年12月号,又《罗常培语言学论文选集》,中华书局,1963年,第189页。

是当时"官话"语音的两个侧面。这两个系统在交际活动中应用的范围有所不同,保存浊音的系统主要应用于读书识字、官方文件的宣读、对外语言文字的音译,等等。这个系统可以称做教学语言。浊音清化系统主要应用于口头交际。

元朝是一个多民族统一的国家,在民族语言众多,汉语方言极为复杂的情况下,汉语只用一种标准音势必难以满足社会交际的需要,这是一方面,更主要的是在当时"官话"还没有形成一种明确的语音规范。两种标准音本身也不是成熟的,它们彼此之间的界限也不是那么泾渭分明的,从当时的语音资料来考察,两个语音系统除了声母系统显然不同以外,韵母系统则没有多大差别。这两种标准音在交际活动中互相补充、互相影响,各自发挥自己的职能,经过长时期的发展,逐渐形成单一的、具有明确规范的汉民族共同语的标准音。

(原载《中国语言学报》第 3 期,商务印书馆 1988 年 12 月第 1 版)

《韵会》、《七音》与《蒙古字韵》

《韵会》指黄公绍、熊忠的《古今韵会举要》。

《七音》指《韵会》卷首所载《礼部韵略七音三十六母通考》，又名《七音韵母通考》。

《蒙古字韵》指朱宗文（朱伯颜）至大戊申（1308）校订本《蒙古字韵》，或称朱本《蒙古字韵》。

这三种韵书（《七音》实际上是一个小韵表）编成于十三世纪末、十四世纪初，流传至今，成为近代汉语语音研究的重要资料。

关于三种韵书的个别介绍、研究，前人已经作了许多的工作。笔者受王力先生的启发①，留心于它们所代表的音韵系统。要了解它们所代表的音韵系统，得从全面比较它们之间的异同入手。本文拟将三种韵书进行初步的比较，略述三种韵书音韵系统的异同及其有关的一些情况，供同志们研究参考。

一 三韵说略

（一）《韵会》

《韵会》是元代黄公绍原编的。黄公绍字直翁，号在轩，福建邵武②

---

① 王力先生说，《韵会》"表面上虽然依照传统的韵部，实际隐藏着元代的语音系统"。见《中国语言学史》，第77页。山西人民出版社，1981年。

② 邵武原题昭武，昭武是三国吴永安三年（260）建置（立昭武镇，寻升昭武县，属于建安郡）时的旧名，晋惠帝元康元年（291）改昭武为邵武（因避司马昭讳），东晋明帝太宁元年（323）又改邵武为邵阳，元代时置邵武路，领邵武等县。参看《邵武府志》，明嘉靖癸卯（1543）刻本（上海古籍书店据天一阁藏此本影印），卷2，第49~50页。

人,黄永存的曾孙①,南宋度宗咸淳元年(1265)进士(阮登炳榜)②。黄氏原编名《古今韵会》,庐陵刘辰翁序说:"惜也!江闽相绝望全书,如不得见,不知刻成能寄之何日?"③"天下声同书同,其必自《韵会》始,此万世功也,勉成之。"④刘序时在"壬辰十月",即元世祖至元二十九年(1292),那么这时该书还没有刊印行世,后来黄氏的馆客熊忠将原稿"撷其要领,补收阙遗"后,改名《古今韵会举要》。熊忠序说:

> 同郡在轩先生黄公绍慨然欲正千有余年韵书之失,始秤字书,作《古今韵会》。大较本之《说文》,参以籀、古、隶、俗,《凡将》、《急就》,旁行敷落之文,下至律书、方技、乐府、方言,靡所不究。而又检以七音、六书,凡经、史、子、集之正音、次音、叶音、异辞、异义,与夫事物伦类,制度纤悉,莫不详说而备载之,浩乎山海之藏也!仆辱馆公门,独先快睹。且日窃承绪论,惜其编帙浩瀚,四方学士不能遍览。隐屏以来,因取《礼部韵略》,增以毛、刘二韵,及经传当收未载之字,别为《韵会举要》一编。⑤

熊序时在"岁丁酉",即元成宗大德元年(1297),大概就是这书修定的时间。

这书修定后,何时刊刻的,尚待考证。据元顺帝元统乙亥(1335)冬孛术鲁仲序称:"文宗皇帝御奎章阁,得昭武黄氏《韵会举要》写本(余谦序称葛元鼎所书),至顺二年(1331)春敕……余谦校正,明年夏上进。"⑥可知此时尚为写本。今存早期刊本如元刊明补本、明嘉靖丁亥(1527)书林郑氏宗文堂新刊本(以下简称明嘉

---

① 见《邵武府志》,卷13,第62页。
② 见《邵武府志》,卷8,第9页。
③ 均见《韵会》,元刊明万历庚子(1600)补刻本(以下简称元刊明补本),卷前序6~8页。
④ 同上。
⑤ 见《韵会》,元刊明补本,卷前,序11~13页。
⑥ 见《韵会》,元刊明补本,卷前,又序1页。

靖丁亥本)、明刊别本(刊刻时间无考,特点是装成十册)都没有载录原刊的时间。只是元刊明补本和明嘉靖丁亥本载有陈棠受委刊此书的一个"告白",告白说:

> 棠昨承先师架阁黄公在轩先生委刊《古今韵会举要》,凡三十卷,古今字画音义瞭然在目,诚千百年间未睹之秘也。今绣诸梓三复雠校,并无讹误,愿与天下士大夫共之。但是编系私著之文,与书肆所刊见成文籍不同,窃恐嗜利之徒,改换名目,节略翻刻,纤毫争差,致误学者。已经所属陈告乞行禁约外,收书君子,伏幸藻鉴!后学陈棠谨白。①

从"告白"看,陈棠受黄氏委刊此书,受委当在黄氏生前,刊成时,黄氏已经去世。陈既是黄氏弟子,此书刊成也不会离黄氏生活的时期太久远。

《韵会》问世以后,影响颇大,元、明的音韵著述,多有征引。但一般都称《古今韵会》,例朱宗文《蒙古字韵·序》(1308,当据写本)。或称《韵会》,例章黼《韵学集成·凡例》(1432~1460)、申叔舟(1417~1475)《四声通考·凡例》、吕坤《交泰韵·凡例》等。至于作者,只称黄公绍,例《洪武正韵·凡例》(1375)、《四声通考·凡例》等。这是跟实际情况不符的。《韵会》的传世本就叫《古今韵会举要》,作者就是黄、熊二人。现存刊本多题为"昭武黄公绍直翁编辑,昭武熊忠子中举要"。各家所称书名,可能是为了简便;但所称作者只提黄公绍一人,就是一种偏见了。然而到了清代,《四库全书提要》的作者却又把《韵会》的著作权仅归在熊忠的名下。《提要》说:

> 忠字子中,昭武人……旧本《凡例》首题黄公绍编辑,熊忠举要,而第一条即云:"今以《韵会》补收阙遗,增添注释",是《韵会》别为一书明矣。

---

① 见《韵会》,元刊明补本,卷前,序14页;明嘉靖丁亥本,卷首,第11页。

其前载刘辰翁《韵会·序》,正如《广韵》之首载陆法言、孙愐序耳,亦不得指《举要》为公绍作也。①

谢启昆《小学考》也说"《韵会》为公绍作,《举要》为熊忠作"。清人的著录于是有黄公绍《古今韵会》,又有熊忠《古今韵会举要》。直到现在,还有人把《韵会》的各种传本著录为"元熊忠撰",这都是受《提要》的影响。

《韵会》表面上沿袭传统韵书的体制,以四声分卷,韵目采用"平水韵"的一百〇七部,声类以"七音"(角、徵、宫、商、羽、半徵商、半商徵)和"四等"(清、次清、浊、次浊)②相配合来标注。韵类以"某字母韵"来标注。每一韵部中分韵类,每一韵类中按声类依一定的顺序排列小韵,小韵代表字注反切、标声类或注"音与某同",每一韵字都有释义。可以说,它还保存着传统韵书分韵定声的架子。而实际上,它所划分的声类、韵类乃至整个音韵系统,跟传统韵书迥然不同,呈现出一个崭新的面貌。说明它对传统韵书作了大规模的改并。

(二)《七音》

《七音》载于《韵会》,作者和成书年代均无考。它是按"平水韵"韵目编制的一个小韵表。韵部之中分韵类,每一韵类中按声类依一定的顺序排列小韵。这种情况跟《韵会》类似,但小韵只列代表字,即一个字代表一个小韵,小韵代表字之上(改横列)有两个并列的小字,分别标示该小韵的声类(上小字)和韵类(下小字)。例如:

---

① 见《小学考》,清咸丰壬子(1852)刊本,卷33,第18页。
② 有人把《韵会》"四等"的"等",理解成等韵学"等呼"的"等",纯粹是出于误会。

上声　二十一　马独用

| 见贾 | 匣贾 | 下 | 见寡 | 溪寡 | 骻 | 疑寡 | 瓦 | 审寡 | 䔿 | 合寡 | 踝 | 喻雅 | 端雅 | 打 | 帮把 | 把 | 明马 | 马 | 知雅 | 鲊 |

| 彻雅 | 姹 | 审雅 | 洒 | 幺雅 | 哑 | 合雅 | 问 | 精且 | 姐 | 清且 | 且 | 心且 | 写 | 知者 | …… | 邪䬠 | 䬠 | 喻䬠 | 社① | 喻䬠 | 野 |

声类的代表字是改造过的三十六字母，跟等韵学上的三十六字母的差别是：等韵三十六字母的"照、穿、床"并入"知、彻、澄"，等韵的"影、匣、喻"各一分为二，成为"影幺、合匣、鱼喻"六母。

韵类的代表字，从马韵来看，一共是五个——贾、寡、雅、且、䬠。也就是五个韵类。

把全部的声类和韵类进行归纳，从类别来说，跟《韵会》基本上相同。也表现出跟传统韵书的系统迥异。

（三）《蒙古字韵》

《蒙古字韵》主要是用八思巴字译写汉语的一种工具书，也可以说是八思巴字注音的汉语韵书。八思巴字是蒙古汗国（后改为元）皇帝忽必烈"特命"国师八思巴仿照藏文体式而创制的一种拼音文字，最初被命名为"蒙古新字"，不久改称"蒙古字"。蒙古汗国统治者创制这种文字的目的，是想用它来作为国家的文字，使它的地位高于原来使用的回鹘式蒙古文，并"译写"全国境内各族有文字的语言，创立"书同文"的局面，以巩固自己的统治。于是在世祖至元六年（1269）颁行全国，此后不遗余力地加以推广。从文献记载和保存下来的大量八思巴字文物、文献来看，八思巴字作为官方文字，从蒙古汗国、元朝，一直行用到北元时期，共约一百一十余年。就拼写的各族语言来说，有蒙古语、汉语、藏语、梵语、维吾

---

① "社"字，《广韵》收在上声"马"韵，"常者切"，等韵归"禅"母。这里归"喻"母（相当于等韵的喻母四等），又跟下文"野"重组，可能是误字。

尔语等。但主要是拼写蒙古语和汉语。在拼写汉语的过程中,逐步形成了一个统一的译写规范,这个译写规范用韵书的形式固定下来,就产生了《蒙古字韵》。《蒙古字韵》最初出现于何时,已无可考,相传李宏道编过一部《蒙古韵编》①,又有《韵会》征引的《蒙古韵》、《蒙古韵略》,这些书都已失传。现在所能见到的,只有朱宗文校订本《蒙古字韵》的一个旧写本,现藏英国博物馆。②

《蒙古字韵》的编制体例跟传统的韵书有很大的差别。声类、韵类的划分,可以从直观得出。共分十五个韵部,即一东、二庚、三阳、四支、五鱼、六佳、七真、八寒、九先、十萧、十一尤、十二覃、十三侵、十四歌、十五麻。每一韵部中分若干韵类,每一韵类中,按着一定的声母顺序排列同音字组(小韵),每个同音字组平、上、去、入四声相承。这四声相承的同音字组,上面都标有八思巴字字头。一共约有 856 个,全书共收汉字约有 9508 个。③ 从它的声类和韵类的划分来看,跟《韵会》也基本上相同。由于八思巴字是一种拼音文字,通过八思巴字汉语对音来了解当时的汉语语音系统,是一个非常有利的条件。

二 《韵会》征引《七音韵》

《韵会》征引《七音韵》(或又称《七音》)多处,都是有关审音问题或韵书体例方面的内容,例如:

---

① 王存义《稼村类稿》卷五"李宏道《蒙古韵编·序》"说:"弘道《韵编》之作,其以古字之古而教今人以古乎?姑以今韵观之,上平声为门二十八……以古韵求之,则特十五门而止……总而言之,字母止三十二。"

② 有两种影印本,国内影印本,见罗常培、蔡美彪《八思巴字与元代汉语》〔资料汇编〕,第 93~127 页,科学出版社,1959 年。日本影印本,日本关西大学东西学术研究所刊,壶井义正编,1956 年。

③ 朱本《蒙古字韵》十五麻部分残阙,这里的八思巴字字头数及汉字数,是据《韵会》和其他八思巴字资料补正后统计的,仅供参考。

《韵会》"公"字下注：

> 按声音之学，其传久失。韵书起于江左，讹舛相承，千有余年，莫之适正。近司马文正公作《切韵》，始依《七音韵》，以牙、舌、唇、齿、喉、半舌、半齿定七音之声，以《礼记》月令四时定角、徵、宫、商、羽、半商徵、半徵商之次。又以三十六字母定每音清、浊之等，然后天下学士始知声音之正。今韵所编，重加订定。如公韵公字定为角清音，后皆仿此。(1.2)①

原来《韵会》关于声类的名称——"七音四等"采自司马光《切韵》，而司马光又是依据的《七音韵》，可见《韵会》实际上是间接依据《七音韵》来定的。

又，"公"字下注：

> 按旧韵之字，本无次第，而诸音前后互出，错糅尤甚。近吴氏(棫)作《叶韵补音》，依《七音韵》用三十六母排列韵字，始有伦绪。每韵必起于见字母，角清音，止于日字母，半商徵音。三十六字母周遍为一韵。如本韵公字母韵：公空〇〇东通同农，清浊先后，各有定序，其有音无字则阙。今韵所编，以此为次，后皆仿此。(1.2)

《韵会》小韵依声类的一定顺序(始见终日)排列，这种声类的顺序采自吴才老的书，其来源又是《七音韵》。

《韵会·韵例》第七条：

> 旧韵所载，考之②音，有一韵之字而分入数韵者，有数韵之字而并为一韵者。今每韵依《七音韵》各以类聚，注云："以上按《七音》属某字母韵(例见东韵拢字注)。"(首.8)

---

① 本文征引《韵会》，据明嘉靖丁亥本，为了简便，仅注卷、页于引文后，用( )括起来。小数点以前数码表卷次，以后数码表页次，下同。

② 清光绪九年(1883)淮南书局刊本"考之"后有"七"字，连属下文成"七音"，不知是否。

《韵会》、《七音》与《蒙古字韵》

《韵会》公字母韵的末尾"拢"字下注:"以上按《七音》属公字母韵。"(1.12)可见《韵会》关于韵类的划分及名称,都是惟《七音韵》是从。

《韵会》关于具体韵字的审音定韵,也常以《七音韵》作为标准,对别种韵书的不同处理进行辩驳。例如:

"拢"字下注:

> 按旧韵所收,有一韵之字而分入数韵不相通用者,有数韵之字而混为一韵不相谐叶者……且如东韵公、东是一音,弓、夯是一音,此二韵混为一韵者也。冬韵攻、冬与公、东同,恭、銎与弓、夯同,此一韵分为二韵者也。若一以《七音》正之,不胜纷纭。又兼《礼部韵略》承用既久,学者童习白纷,难以遽变。今但于逐韵各以类聚,注云:"以上属某字母韵。"(1.13)

"稑"字下注:

> 按《七音》渠斤切,与真韵渠巾切音同韵同,则此韵所收稑字,即合与真韵稑字通押,《监韵》各出别注,误。今正之,后皆仿此。(5.2)

"铙"字下注:

> 按《七音韵》雅音交字属半齿,吴音交字不同音。雅音高字即与吴音交字相近,故啁、钞、巢、铙等字皆入高字母韵。(7.3)

"鸰"字下注:

> 今按《七音韵》,清与青皆属京字母韵。韵书析而为二,其失旧矣。如令字卢令,《诗》音零;脊令,《诗》注音零,字同音同。今清青二韵并收,当在通押之例。欧阳氏乃谓青韵令字是卢令,非脊令,斯亦惑于韵注之失也。(9.6)

"萍"字下注:

> 又按《七音韵》苹、萍字,蒲兵切,并母京韵;萍字,旁经切,并母京韵;

137

字异而音同。旧韵于清韵收苹字,注:"萍也。"于青韵收萍字。注:"亦作蓱,浮水而生。"《韵略》之失旧矣。《集韵》又于清韵云:"苹,蓱也,或作萍。"于青韵则云:"蓱,萍也,或作萍。"既以一音而分入二韵,又以一义而互相训释,其失弥甚。(8.24)

总而言之,《韵会》在审音定韵方面,都是根据《七音韵》。也可以说,《韵会》表面上沿袭传统韵书的体制是根据旧韵书外,它实际上隐藏着的新的语音系统,对传统韵书所作的大规模的改并,其依据就是《七音韵》。我们从上述征引里,可以得到证实。可惜《七音韵》现已失传,明吕维祺《音韵日月灯》(1613~1633)的《采证篇·采择音韵书目》,列有一部《中原七音》[①],有可能是此书异名。

三 《韵会》征引《蒙古韵》

《韵会》征引《蒙古韵》(有两处又称《蒙古韵略》)凡三十一例,都是有关音韵系统方面的内容。例如:

宜　鱼羁切,角次浊音,旧音鱼羁切……按《蒙古韵略》宜字属疑母,旧音属鱼母,今依《蒙古韵》更定,仍存旧音,后皆仿此。(2.4)
梦　莫凤切,音与懵同……《蒙古韵》音入微母。(17.3)
紫　娟营切,羽次清次音……《蒙古韵》属弓韵。(8.37)
冗　浮勇切,半徵商音……《蒙古韵》冗属拱字母韵。(11.7)

以上四例,"宜、梦"是关于声类方面的问题。当时声类方面的一项重大变化,就是所谓"疑"母入"喻"母(ŋ—Ø)。《韵会·音例》说:

吴音角次浊音(按即疑母),即雅音羽次浊音(按即喻母),故吴音疑

---

① 据明崇祯七年(1634)原刊本,中国社会科学院语言研究所藏。

母字有入《蒙古韵》喻母者。今此类并注云:"《蒙古韵》音入喻母。"(说见麻韵牙字注)(首.9)

"吴音"指《广韵》所代表的音系,又称"旧音",这是当时的流行称呼。"雅音"应该是指当时的实际读音,《蒙古韵》反映了语音的这一项演变,这是《韵会》作者十分清楚的,可是《韵会》并不依照《蒙古韵》来处理。除上引"宜"字例"依《蒙古韵》更定,仍存旧音"外,其余征引《蒙古韵》的例子都跟《蒙古韵》不同。上例"萦、冗"是关于韵类方面的问题,跟声类的情况差不多,也是大多数例,《韵会》跟《蒙古韵》归类处理不同。朱本《蒙古字韵》除版本方面的问题外,基本上跟《蒙古韵》一致,《韵会》所载《七音》大多数同《蒙古韵》,极少数同《韵会》。现把《韵会》征引《蒙古韵》的例子,对照《七音》、《蒙古字韵》,列成下面的声类、韵类比较表。

韵会、蒙古韵等资料声类比较表

声类 \ 例字	韵会 原注	相当字母	七音	蒙古韵	蒙古字韵
瞢 1.7	音与蒙同	明	微	微	w
宜 2.4	角次浊音	疑	疑	疑	ŋ
厓 4.10	角次浊音	疑	喻	喻	j
颜 5.29	角次浊音	疑	疑	喻	j
妍 6.11	音与言同	疑	喻	喻	j
焉 6.15	音与延同	喻	疑	疑	ŋ
聱 7.3	角次浊音	疑	喻	喻	j*
牙 7.24	角次浊音	疑	喻	喻	j
嵒 10.19	角次浊次音	鱼	疑	喻	j
骎 13.1	角次浊音	疑	鱼	喻	j
皚 14.15	角次浊音	疑	喻	喻	j
橠 14.16	次商次浊音	娘	泥	泥	n

近代汉语音论

声 类 例 字	韵会 原注	韵会 相当字母	七音	蒙古韵	蒙古字韵
雅 15.16	角次浊音	疑	喻	喻	j*
偶 16.9	角次浊音	疑	疑	影	ŋ
梦 17.1	音与幪同	明	微	微	w
讶 23.3	角次浊音	疑	喻	喻	j*
岳 25.24	角次浊音	疑	喻	喻	j
鹗 29.2	音与勿韵疙同	疑	疑	喻	j

韵会、蒙古韵等资料韵类比较表

韵 类 例 字	韵会	七音	蒙古韵	蒙古字韵
跧 6.4	涓	关	涓	uan
涎 6.7	涓	鞬	鞬	en
縈 8.37	公	弓	弓	ėuŋ
冗 11.7	孔	拱	拱	ėuŋ
皎 14.15	杲	杲	杲	aw
匈** 17.6	贡	供	供	ėuŋ
拗 22.17	教	诰①	诰	aw
况 23.17	绛	况	况	uėŋ
莹 24.5	贡	敬	敬	iŋ
逴 25.26	各	郭	郭	uaw
栳 27.1	葛	怛	怛	a②
擦 27.1	葛	怛	怛	a③
末 27.1	葛	括	括	uo
截 27.20	讦	结	结	è

---

* 朱本《蒙古字韵》此处残阙，今据同类资料补。
** 匈，《蒙古字韵》未收，据其同小韵的字音补。
① 明嘉靖丁亥重刊本作"杲"误，据元刊明补本更正。
② 《蒙古字韵》此处残阙，据同类资料补。
③ 同上。

《韵会》、《七音》与《蒙古字韵》

从声类比较表看,除宜字例已如上述外,都是《韵会》跟《蒙古韵》不同的。《韵会》归"明"母的,《蒙古韵》归在"微"母;《韵会》归"疑"母的,《蒙古韵》归在"喻"母,"偶"字例《蒙古韵》归在"影"母;《韵会》归"喻"母的,《蒙古韵》归在"疑"母;《韵会》归"鱼"母的,《蒙古韵》归在"喻"母;《韵会》归"娘"母的,《蒙古韵》归在"泥"母。《七音》同《蒙古韵》者15例,同《韵会》者3例;《蒙古字韵》除"偶"字例以外,全同《蒙古韵》。

从韵类比较表看,大多数例《韵会》跟《蒙古韵》不同。《韵会》归"涓"韵的,《蒙古韵》归在"鞬"韵,"跧"字例据《韵会》的征引,《蒙古韵》归"涓"韵,但据《七音》和《蒙古字韵》,"涓"可能是"关"误,因为《蒙古韵》跟《韵会》相同的例,《韵会》不会征引。《韵会》归"公、孔、贡"韵的,《蒙古韵》归在"弓、拱、供"韵;《韵会》归"教"韵的,《蒙古韵》归在"诰"韵;《韵会》归"绛"韵的,《蒙古韵》归在"况"韵;《韵会》另一例归"贡"韵的,《蒙古韵》归在"敬"韵;《韵会》归"各"韵的,《蒙古韵》归在"郭"韵;《韵会》归"葛"韵的,《蒙古韵》有的归在"怛"韵,有的归在"括"韵;《韵会》归"訐"韵的,《蒙古韵》归在"结"韵。仅有"皎"字一例,《韵会》同《蒙古韵》。《七音》和《蒙古字韵》几乎全同《蒙古韵》。只有一小点需要交代的,《韵会》归"孔、贡"韵的例字是排在"孔、贡"韵之后,并未给它们注明韵类,我们是从它们相承的平声"公"韵推出来的。但是也无法肯定它们的归属与《蒙古韵》相同。由此可以得出一个结论,《韵会》征引《蒙古韵》,不是引以为据,而是指明差异,即"就同注异"。这跟征引《七音韵》的情况恰好相反。《蒙古韵》虽然代表"雅音",而《韵会》不与它完全一致,可能《韵会》审音的依据《七音韵》与《蒙古韵》原有差异,或《韵会》作者在审音问题上还带有点因袭守旧的作风和糊涂观念。不过《韵会》征引《蒙古韵》指出的那些差异,用朱本

《蒙古字韵》来覆按,正是《韵会》跟《蒙古字韵》差异的主要部分,因此,《韵会》征引《蒙古韵》,给我们提供了两种韵书对比同异的主要线索。

四 《韵会》与《七音》

《七音》载于《韵会》正文之前,《凡例》之后,乍看起来,像是《韵会》的纲目,但细细一考察,却是另外的一个东西。除了上述那些体例上、声类、韵类的标注法的不同和小韵的顺序略有差异(《七音》"幺"母字排在"匣、合"之前,《韵会》相反)外,主要是就音韵系统来说,也有不少的差异。上面所列《韵会》和《蒙古韵》等资料声类、韵类比较表里,我们已经看出《七音》跟《韵会》不同的那些例子,下面再把《七音》跟《韵会》在小韵或韵字的归类有差异的其余的例子列成下表。

表一 韵会、七音声类差异表

例字	韵会	七音	例字	韵会	七音
覂	非	敷	烓	影	幺
洪	匣	合	矮	影	幺
丱	合	匣	额	疑	喻
颟	疑	鱼	话	合	匣
行	合	匣	混	匣	合
打	端	知	眼	疑	喻
黄	匣	合	旱	合	匣
抢	从	清	顽	疑	鱼
强	溪	群	患	匣	合
或	合	匣	挧	娘	泥
蘱	溪	见	铙	泥	定

(续表)

例字	韵会	七音	例字	韵会	七音
危	疑	鱼	曷	匣	合
跪	疑	鱼	话	匣	合
隗	喻	鱼	豽	娘	泥
洧	喻	鱼	刵	疑	鱼
灌	清	精	纽	泥	娘
位	喻	鱼	缶	非	敷
悸	群	溪	缓	合	匣

表二　韵会、七音韵类差异表

例字	韵会	七音	例字	韵会	七音
冷	肯	景	文	分	昆
形	瓊	行	豐	攗	烌
泓	泓	弘	器	骁	骄
晖	规	麾	麽	哿	果
讳	讳	媿	缺	玦	厥
鹄	匊	縠	螌	九	蚪
隐	谨	陨	到	到	到
雲	雲	筠	诡	诡	轨
煴	雲	筠	芬	分	昆
分	分	昆	汾	分	昆

《韵会》跟《七音》在音韵系统上的这些差异,说明《七音》不可能是《韵会》的纲目,只可能是《韵会》转引的另外的一个韵表。除了这些差异以外,两者几乎全同,这也许是《韵会》所以转引的缘故。

五　三韵音韵系统比较表

表一　韵会、七音、蒙古字韵声母比较表

韵会	七音	蒙古字韵	韵会	七音	蒙古字韵
1.角清音	1.见	1.g	19.商次清音	19.清	21.tsʻ

143

(续表)

韵会	七音	蒙古字韵	韵会	七音	蒙古字韵
2. 角次清音	2. 溪	2. k'	20. 商次清次音	20. 心	23. s
3. 角浊音	3. 群	3. k	21. 商浊音	21. 从	22. ts
4. 角次浊音	4. 疑	4. ŋ	22. 商次浊音	22. 邪	24. z
5. 角次浊次音	5. 鱼	31. '	23. 次商清音	23. 知	9. dž
6. 徵清音	6. 端	5. d	24. 次商次清音	24. 彻	10. tš
7. 徵次清音	7. 透	6. t'	25. 次商次清次音	25. 审	25. š
8. 徵浊音	8. 定	7. t	26. 次商浊音	26. 澄	11. tš
9. 徵次浊音	9. 泥	8. n	27. 次商次浊音	27. 娘	12. ň
10. 宫清音	10. 帮	13. b	28. 次商次浊次音	28. 禅	26. š
11. 宫次清音	11. 滂	14. p'	29. 羽清音	29. 影	30. ·
12. 宫浊音	12. 並	15. p	30. 羽次清音	30. 晓	27. h
13. 宫次浊音	13. 明	16. m	31. 羽浊音	31. 匣	28. ḥ
14. 次宫清音	14. 非	17. f	32. 羽浊音	32. 合	29. ɣ
15. 次宫次清音	15. 敷		33. 羽次清次音	33. 幺	32. j
16. 次宫浊音	16. 奉	18. f̱	34. 羽次浊音	34. 喻	33. j
17. 次宫次浊音	17. 微	19. w	35. 半徵商音	35. 来	34. l
18. 商清音	18. 精	20. ts	36. 半商徵音	36. 日	35. ž

  上表说明三种韵书的声类,《韵会》《七音》共 36 类,《蒙古字韵》"非、敷"合并,共 35 类。从类别上说,三种韵书基本上一致。所不同的,只是排列的顺序有别,《韵会》跟《七音》比较一致(惟"幺"母不同),《蒙古字韵》跟它们相差比较大。从传统的"七音"看,《韵会》《七音》的顺序是:"牙、舌、唇、齿、喉、半舌、半齿"。《蒙古字韵》的顺序是:"牙、舌、齿、唇、喉、半舌、半齿"。把"齿音"的一类"正齿"提到"唇音"之前。从每类的各个声母的顺序看,也有差异。"正齿音"的擦音排在"齿头音"之后,"齿头音"的清擦音排在"浊音"之后。"喉音"里的顺序差别更大,《韵会》的顺序是"影、晓、匣、合、幺、喻",《蒙古字韵》是"晓、匣、合、影、鱼、幺、喻"。特别是《韵会》"牙音"的"次浊次音",《七音》"鱼"母,《蒙古字韵》把

《韵会》、《七音》与《蒙古字韵》

它拿来跟"喉音"为伍。这一个声母是等韵的"疑"母的一部分①跟"喻"母三等的变音,当时已经合流,"疑"母的 ŋ 已经失去。《蒙古字韵》的处理,倒是比较符合实际语音的,《韵会》、《七音》排在"牙音",有拘泥旧分类之嫌。

这种不同的顺序,可能反映了语音的变化,值得我们注意。

表二　韵会、七音、蒙古字韵韵类比较表

韵会	七音	蒙古字韵	韵会	七音	蒙古字韵
公孔贡	公孔贡	uŋ	孤古顾縠	孤古顾縠	u
弓拱供	弓拱供	èuŋ	居举据匊	居举据匊	èu
雄顷	雄顷	èuŋ	佳解懈格	佳解懈格	i̯aj
京景敬	京景敬	iŋ	该改盖额	该改盖额	aj
行杏行	行杏行	ii̯ŋ	乖挂怪虢	乖挂怪虢	u̯aj
琼	行	èuŋ	黑	黑	ij
兄	兄	èiŋ	克	克	hij
经到径	经到径	èiŋ	巾謹靳	巾謹靳	in
拒肯亘	緪肯亘	hiŋ	根恳艮	根恳艮	hin
泓	弘	uuŋ	筠陨运	筠	u̯in
江讲绛	江讲绛	i̯aŋ	雲		u̯in
讲绛	(悦)况	u̯èŋ	欣焮	欣焮	èin
冈吭钢	冈吭钢	aŋ	分	昆	un
光广诳	光广诳	u̯aŋ	钧稇攟	钧稇攟	èun
黄晃	黄晃	oŋ	紧	紧	in
庄甑壮	庄甑壮	haŋ	昆衮睔	昆衮睔	un
羁己寄讫	羁己寄讫	i	鞬搴建	鞬搴建	en
惟唯恚聿	惟唯恚聿	ui	坚蠒见	坚蠒见	èn
雞启计吉	雞启计吉	èi	干笴旰	干笴旰	an
觜紫恣栉	觜紫恣栉	hi	官管贯	官管贯	on
妫轨媿国	妫轨媿国	ue	间简谏	间简谏	i̯an
规癸季橘	规癸季橘	èue	关撰惯	关撰惯	uan

---

① 从韵母条件看,一等(只有合口字)、二等合口、三等子类(只有合口字)、三等丑类(只有独韵字)、三等寅类合口 B 的"疑"母字跟喻云合流为"鱼"母。

(续表)

韵会	七音	蒙古字韵	韵会	七音	蒙古字韵
麾毁讳洫	麾毁讳洫	èue	贤岘现	贤岘现	èen
夸卷率	夸卷率	èon	牙雅讶怛	牙雅讶怛	a
鸠九救	鸠九救	iw	嗟且借结	嗟且借结	è
樛纠臭	樛纠臭	èiw	玦	玦	uè
钩耇冓	钩耇冓	hiw	迦妑籍讦	迦妑籍讦	e
裒掊戊	裒掊戊	uw	瘸瘚	瘸瘚	uè
浮妇复	浮妇复	ow	嘉贾驾戛	嘉贾驾戛	ia
郭	郭	uaw	金锦禁	金锦禁	im
矍	矍	uew	歆	歆	èim
交绞教觉	交绞教觉	iaw	簪谮	簪谮	him
高杲诰各	高杲诰各	aw	甘感绀	甘感绀	am
骁皎叫爵	骁皎叫爵	èw	兼歉歉	兼歉歉	èm
骄矫挢脚	骄矫挢脚	ew	箝检劔	箝检劔	em
歌哿箇葛	歌哿箇葛	o	嫌	嫌	èen
戈果过括	戈果过括	uo	枚险	枚险	eem
瓜寡跨刮	瓜寡跨刮	ua	缄喊鉴	缄减鑑	iam

上表说明三种韵书的韵类，彼此的差异很小。《韵会》平上去入相承，合计76类，《七音》74类，《蒙古字韵》70类（"雄兄麾"可疑）。《韵会》的"雄（举平以赅上去）、琼、兄、麾、云、分、嫌"7类，《蒙古字韵》没有分出，分别归在相应的韵类里。《蒙古字韵》分出的uèŋ类，收"怳、况"两小韵的字，《韵会》没有分出，仍归在"讲绛"类。《韵会》的"琼、云、分"3类，《七音》没有分出，分别归在"行、筠、昆"类中，同《蒙古字韵》。《七音》分出"况"类，同《蒙古字韵》，而《韵会》没有分出，仍归在"绛"类。

从上面比较的结果可以看出，这三种同一个时期出现的韵书，虽然各自的体例不同，收字的范围有大小，所使用的名词术语不一致，但是它们所代表的音韵系统基本上相同。就声类、韵类的类别，声类和韵类配合的情况以及小韵的数量而论，彼此的差别是极为有限的。所不同的是有一些小韵或一些韵字的归属,各种韵书作出不同的处理。产生这些差异的原因,一方面是各自所据资料有别,另一方面跟各书作者审音观点的高下、辨音能力的强弱也不无关系。

三种韵书所反映出来的大同小异的现象,更加强了音韵学者们的论断,三种韵书记录的是一个共同的语音基础,也就是十三四世纪时期的实际语音。

(原收入吕叔湘等著《语言文字学术论文集》,知识出版社1989年1月第1版)

《中原音韵》两韵并收字读音考

讷庵本《中原音韵》韵谱收单字 5,866 个,其中有不少异读的,总计 393 个。一字两读的,例"佛":鱼模入作平;歌戈入作平。"客":皆来入作上;车遮入作上。一字三读的,例"解":皆来上声;皆来去声(音同懈);皆来去声(音同戒)。一字四读的,例"射":齐微入作平;齐微入作去;车遮去声(音同舍);车遮去声(音同夜)。一字五读的,仅一例"乐":萧豪去声;萧豪入作去(音同岳);萧豪入作去(音同落);歌戈入作去(音同岳);歌戈入作去(音同落)①。而以一字两读的占绝大多数。一字两读的又以系统地见于两韵的居多。所谓系统地见于两韵,是指一系列同音的字,既见于甲韵,又见于乙韵。这种两韵互见字的两读只限于韵部不同,其声调、声母无别。例"轰"既见于东钟平声阴(ˌxuŋ),又见于庚青平声阴(ˌxuəŋ)。上例"乐"五读中的一组两读,既见于萧豪入作去(音同落,lau),又见于歌戈入作去(音同落,luo)。五读中的另一组两读既见于萧豪入作去(音同岳,øi̯au),又见于歌戈入作去(音同岳,øio)。在《中原音韵》里,这种系统地见于两韵所涉及的韵,就是东钟与庚青、鱼模与尤侯、萧豪与歌戈三组六韵。

笔者曾对这种两韵并收字的性质和读音,做了初步的探讨,提出了一些粗浅的看法②。现在再进一步就这个问题进行探索,讨论一下这种两韵并收字的读音和它们是怎样一种性质?这种现象反映出语音发展的规律如何?弄清这些问题,有助于对周德清《中

---

① 参看宁继福《中原音韵表稿》,吉林文史出版社,1985,第157~158页。他对入声的看法和处理,与笔者不同。

② 见《中原音韵音系》,中国社会科学出版社,1981,第59~60页,第72页。

原音韵》韵谱的编制体例和审音原则等问题加深理解。

一　东钟、庚青并收字

东钟、庚青并收字有：

平声阴:肱觥轰薨泓崩绷烹倾兄
平声阳:棚鹏盲甍萌宏纮①横(平)嵘荣弘
上　声:艋蜢永
去　声:进孟横(去)咏莹
共 29 字。

1. 古读

东钟、庚青并收字在《中原音韵》以前的韵书里,例如《广韵》、《集韵》、《五音集韵》里都有注音。现把这三种韵书里关于这些两韵并收字的所属韵部和反切注音列如下表(表一)。

《广韵》、《集韵》、《五音集韵》所注的音,原则上都只有一读②。就《广韵》而言,读为庚耕清青韵系③和登韵系,属于等韵的梗、曾摄。即梗、曾摄的牙喉音合口类和唇音类(不分开合)。《中原音韵》的庚青韵,来源于梗、曾摄,东钟韵来源于通摄。这些两韵并收字,见于庚青韵是与这些字的古读相接承的,见于东钟韵就意味着它们的读音这时候发生了某种新的变化。正如张清常先生所指出的那样,这是《中原音韵》新著录的异读,反映了十三、十四世纪时期汉语语音的新情况。④

----

① 《中原音韵》原作"纮",疑误。王文璧《中州音韵》(第 3 页)作"纮",今据改。《广韵》、《集韵》、《五音集韵》、《韵会》均有"纮"而无"纮"。
② 指一字一音而言,一字多音不在此例。
③ 韵系是指举平以赅上去的系列韵。
④ 参看张清常《〈中原音韵〉新著录的一些异读》,《中国语文》1983 年第 1 期,第 51～56 页。

近代汉语音论

表 一

例字	广韵		集韵		五音集韵		中原音韵	
	韵	切字	韵	切字	韵	切字	东钟	庚青
肱	登	古弘	登	姑弘	登	古弘	平声	平声
觥	庚	古横	庚	姑横	庚	古横	阴	阴
轰	耕	呼宏	庚	呼宏	庚[1]	虎横	平	平
薨	登	呼肱	登	呼弘	庚	虎横		
泓[2]	耕	乌宏	耕	乌宏	庚[1]	乌宏		
崩[3]	登	北滕	登	北滕	登	北滕	声	声
绷	耕	北萌	耕	悲萌	庚[1]	甫盲		
烹[4]	庚	抚庚	庚	披庚	庚	普庚		
倾	清	去营	清	窥营	清	去营		
兄	庚	许荣	庚	呼荣	庚	许荣	阴	阴
棚鹏	登	步崩	登	蒲登	登	步崩	平	平
盲	庚	武庚	庚	眉耕	庚	莫耕		
薨萌	耕	莫耕	耕	谟耕				
宏纮								
嵘横	耕	户萌	耕	乎萌	庚[1]	户萌	声	声
弘	登	胡肱	登	胡肱	登	胡肱		
荣	庚	永兵	庚	于平	清	永兵	阳	阳
艋蜢	梗	莫幸	梗	母梗	梗	莫幸	上	上
永	梗	于憬	梗	于憬	梗	于憬	声	声
迸	诤	北诤	诤	北诤	诤	北诤	去	去
孟	映	莫更	映	莫更	诤	莫更		
横	映	户孟	映	户孟	诤	户孟		
咏	映	为命	映	为命	劲	为命		
莹	径	乌定	径	萦定	径	乌绷	声	声

表注：
〔1〕《五音集韵》并耕入庚,庚含有耕。
〔2〕泓,《集韵》作泓,泓在登韵。
〔3〕崩,《集韵》作𠞰。
〔4〕烹,《广韵》作亨。

2. 同期音韵资料所注的读音

再看同期音韵资料对这些两韵并收字是怎样注音的呢？跟《中原音韵》同期的音韵资料颇多，现在只举下列几种韵书为例：黄公绍、熊忠《古今韵会举要》(1297，简称《韵会》，下同)、《蒙古字韵》(朱宗文校正本，1309)、《蒙古韵略》(1269—1297)[①]、卓从之《中州乐府音韵类编》(简称《音韵类编》，下同)以及后起的王文璧《中州音韵》(成于十六世纪初，1503 年有刻本)。这些韵书关于这种两韵并收字的注音如下表(表二)所示。

《韵会》、《蒙古字韵》、《蒙古韵略》所注的音，也都只有一读。读如东钟韵(《韵会》"公、弓"类，《蒙古字韵》、《蒙古韵略》东部)占多数(《韵会》、《蒙古字韵》同，19 字；《蒙古韵略》25 字)。读如庚青韵(《韵会》"泓、拥、肩、兄、敬"类，《蒙古字韵》、《蒙古韵略》庚部)占少数(《韵会》、《蒙古字韵》同，10 字，《蒙古韵略》4 字)。可见这些来源于梗、曾摄牙喉音合口类及唇音类(不分开合)的字在以上三种音韵资料中明显地反映了语音演变的新情况，即由庚青转为东钟的演变趋势。《音韵类编》把这类字全收在东钟韵，注明"收"。比起以上三种音韵资料更为彻底。后起的《中州音韵》也是全收在东钟韵的。

表 二

例字	韵会	蒙古字韵	蒙古韵略	音韵类编	中州音韵
肱胱	见公[1]	东 guŋ[2]	东 kuŋ[3]	东	东
薨甍	晓公	东 huŋ	东 huŋ	钟	钟
泓	影泓	庚 uuŋ	庚 ʔjueŋ	平	平
崩绷	帮拥	庚 bhiŋ	东 puŋ	阴	
烹	滂拥	庚 pʻhiŋ	东 pʻuŋ		

---

① 原书早佚，著录见《韵会》等书。俞昌钧据崔世珍(？—1543)《四声通解》(1517)所录《蒙古韵略》佚文辑成《较定蒙古韵略》(1971)。今所据准此。

(续表)

例字	韵会	蒙古字韵	蒙古韵略	音韵类编	中州音韵
倾	溪扃	庚 k'èuŋ	庚 k'jəŋ	东钟	东钟
兄	晓兄	庚 huiŋ[4]	庚 hjueŋ	平阳	平
棚鹏	并揓	庚 phiŋ	东 b'uŋ	东	东
盲薨萌	明公	东 muŋ	东 muŋ	钟	钟
宏紘嵥弘横	合公	东 ɤuŋ	东 ɓuŋ	平	平
荣	鱼弓	东'èuŋ	东 ŋjuŋ	阳	
艋蜢[5]	明孔	东 muŋ	东 muŋ	东钟	东钟
永	鱼拱	东'èuŋ	东 ŋjuŋ	上	上
迸	帮亘	庚 bhiŋ	庚 piŋ		
孟	明贡	东 muŋ	东 muŋ	东	东
横	合贡	东 ɤuŋ	东 ɓuŋ	钟	钟
咏	鱼供	东'èuŋ	东 ŋiŋ	去	去
莹	幺敬	庚 jiŋ	东 ʔuŋ		

表注：

〔1〕《韵会》注音采用它的声类、韵类代表字。声类代表字系以原五音清浊相配的命名，据《七音》折合的。韵类代表字即它的"字母韵"名。

〔2〕《蒙古字韵》注音前一字为韵部名(共分十五韵部)，后为八思巴蒙古字的转写形式。

〔3〕《蒙古韵略》注音前一字为韵部名，后为俞昌钧再构的音，原书用朝鲜正音文字标注，此为俞昌钧所定正音文字标注的转写形式。

〔4〕huiŋ 原误作hēiŋ，今据《韵会》所载该字的音韵地位(晓母兄韵)，并参照《蒙古字韵》更定。

〔5〕蜢，《蒙古字韵》未收。

3. 曲韵通押问题

《中原音韵·正语作词起例》第十条云：

> 东钟韵三声内"轰"字，许与庚青韵出入通押①。

"轰"字正是两韵并收字。是否《中原音韵》东钟、庚青两韵并收反映的是曲韵通押现象呢？《中原音韵》归纳曲韵而成韵谱，又

---

① 见《中原音韵》中华书局影印本，中册。

反过来以韵谱作为曲韵的典范,反映曲韵通押是合乎逻辑的。而且现存早期元代杂剧,东钟、庚青两韵字互相通押或一字既可押入东钟,又可押入庚青,也能够找到一些例证。如"永"字,押入东钟,有白朴《东墙记》第四折【越调斗鹌鹑】、【络丝娘】等,王实甫《西厢记》第二本第四折【络丝娘】等;押入庚青,有白朴《东墙记》第二折【满庭芳】、【二煞】等,马致远《汉宫秋》第四折【满庭芳】等。①

但是,我们不要忘记:所谓通押,是指不同的韵或相近的韵彼此相押,一字押入两韵,如果属于通押,当然不能算作异读。《中原音韵》东钟、庚青并收字,很难确定是否都属于通押,现存元曲作品中能够反映通押的例子毕竟很少,绝大部分的两韵并收字只押入一韵(东钟或庚青),这是一方面。另一方面,《中原音韵·正语作词起例》第二十一条,却把"轰"等字又归入庚青韵。该条所列"诸方语病"辨似例,"真文(与庚青分别)"栏里,"真有贞"等条,属庚青韵的有"兄觥泓崩烹轰萌棚荣横(平)永咏逈孟横(去)"等15字,这些字都是东钟、庚青并收字。从周德清关于这类字的归属举棋不定的情况看,也吐露出这类字确有东钟和庚青两读。用曲韵通押来解释缺乏依据。

这种两读的形成,从语音方面来分析,完全可以找到答案。这类两韵并收字原属于梗、曾摄牙喉音合口类和唇音类(不分开合),"合口"介音发生强化作用,同时韵腹元音弱化,以致被强化的介音所吞没,唇音类(不分开合)受牙喉音类化,于是由庚青韵转为东钟韵。两韵并收,说明这种语音演变已经发生,但原有的读音还依然保存着,形成了新、老两派读音并存的局面。读如东钟韵是新派读音,读如庚青韵是老派读音。这种新的语音演变在开始的时候,如《韵会》、《蒙古字韵》、《蒙古韵略》所反映的那样,还处在活动的阶段,属于生长期。到了《中原音韵》成书时,如《音韵类

---

① 本文所引元曲的例证,得到蓝立蒉同志的大力帮助,在此表示感谢。

编》所反映的那样,已经最后完成,基本上已经定型化,开始进入稳定期。新派读音定型化,老派读音并未消失,仍能保持一段时间。

4. 现代北方方言的读音

往后,东钟、庚青两韵并收字的继续发展,又只有一种读音了。今以北京、济南、西安、太原、汉口五个方言点的读音为例,这类字的读音列如下表①:

表 三

例字	北京	济南	西安	太原	汉口
轰	xuŋ˥	xuŋ˥	xoŋ˥	xuŋ˥	xoŋ˥
崩	pəŋ˥	pəŋ˥	pəŋ˥	pəŋ˥	pəŋ˥
烹	pʻəŋ˥	pʻəŋ˥	pʻəŋ˥	pʻəŋ˥	pʻəŋ˥
兄	ɕyŋ˥	ɕyŋ˥	ɕyŋ˥	ɕyŋ˥	ɕioŋ˥
棚	pʻəŋ˩	pʻəŋ˩	pʻəŋ˩	pʻəŋ˩	pʻoŋ˩
宏	xuŋ˩	xuŋ˩	xoŋ˩	xuŋ˩	xoŋ˩
弘	xuŋ˩	xuŋ˩	xoŋ˩	xuŋ˩	xoŋ˩
横(平)	xəŋ˩	xəŋ˩	xoŋ˩	xəŋ˩	xuən˩
荣	ʐuŋ˩	luŋ˩	yŋ˩	yŋ˩	ioŋ˩
永	yŋ˨˩	yŋ˨˩	yŋ˨˩	yŋ˨˩	yn˨˩
孟	məŋ˥˩	məŋ˥˩	məŋ˥˩	məŋ˥˩	moŋ˥˩
横(去)	xəŋ˥˩	xəŋ˥˩	xoŋ˥˩	xəŋ˥˩	xuən˥˩

这一读在五个方言点表现出一种共同趋势,牙喉音类字读如东钟韵,只有"横"(平、去)例外(西安正则),唇音类字读如庚青韵,只有汉口"棚、孟"读法例外。

牙喉音字的读法,与新的语音演变趋势相合,唇音字的读法有点特殊,似乎始终游移在这两韵之间。

从《中原音韵》作者周德清完全摆脱旧韵影响,只凭活的语言审音定谱的作风来看,这种新、老两派读音并存的局面的著录也绝

---

① 据《汉语方言字汇》,北京大学中国语言文学系语言学教研室编,文字改革出版社 1989 年第 2 版。

非向壁虚造。

东钟、庚青两韵并收字的读音——新、老两派读音并存的局面,展示了语音发展的一项重要的规律,即语音的发展是通过新的语音演变趋势的产生,到新、老读音并存,再到新的逐渐稳固下来,老的逐渐消失,最后形成新的语音结构的过程来完成的。

二 鱼模、尤侯并收字的读音

鱼模、尤侯并收字有:

入声作平声阳: 逐轴熟
入声作上声: 宿烛粥竹
入声作去声: 褥

共8字。

1. 鱼模、尤侯并收字全是入声。《广韵》、《集韵》、《五音集韵》所注音切如下表:

表 四

例字	广韵	集韵	五音集韵	中原音韵	
				鱼模	尤侯
逐轴 熟	屋直六 屋殊六	屋伫六 屋神六	屋直六 屋殊六	入作阳	入作阳
宿 烛 粥 竹	屋息逐 烛之欲 屋之六 屋张六	屋息六 烛朱欲 屋之六 屋张六	屋息逐 烛之欲 屋之六 屋张六	入作上	入作上
褥	烛而蜀[1]	烛儒欲	烛而蜀	入作去	入作去

表注:

[1]《广韵》又沃韵,奴沃切。《集韵》、《五音集韵》并同。

三种韵书所注音切都只一读,属于《广韵》屋(三)、烛韵,等韵通摄三等入声。就其声类而言,都属"舌齿音",即"澄、常、心、照、知、日"等母。按照中古至近代语音发展的一般规律,通摄入声一律变为《中原音韵》的鱼模韵,中古时期为 u 类元音,入声韵尾-k 消失,转而配元音相同的"阴声韵",这也是十三四世纪时的一项重大语音演变。这类两韵并收字收在鱼模,符合发展规律,收在尤侯,则是一种特殊现象。

2. 同期的音韵资料所注的音,也是一读,如下表:

表　五

例字	韵会	蒙古字韵	蒙古韵略	音韵类编		中州音韵	
				鱼模	尤侯	鱼模	尤侯
逐轴 熟	澄匊 禅匊	鱼 tšèu 鱼 š₁èu	鱼 dž'u 鱼 šju	入作阳	入作阳	入作平	入作平
宿	心匊	鱼 sèu	鱼 sju	入作上	—	入作上	入作上
烛	知匊	鱼 džèu	鱼 tšju	—	—		
粥	知匊	鱼 džèu	鱼 tšju	入作上	—		
竹	知匊	鱼 džèu	鱼 tšju	入作上	上		
褥	日匊	鱼 žèu	鱼 zju	—	—	入作去	入作去

《韵会》所注韵类为"匊",《蒙古字韵》、《蒙古韵略》归鱼部细音类,八思巴字译作 èu,朝鲜正音文字转写作 ju,当是反映的同一音值。《蒙古字韵》与《蒙古韵略》的差异,仅"逐轴"二字,前者为细音(有 è),后者为洪音(无 è)。这三种音韵资料所注的音,显然与《中原音韵》鱼模部对当,而与尤侯韵关系疏远,而且《蒙古字韵》和《蒙古韵略》尤部(与《中原音韵》尤侯韵对当)根本就不配入声。《音韵类编》对这类字的处理,有些互见于鱼模与尤侯的"入作阳"类,有些仅见于鱼模的"入作上"、"入作去"类(《音韵类编》尤侯韵无"入作上"、"入作去"类)。互见于鱼模与尤侯的字,见于鱼模韵注"与尤韵通",见于尤侯韵注"收"。另有见于鱼模的"入作

上"类"竹",又见于尤侯,"上声",注"收,入作上"①。《中州音韵》都是鱼模、尤侯两韵并收,那是沿袭《中原音韵》的分韵系统的缘故。

从同期的音韵资料分韵情况来看,这类两韵并收字都只一读,读为鱼模的细音较近情理。《音韵类编》有些字例互见于鱼模与尤侯,见于尤侯韵注"收",见于鱼模韵注"与尤韵通",这里的"通"很可能是通押的意思。

3. 从曲韵看,这类两韵并收字的确是可以两韵通押的,从现存的元剧作品中可以找到许多例证。现将关(汉卿)、郑(光祖)、白(仁甫)、马(致远)、王(实甫)等元曲大家剧作中的用例列如下表:

表 六

例字	押入鱼模	押入尤侯
逐		关金钱池二梁州第七
		同　　上尾煞
		王西厢记五·一后庭花
熟	关鲁斋郎三红绣鞋	关单鞭夺槊二滚绣球
	郑破连环二红绣鞋	马汉宫秋二隔尾
	王西厢记五·四锦上花	
宿	关鲁斋郎三煞尾	关金线池二二煞
		马荐福碑楔子
		同　　上黄钟尾
		王西厢记四·二越调斗鹌鹑
		王西厢记五·一梧叶儿
		同　　上醋葫芦
烛	关救风尘四庆东原	
粥		马汉宫秋二黄钟尾
竹	关鲁斋郎三耍孩儿	王西厢记五·一后庭花
	马马丹阳　滚绣鞋	
	同　　上煞尾	
褥		关窦娥冤一寄生草

---

① 《中原音韵》收在尤侯"入作去"类"六"字,《音韵类编》收在尤侯"去声"(此字当与"溜"字调换位置,参陆志韦、廖珣英《中州乐府音韵类编校勘记》),注"收,入作去"。

"熟宿竹"两韵并押,"逐粥褥"仅押尤侯,"烛"仅押鱼模。例子虽不全,但两韵通押无疑。根据上面所提到的各种音韵资料,这类入声字失去韵尾-k以后,按元音分类最宜于与鱼模合流,所以读为鱼模是很自然的,押入尤侯,只能算做通押。本来尤侯的韵母与之相近,这类字又都是舌齿音,由于舌齿音字声母的变化,更接近尤侯的韵母,那是完全可能的。《音韵类编》收在鱼模,注"与尤韵通",显然指的是跟尤侯韵可以通押。至于收在尤侯韵,注为"收",看来跟东钟韵注的"收"不尽相同。东钟韵的"收"表示一种新的读法,而尤侯的"收"尚难证明在当时已经形成这种新的读法,只不过已经孕育着以后的语音演变的胚胎而已。①

三 萧豪、歌戈并收字的读音

萧豪、歌戈并收字有：

入声作平声阳:薄箔泊铎度缚鑿浊濯镯着学鹤镬杓
入声作去声:沫末幕寞莫落络烙洛酷乐萼鹗鳄恶岳乐药跃钥约略掠弱蒻虐疟搭诺
共44字。

1. 这类并收字也全都是入声,在《广韵》、《集韵》、《五音集韵》里的注音如下表(表七)。

三韵的注音都只一读,个别字的又读(见表注)与本题无关。这一读属《广韵》的"铎、药、觉"韵("末沫"二字属"末"韵,系特例),等韵江、宕摄入声。江摄系独韵,宕摄分开合。就声类而言,唇牙舌齿喉五音俱全。按照中古到近代语音发展的一般规律,宕、

---

① 现代北方方言里,北京、济南"宿烛竹褥"读 u(济南"宿"读 y),"逐轴褥熟"读 ou(济南"熟"读 u),西安"褥"读 ou 外,余皆读 u,汉口则全读 ou。

《中原音韵》两韵并收字读音考

江入声一律变为《中原音韵》的萧豪韵,中古时期韵母为 a 类元音,入声韵尾-k 变为高元音 u,于是与同类韵母的"阴声韵"合流。这也是十三、十四世纪时期的一项重大语音演变。这类两韵并收字收在萧豪,符合发展规律,收在歌戈,则是一种特殊现象。

表 七

例字	广韵	集韵	五音集韵	中原音韵 萧豪	中原音韵 歌戈
薄[1]箔泊	铎傍各	铎白各	铎傍各	入作阳	入作阳
铎度[2]	铎徒各	铎达各	铎徒落		
缚	药符钁	药伏约	约符钁		
鑿[3]	铎在各	铎疾各	铎在各		
浊[4]濯镯	觉直角	觉直角	觉直角		
着[5]	药直略	药直略	药直略		
学	觉胡觉	觉辖觉	觉胡觉		
鹤	铎下各	铎曷各	铎下各		
镬	铎胡郭	铎黄郭	铎胡郭		
杓	药市若	药实若	药市若		
沫末	末莫拨	末莫葛	末莫拨	入作去	入作去
幕寞莫	铎慕各	铎末各	铎慕各		
落络烙	铎卢各	铎历各	铎卢各		
洛酪乐	铎卢各	铎历各	铎卢各		
萼鹗鳄	铎五各	铎逆各	铎五各		
恶	铎乌各	铎遏各	铎乌各		
岳乐	觉五角	觉逆角	觉五角		
药跃钥	药以灼	药戈灼	药以灼		
约[6]	药於略	药乙却	药於略		
略掠	药离灼	药力灼	药离灼		
弱箬	药而灼	药日灼	药而灼		
虐疟	药鱼约	药逆约	药鱼约		
搦[7]诺	铎奴各	铎匿各	铎奴各		

表注:

[1]薄,《集韵》又匹各切,《五音集韵》又伯各、匹各切。

〔2〕度，《广韵》、《五音集韵》又音渡。
〔3〕凿，《广韵》、《集韵》作凿，《广韵》又臧各切，《集韵》又即各切，《五音集韵》又则落切。
〔4〕浊，《集韵》又竹角切。
〔5〕着，《广韵》、《五音集韵》又张豫、张略切，《集韵》又陟略切。
〔6〕约，《广韵》、《五音集韵》又于笑切。
〔7〕捣，三韵不载，始见《类篇》。

2. 同期的音韵资料所注的音也是一读，如下表。

表 八

例字	韵会	蒙古字韵	蒙古韵略	音韵类编		中州音韵	
				萧豪	哥戈	萧豪	歌戈
薄箔泊 铎度 缚[1] 浊濯镯	並各 定各 奉各 澄郭	萧 paw 萧 taw 萧 hu̯aw 萧 tšu̯aw	萧 b'aw 萧 d'aw 萧 vaw 萧 dž'oaw	入作阳	○	入作平	入作平
凿[2] 着[3] 学 鹤 镬 杓	从各 澄脚 匣觉 合各 合郭 禅脚	萧 tsaw 萧 tšew 萧 ɦi̯aw 萧 ɣaw 萧 ɣu̯aw 萧 š₁ew	萧 dz'aw 萧 dž'jaw 萧 ɦjaw 萧 ɦaw 萧 ɦoaw 萧 žjaw				○
沫末	明括	歌 mu̯o	歌 muə	○	入作去	○	入作去
幕寞莫 落络烙 洛[4]酷乐 萼鄂鳄 恶	明各 来各 疑各 影各	萧 maw 萧 law 萧 ŋaw 萧 'aw	萧 maw 萧 law 萧 ŋaw 萧 ʔaw	入作去	入作去	入作去	入作去

(续表)

例字	韵会	蒙古字韵	蒙古韵略	音韵类编		中州音韵	
				萧豪	哥戈	萧豪	歌戈
弱蒻	日脚	萧 žew	萧 ʐjaw	入作去	入作去	入作去	入作去
搦	○	○	萧 ɲaw				
诺	娘各	萧 naw	萧 ɲaw				
岳乐	疑各	萧 jaw	萧 øjaw				○
药跃钥	喻脚	萧 jew					
约	影脚	萧 'ew	萧 ʔjəw				
略掠[5]	来脚	萧 lew	萧 ljəw				
虐疟[6]	疑脚	萧 ŋew	萧 ŋjəw				

表注:

〔1〕缚,奉母,《韵会》羽浊音,郭类,《七音》匣母郭类,似皆因对八思巴字辨体不清致误,今从《蒙古韵略》音更为奉各。

〔2〕鑿,《韵会》、《蒙古字韵》、《蒙古韵略》、《中州音韵》均作凿,《韵会》又精各,《蒙古字韵》又萧 džew。

〔3〕着,《韵会》又知脚,《蒙古字韵》又萧 džew。

〔4〕洛,《音韵类编》萧豪韵未收。

〔5〕掠,《音韵类编》萧豪韵未收。

〔6〕疟,《音韵类编》萧豪韵、歌戈韵均未收。

《韵会》、《蒙古字韵》、《蒙古韵略》的注音,除"末沫"二字(收在歌部,与《中原音韵》歌戈韵对当)外,都归在萧部(与《中原音韵》萧豪韵对当)。《音韵类编》"入作阳"类也只收在萧豪,"入作去"类,除"末沫"二字(只收在哥戈)外,都是萧豪,哥戈互见。《中州音韵》"入作平"类一部分只归在萧豪,另一部分萧豪、歌戈两韵互见,"入作去"类,一部分只归在萧豪,另一部分萧豪、歌戈两韵互见。由此看来,同期资料可以证明这类两韵并收字读为萧豪韵是很显然的,反映入声韵尾的高元音化已经形成,而收在歌戈韵,当另有原因。

3. 从曲韵看,跟鱼模、尤侯并收字同样情形,萧豪、歌戈两韵通押。为节省篇幅起见,举例从略。据这种情况推断,收在歌戈也只是反映了曲韵通押现象,不能确定读为歌戈在这时已经开始,并形成了新的异读。却也跟鱼模、尤侯两韵并收字的情形相同,已经孕育着歌戈韵的新读法的胚胎了。这一点可以从现代北方方言里得到了解。今以北方方言五个点为例,列如下表。

表　九

例字	北京	济南	西安	太原	武汉
薄	˛pau/˛pɔ	˛pə	˛po	paʔ/pəʔ	˛po
浊镯	˛tʂuɔ	˛tʂuə	˛pfo	tsuəʔ	˛tso
着	˛tʂuo/ˇtʂau	˛tʂo/˛tʂuə	˛pfo	tsaʔ/tsəʔ	˛tso
学	˛ɕye	˛ɕye	˛ɕyo	ɕiəʔ	˛ɕio
勺(杓)	˛ʂʂau	˛ʂo	˛fo	˛sau	˛so
末沫	mɔˋ	məˋ	ˏmɔ	məʔ	˛mo
幕	muˋ	muˋ	muˋ	muˋ	muŋˋ
莫	moˋ	məˋ	˛mo	maʔ/məʔ	˛mo
落	luoˋ/lauˋ	luəˋ	ˏluo	luəʔ/luaʔ	ˏno
烙	luoˋ/lauˋ	luəˋ	ˏluo	luaʔ	˛no
恶	ˋɤ/ɤˋ	ˏəɣ	ˏŋɤ	ŋəɣ	˛ŋo
岳乐(姓)	yeˋ	yeˋ	ˏyo	yəʔ	˛io
药	iauˋ	yeˋ	ˏyo	yəʔ	˛io
钥	iauˋ/yeˋ	iəˋ	ˏyo	yəʔ	˛io
约	ˏye	ˏye	ˏyo	yəʔ	˛io
略	lyeˋ	luəˋ	ˏluo	lyəʔ	˛nio
弱	ʐuoˋ	luəˋ	˛vo	zaʔ/zəʔ	˛io
虐	nyeˋ	yəˋ	ˏnyo	nyəʔ	˛nio
疟	nyeˋ/yauˋ	yəˋ	ˏyɔ	nyəʔ	˛nio

在北方方言里,这类两韵并收字有一些有两读,两读跟《中原音韵》的萧豪与歌戈两韵有承接关系。一些字只有一读,或与《中原音韵》的萧豪韵有承接关系,或与歌戈韵有承接关系。这类字的分化条件还看不清楚,其中所呈现的杂乱情况,也说明《中原音韵》时代,这种两韵并收字,并非真正的两读。

《中原音韵》两韵并收字读音考

总之,《中原音韵》的两韵并收字,东钟与庚青并收字属于真正的两读字,这种两读表现新派和老派两种读音的并存。鱼模与尤侯并收字只有一种读音,读为鱼模韵,而与尤侯韵读音相近,可以与之通押。萧豪与歌戈并收字也应该是只有一种读音,应归入萧豪韵,但在曲韵里常常与歌戈韵通押,所以周氏又归入歌戈韵。由此可见,《中原音韵》的两韵并收字的读音,不可一概而论。

1988 年 12 月改定

(原载《王力先生纪念论文集》,商务印书馆 1990 年 7 月第 1 版)

王力先生与《中原音韵》的研究

王力(了一)先生在汉语语音史上的成就与贡献,公认为卓越的、巨大的,开创了汉语音韵学研究的新局面,也使得现代的中国语言学殿堂大放异彩。在《中原音韵》的研究方面,了一先生付出了辛勤的劳动,不断提出了精辟的、富有启发性的学术见解,为这一大课题的研究的全面深入开展提供了良好的基础,对这项研究的发展起了很好的指导和推动作用,立下了不可磨灭的功绩。

《中原音韵》是元代杰出的语言学家、戏曲家、诗人周德清(1277—1365)所著的一部最早的曲韵著作。它全面论述了当时北曲的体制、音律、语言规范和创作演唱的技巧,蕴藏着丰富的戏曲理论知识,对于北曲的艺术实践具有重大的指导作用。《中原音韵》又是汉语语音史上具有划时代意义的著作,它几乎完全摆脱了传统韵书析声分韵的一套陈规旧法,大胆地依据当时的实际语音来审音定韵,给我们留下了一部十三、十四世纪时的汉语语音系统的实录。因此,《中原音韵》自从问世以来,受到了戏曲界、语言学界的高度重视,它的影响极为深远。

从语言学的角度、以探讨《中原音韵》所代表的语音系统为主的研究起始于本世纪二十、三十年代。先是钱玄同承袭章太炎关于古音今音的分期的学说,把元明清的汉语语音归为汉语语音史的一个新的分期,即所谓"北音时期"。首次提出《中原音韵》代表了当时的"普通口音"[①],是"在音韵史上实为极有价值极可宝贵之

---

① 见钱玄同《文字学音篇》第3页,北大出版组,1925年。

一段史料。"①于是三十年代出现了研究《中原音韵》的第一次热潮。1931 年白涤洲发表《北音入声演变考》②,1932 年罗常培发表《中原音韵声类考》③,1932—1936 年赵荫棠的《中原音韵研究》问世④。了一先生 1936 年由商务印书馆出版的《中国音韵学》(1956年中华书局重印,改名为《汉语音韵学》)辟有专节论述《中原音韵》。白涤洲、罗常培、赵荫棠三家对《中原音韵》所代表的音系进行了考订和构拟,创立了"归纳法"(罗氏),对与《中原音韵》有关的、元末至清初的比较重要的音韵史料——"悉心考订,明其源流,勘其异同,评其得失"⑤(赵氏)。了一先生继诸贤之后,又提出了自己的新的见解。归纳起来,主要的有两条。一条是补充论证《中原音韵》的侵寻、监咸、廉纤三个"闭口韵"在当时仍能保存着(即有[E-m]尾),提出了三点具体的坚实的理由:"(一)周氏处处排斥《广韵》为闽浙之音,假使当时北地已无侵寻等三部,他必不肯根据《广韵》而保存它们。(二)词曲家相传以侵寻等三部为'闭口韵',想当时必读闭口;观周氏辨'针''真'不同音诸例可知。周氏又云:'江淮之间,缉至乏俱无闭口',因而把缉至乏韵的字都归入齐微歌戈等部,主张不宜以配闭口之侵至凡,可见当时缉乏虽已不闭口,而侵寻等部仍读闭口。(三)'闭口韵'的字(即收[m]的字),有些在当时已混入收[n]的韵部,如真文部上声有'品'字,寒山韵阳平声有'帆、凡'二字,去声有'範、泛、范、犯'四字,……周氏并没有依照旧韵书把它们归入侵寻等三部;可见他完全以实际语音的系统为依据了。'品'是重唇字,'帆凡範泛范犯'是轻唇字,凡

---

① 见钱玄同《中原音韵研究审查书》,载赵荫棠《中原音韵研究》卷首,商务印书馆重印第 1 版,1956 年。
② 见女师大《学术季刊》第 2 卷第 2 期。
③ 见史语所《集刊》第 2 本第 4 分。
④ 《中原音韵研究》部分内容曾发表于北京大学《国学季刊》第 3 卷第 3 期。
⑤ 同②。

唇音字的韵尾在当时都由[m]变了[n]，这在语音学上叫做'异化作用'(dissimilation)，因为[m]也是唇音，唇音与唇音相遇，念起来不很方便，所以容易异化。广州现在虽保存闭口韵，但这几个字也像《中原音韵》一样地不能保存韵尾的[m]。这一理由更能完全证实周氏当时还保存着'闭口韵'了。"①另一条是揭示了《中原音韵·正语作词起例》的"辨似表"的语音实质及其史料价值。他说："周德清在《正语作词起例》列了一个表，把那些本非同音而往往被人误读为同音的字两两比较，使大家学习他所谓'正音'，其中有大部分是为矫正吴音而作的。现在抄录于后，当时之音可见一斑：……(表略)表中有些是当时能分而现代北京不能分的音。其间嬗变的痕迹，是值得仔细研究的。"②了一先生揭示出这一条很重要。"辨似表"既然是供人们学习"正音"用的，其两两比较之例又是反映当时"本非同音而往往被人误读为同音"的。那么，"辨似表"就成了探讨《中原音韵》音系以及当时方言差异的必不可少的重要线索。此后的研究者们就是遵照了一先生的提示，重视对《正语作词起例》包括"辨似表"的分析研究而取得新的成果的。例如宁继福的《中原音韵表稿》将《中原音韵·韵谱》与《中原音韵·正语作词起例》两者并重，认为"后者是前者的理论上与实践上的说明"，③并充分地分析了"辨似表"的材料。"辨似表"所列两两比较之例，若以声母、韵头、韵腹、韵尾四项而论，每一例各有一项读音不同。例如：

胖有傍 p'uaŋ:puaŋ 声母有别 p':p
龙有笼 liuŋ:luŋ 韵头有别 i:ø

---

① 见《汉语音韵学》第489~491页，《王力文集》第4卷第421~422页，以《王力文集》为准。
② 见《汉语音韵学》第494~497页。
③ 见宁继福《中原音韵表稿》第157页。吉林文史出版社，1985年。

王力先生与《中原音韵》的研究

官有关 kuɔn:kuan 韵腹有别 ɔ:a
侵有亲 ts'iəm:ts'iən 韵尾有别 m:n

总计 241 例中,声母有别的共 39 例,韵头有别的共 28 例,韵腹有别的共 17 例,韵尾有别的共 155 例(m:n 的 94 例,n:ŋ 的 61 例),一字两读的 1 例(造有造,ts:ts'),声母、韵头皆有别的 1 例(採有揣,ts':tʃ'u)。这种不同反映了当时各地方言与共同语的差异,具有很高的文献价值,那是无疑的了。

四十年代,了一先生研究汉语诗律学。他对元曲曲字音律中的平仄律进行了全面的考察和分析,提出"曲字的声调可以分为两大类:平声和上声为一类,去声自成一类。上声常常可以代替平声,这大约有调值上的原因。照我们猜想,在元代的北方口语里,阴平是一个中平调,阳平是一个中升调,上声是一个高平调,去声是一个低降调。上声凭它那不升不降的姿态,和阴平相似;而阳平升到高处的一段又和上声相似,因此,上声和平声就往往通用了。"①这是对元曲字音调值的构拟,元曲字音以《中原音韵》音系为标准,所以也是对《中原音韵》音系调值的构拟,而且是前所未有的一次构拟。

从这里,咱们可以窥知了一先生主张《中原音韵》音系的声调为四类:阴平、阳平、上声、去声,而无入声。这一主张在他的《汉语音韵学》里已略露端倪,当时是赵荫棠提出来的《中原音韵》作者"废入声,创阴阳"的说法。而 1946 年,陆志韦发表《释中原音韵》(《燕京学报》第 31 期,第 1~36 页),从汉语语音史的角度,对《中原音韵》音系作出了比较全面、深入的分析和说明,不同意赵荫棠的说法,认为《中原音韵》所代表的是十三、十四世纪的北方官话音系,而非现代北京话的祖语;当时北方官话音系实际上有入声,入声的消

---

① 见《汉语诗律学》第 787 页,上海教育出版社,1962 年新 1 版。

失是相当晚起的事实。于是《中原音韵》音系里有没有入声,也就成了一个争论的问题。

五十年代,丁一先生所著我国第一部汉语史专著《汉语史稿》上册(绪论和语音部分)于1957年由科学出版社出版。该书关于汉语史的分期,认为应该以语法作为分期的主要的依据,语音和语法有着密切的关系.都是整个系统,所以语音的演变也可以作为分期的标准。他分为四期:(一)上古期,(二)中古期,(三)近代期,公元十三世纪到十九世纪,(四)现代期。在描述近代期汉语的特征时,列举三条:(1)全浊声母在北方话里的消失;(2)[-m]尾在北方话里的消失;(3)入声在北方话里的消失。其中(1)、(3)两条,显然是就《中原音韵》音系的特点来说的。在该书的另外地方,也是把《中原音韵》音系当作近代汉语语音系统的代表来论述的。同时强化了关于《中原音韵》音系无入声的观点。

1963年,丁一先生发表了《中国语言学史》(前三章在《中国语文》1963年3—6期,1964年1—2期连载)和《汉语音韵》两部新著。对《中原音韵》在中国语言学史上的价值和地位作了充分的肯定和论证:"从中国语言学史上看,《中原音韵》的价值,比起《切韵》来,有过之无不及,因为它基本上是以实际语音为根据的。"① 并且揭示了《中原音韵》音系的性质和特点。他明确地提出《中原音韵》代表了大都音。他说:"《中原音韵》代表当时大都的实际语音系统,那是毫无疑义的。"② 他又重申《中原音韵》音系无入声的观点,并对"入派三声"的性质作了阐释。他说:"从声调方面看,《中原音韵》显示了入声的消失和平声的分化,以及浊上的变为去声。……所谓'入声作平声'(大约是作阳平),'入声作上声','入

---

① 见《中国语言学史》第78页,山西人民出版社,1981年。
② 同①。

声作去声',实际上也就是入声分别转化为其他三声。"①在这前后不久,即1962年至1964年,《中国语文》等学术刊物就《中原音韵》音系问题展开了一次讨论,讨论的主题是围绕《中原音韵》的语音基础和"入派三声"的性质两个基本问题。在这次讨论中,不同的观点得到展示和彼此交锋,形成了研究《中原音韵》的第二次热潮②。一派意见赞同了一先生的观点,认为《中原音韵》所代表的是当时的大都音和《中原音韵》"入派三声"说明当时大都音入声已经消失。另一派意见不赞同了一先生的观点,赞同陆志韦先生的观点,认为《中原音韵》所代表的非大都音,当时还保留入声。持两派观点的双方各自认真深入探讨,搜寻新的材料和论据,以增强自己论点的说服力,通过摆事实、讲道理的方法,企图说服对方。这样,大大地扩展了《中原音韵》研究的广度和深度。

八十年代,了一先生出版了《汉语语音史》③。这是《汉语史稿》上册去掉"稿"字的修订本,内容大增,学术水平升华。该书将汉语语音史的历史音系增加到九个,即汉语语音史的九个语音发展平面。其中元代的音系,主要是根据《中原音韵》和卓从之《中州乐府音韵类编》来描写的。声母、韵母、声调的分类和拟测,利用了元曲用韵作为例证。他再一次重申了关于《中原音韵》代表大都音和无入声的观点,并对不同的意见进行了驳议。他说:"周德清《中原音韵》应该代表大都(今北京)的语音系统。周氏虽是江西高安人,但是他在大都居住久,而且是搞戏剧的,他的《中原音韵》必然是根据大都音的。元曲用韵与《中原音韵》完全一致,足

---

① 见《中国语言学史》第79页。
② 发表的文章有:赵遐秋、曾庆瑞《〈中原音韵〉音系的基础和"入派三声"的性质》,《中国语文》1962年7月号,李新魁《关于〈中原音韵〉音系的基础和"入派三声"的性质》,《中国语文》1963年第4期,《〈中原音韵〉的性质及它所代表的音系》,《江汉学报》1962年8月号,忌浮《〈中原音韵〉二十五声母集说》,《中国语文》1964年第5期。
③ 中国社会科学出版社,1985年。

以证明《中原音韵》是大都音。"①又说:"元代的声调是汉语声调的大转变,由古代的平上去入四声变为阴阳上去四声。平声分为阴阳两类了,入声消失了,古入声字并入了平上去三声。在《中原音韵》……的阴声韵里,我们看见'入声作平声'、'入声作上声'、'入声作去声'字样,这并不是说当时还有入声存在,而是说诗词平仄中的入声字到了元曲中不再是入声字,而转变到平声、上声或去声了。周德清说:'平上去入四声。音韵无入声,派入平上去三声。'这话是最明显不过的了。但是他又说:'入声派入平上去三声者,以广其押韵,为作词而设耳。然呼吸言语之间,还有入声之别'。……我认为周德清这话只是一面挡箭牌。他怕人家攻击他不用诗词平仄押韵的旧法,所以说'呼吸言语之间还有入声之别'来为自己辩护罢了。假使真的'呼吸言语之间还有入声之别',那么当时大都话有三种入声,为什么今北京话里毫无痕迹呢?再说,入声收音于喉塞音[ʔ],与阴声韵收音于元音差别很大,押韵听起来很不谐和,所以决无促声与舒声押韵的道理。"②与此同时,即八十年代上半期,国内连续出版了三部研究《中原音韵》的专著,《中原音韵音系》(1981)、《中原音韵音系研究》(1983)和《中原音韵表稿》(1985),进一步探讨《中原音韵》音系的分类和构拟及其相关的理论方法等诸多问题。三部著作都是从了一先生及其他前辈学者研究成果的基础上起步的。一种是完全接受了一先生的学术观点而加以阐发或补充论证,一种是部分接受了一先生的学术观点而加以阐发和部分修正,还有一种是不赞同了一先生的关于《中原音韵》的两个基本问题即语音基础问题和"入派三声"的性质问题的学术观点而加以辩证。1987年10月,在周德清的家乡,江西省高安县,举行了周德清诞辰710周年纪念和学术讨论会。持相

---

① 见《汉语语音史》第308页。
② 同上,第387页。

同、相近和相反学术观点的与会者,本着百家争鸣取长补短的精神,就周德清的生平和他的治学精神,关于《中原音韵》的语音基础和"入派三声"的性质,《中原音韵》音系的某些音韵的分类和拟测,《中原音韵》在汉语史上的地位等问题,展开了广泛和深入的讨论①,这是六十年代关于两个基本问题的辩论和八十年代三部著作和一系列单篇论文所展示的辩论的继续,可以称做研究《中原音韵》的第三次热潮。不言而喻这些辩论都是与了一先生在《中原音韵》研究方面的学术观点紧密相联的。

总之,了一先生关于《中原音韵》的研究和学术观点,大多数是富于开创性的,得到了学术界的公认,为后来的学者所继承和阐发,这固然是极可宝贵的学术财富;另外一些在学术界还有争论,但作为一种学术观点,一种见解,在学术讨论中,能明确地树立起交锋的一面,对于启发、引导辩论的充分,促进研究工作的深入开展,也是非常必要的,有益的,所以同样是有价值的学术财富。

此外,了一先生关于《中原音韵》的研究表现出一贯尊重别人的研究成果,鼓励自己的学生持不同意见,愿意为不同观点的作者写序的高尚风格。正如唐作藩教授所说的那样:"王力先生这种奖掖后进的高尚风格真令人感动。……这是我国有成就的老一辈学者的优良学风。鼓励不墨守师说,不仅能消除门阀之见的迷雾,而且可以使学术沿着正确的道路不断发展。这是我们今后应当大力提倡和推崇的。"②

(原收入《纪念王力先生九十诞辰文集》,
山东教育出版社 1991 年 12 月第 1 版)

---

① 会议论文辑成《中原音韵新论》一书,由北京大学出版社出版。
② 见唐作藩《评杨耐思〈中原音韵音系〉》,《语文研究》1982 年第 2 期。

《中原音韵》研究概述

元代杰出的语言学家、戏曲家、诗人周德清(1277—1365)的《中原音韵》(1324),是我国最早的一部曲韵著作。它全面地论述了北曲的体制、音律、创作和演唱技巧、语言规范等诸多问题,内容丰富、具体。它不仅蕴藏着丰富的有关戏曲理论的知识,而且对于北曲的艺术实践具有重大的指导作用。《中原音韵》又是汉语语音史的具有划时代意义的杰作。它几乎完全脱离传统音韵学的那一套陈规旧章,大胆地根据当时实际语言来审音定韵,给我们留下了一部汉语的语音实录。因此,《中原音韵》自从问世以来,受到了戏曲界、语言学界的高度重视,影响极为深远。

关于《中原音韵》的研究,历来都是从戏曲史、语言学史两方面来进行的。这两方面的工作,都取得了很好的成绩。

在本世纪以前,《中原音韵》在戏曲方面的影响比较突出。在曲韵方面,《中原音韵》的韵谱被奉为戏曲用韵的准绳,"兢兢无敢出入",因而大大地促进了戏曲用韵的统一规范,后起的曲韵韵书,无不以《中原音韵》为蓝本。例如元卓从之《中州乐府音韵类编》、明朱权《琼林雅韵》(1398)、王文璧《中州音韵》(1503年以前,初刻于明弘治十六年,刻本现藏日本内阁文库,复刻于明弘治十七年,刻本现藏上海图书馆)、菉斐轩《词林要韵》(又名《词林韵释》)、卜二南《中原音韵问奇集》、范善溱《中州全韵》、王鵕《音韵辑要》(1781)、周昂《新订中州全韵》(1791)、沈乘麐《曲韵骊珠》(1792)等,或沿袭《中原音韵》的体例和内容略有变更,或增补韵字和音切、注释,都没有脱离《中原音韵》的基本框架。

在曲论方面,明、清时期的著名戏曲家,言必称《中原》,无不以《中原音韵》的理论为依据,或诠释疏证,或引申评论。例如徐渭(1521—1599)《南词叙录》、李开先《词谑》、王世贞(1526—1590)《曲藻》、王骥德(?—约1623)《曲律》、沈德符(1578—1642)《顾曲杂言》、徐复祚《曲论》、凌濛初(1578—1644)《谭曲杂劄》、沈宠绥《弦索辨讹》、《度曲须知》、李渔(1611—约1679)《闲情偶寄》、毛先舒《南曲入声客问》、徐大椿《乐府传声》、李调元《雨村曲话》、焦循《剧说》、梁廷枬《曲话》、刘熙载《艺概》、杨恩寿《词馀丛话》、《续词馀丛话》;等等,都包含了这方面的内容。

本世纪以来,戏曲史的研究得到了迅速的发展,《中原音韵》在戏曲史上的地位问题成为研究的重点项目之一。最近,周惟培同志写出的《论〈中原音韵〉》,在这方面做出了很好的成绩。但是,从整个研究工作的情况来说,仍是一个比较薄弱的部门,远远不能满足日益增长的需要,有待于进一步加强。

从语音史方面研究《中原音韵》,由来已久。在本世纪以前,《中原音韵》在语言学史上的影响也是很大的。一是《中原音韵》改造传统韵书体制所焕发出来的革新精神,为后起的一系列韵书所仿效,并对它订出的崭新的音韵分类萧规曹随。例如兰茂《韵略易通》(1442),声分二十,用早梅诗一首的用字标目,跟《中原音韵》相差无几(只少一类古"疑"母[ŋ]的残存);韵分二十,也与《中原音韵》十九韵基本一致(只是把鱼模韵一分为二,洪音[u]一类,细音[iu]另一类)。本悟《韵略易通》(1586)和毕拱宸《韵略汇通》(1642),都是根据兰书改编的,除了反映时空差异所形成的稍有不同之处以外,其余都是雷同的。朴隐《诗词通韵》(1685)大量著录《中原音韵》字音,以为"北音"的代表。明清时期继起的新派韵书,都受了《中原音韵》的影响,展示了新的面貌。二是《中原音韵》凭着实际语音审音定韵,制订正音规范,得到了人们的充分肯定。早在《中原音韵》成书之初,琐非复初就盛赞:"德清之韵,不独中原,乃天下之正音也。"(《中原音韵·序》)明初讷庵评论周书"非但备作词之用,盖欲矫四方之弊,一归于中州之正。"(《书〈中原音韵〉后》)明李祁也指出周氏"以中原之音正四方之音","盖德清之所以能为此者,以其能精通中原之音,善北方乐府,故能审声以知音,审音以类字。而其说则皆本于自然,非有所安排布置而为之也。"(《中原音韵·序》)明蔡清说:"盖天地之中气,在中国;中国之中气,在中州。气得其中则声得其正,而四方皆以为的焉。此元高安周德清先生之《中州韵》所以为人间不可无之书也。"(《中原音韵·序》)

　　本世纪初,我国传统语言学,由于加强了史的观念,吸收了西方历史比较语言学的一些经验和方法,迅速地向现代语言学发展,开始对近代汉语语音的研究重视起来。钱玄同(1887—1939)首先把《中原音韵》所代表的音系划归汉语语音史的一个新的分期,并指出《中原音韵》是根据当时北方话的语音来作的,代表了六百年前的"普通口音"。接着白涤洲、罗常培等对《中原音韵》进行了研究。白涤洲发表《北音入声演变考》(女师大《学术季刊》第2卷第2期,1931)。罗常培发表《中原音韵声类考》(史语所《集刊》第2本第4分,1932),创立"归纳法",考定《中原音韵》20声类,为《中原音韵》音系的研究奠定了基础。赵荫棠继续进行研究,著有《中原音韵研究》(商务印书馆1936,1956),分为上、下两卷。"上卷为历史的考证,下卷为声韵之标注。"书中最受人称道的是对跟《中原音韵》有关的、元末至清初的重要韵书,一一"悉心考订,明其源流,勘其异同,评其得失。"(钱玄同《〈中原音韵研究〉审查书》)往后,陆志韦发表《释〈中原音韵〉》(《燕京学报》第31期,1946),利用八思巴字汉语资料,考订了《中原音韵》的声类和韵类,并提出《中原音韵》音非"今国语的祖语"和《中原音韵》音有入声的著名观点。王力研究元曲格律,首次对《中原音韵》音的声调进行了构拟(见《汉语诗律学》,新知识出版社,1958)。

这是本世纪初到解放前研究《中原音韵》的情况。在这个时期,国外有日本石山福治的《考定中原音韵》(东洋文库,1925)和金井保三的《论中原音韵》(《东洋学报》第3卷第3号)等论著问世。

解放以后,我国语言学得到了迅速的发展,1955年召开了全国文字改革会议和现代汉语规范问题学术会议,确定了我国语言学的方针任务,不久又制定了语言学发展规划,其中要求加强汉语史的研究,《中原音韵》的研究作为汉语史的一个重要课题而受到学术界的重视。

1957年,王力著《汉语史稿》上册(语音史部分)出版(科学出版社),其中把《中原音韵》音作为汉语史分期的重要依据,并作为近代汉语语音的代表。同年,《中国语文》杂志发表《中国语言学史话》之七《周德清〈中原音韵〉》(杨耐思撰)。1962—1964年,《中国语文》等刊物就《中原音韵》的语音基础和《中原音韵》"入派三声"的性质等问题展开了讨论,大大地促进了关于《中原音韵》音系的深入研究。后来由于十年浩劫而中止。

粉碎了"四人帮",党的十一届三中全会以来,以《中原音韵》音系为中心的近代汉语语音平面的研究得到了空前未有的发展,1979年邵荣芬出版《汉语语音史讲话》(天津人民出版社),也把《中原音韵》音系当成近代汉语音系,并加以详细介绍和讨论。八十年代上半期,连续出版了三部关于《中原音韵》音系研究的专著:杨耐思《中原音韵音系》(中国社会科学出版社,1981)、李新魁《中原音韵音系研究》(中州书画社,1983)和宁继福《中原音韵表稿》(吉林文史出版社,1985)。杨著利用了新发现的明正统刊《中原音韵》的新版本,又参证了八思巴字汉语和同期的另外一些音韵资料,对《中原音韵》音系重新作了考订和构拟,参照河北省赞皇、元氏等地的现代方言材料,对陆志韦提出的《中原音韵》音有入声的观点作了补充论证。李著分析了《中原音韵》音系特点,提出了《中原音韵》的语音基础是当时的共同语——以洛阳音为主体的河南音的新说。宁著用音韵配合的表式列出了《中原音韵》的全部韵字,显示音系的全貌,创立了研究《中原音韵》音系的"内部分析法",考证翔实,论证有力,为后出转精之作。除专著外,同时期内还发表了许多高水平的单篇论文,例如刘俊一《关于〈中原音韵〉的"入派三声"》(《齐鲁学刊》1980.1—2),论证了当时的入声已经消失。蒋希文《从现代方言论中古知章庄三组声母在〈中原音韵〉里的读音》(《中国语言学报》1.商务1983),认为中古知章庄三组声母在《中原音韵》里应读为两套声母。张清常《〈中原音韵〉新著录的一些异读》(《中国语文》1983.1),提出《中原音韵》里成系统的两韵并收字有一韵是当时新著录的异读。忌浮《〈中原音韵〉的调值》(《语言研究》1986.1),刘静《〈中原音韵〉音系无入声新探》(《陕西师大学报》1986.3),唐作藩《普通话语音史话》(《文字改革》——《语文建设》1985—1988连载),俞敏《中州音韵保存在山东海边儿上》(《河北师院学报》1987.3),等等。

在台湾省,近四十年,关于《中原音韵》的研究,也有很大的进展。五十年代,董同龢《中国语音史》(1954年出版)把《中原音韵》音作为早期官话这一语音断代的代表进行论述。六十年代,杨家骆编著《中原音韵》(附校勘记,1964年出版),刘德智著《音注中原音韵》(台北市广文书局,1962)。七十年代,陈新雄编著《中原音韵概要》(学海出版社,1976)。八十年代,丁邦新发表《与〈中原音韵〉相关的几种方言现象》(史语所《集刊》第52本,第4分,1981),金周生发表《元曲暨〈中原音韵〉东钟、庚青二韵互见字研究》(《辅仁学志》11.1982)等。

在国外,Stimson, Hugh M.(司徒修)发表《Phonology of the Chung Yüan Yin Yün》(Tsing Hua Journal of Chinese Studies New, No. 3. 1, 1962),后来又出版了《The Jongyuan In Yunn》(New Haven, Conn. 1966)。Hsueh F. S.(薛凤生)出版《Phonology of Old Mandarin》(The Hague. 1975, Mouton),对《中原音韵》音系作了全面的研究。第一章 导论,第二章

《中原音韵》概述,第三章 《中原音韵》音系背景……这部著作已由鲁国尧等同志翻译,并经作者亲自修订,也已经出版。1986年 Hsueh F. S. 在国内出版的《北京音系解析》(北京语言学院出版社,1986)对《中原音韵》音系的研究,提出了一些新的观点。

日本有服部四郎、藤堂明保合著的《中原音韵の研究》(校本编,东京江南书院,1958)。平山久雄发表《中原音韵入派三声の音韵史的背景》(《东洋文化》58.1977),佐佐木猛近年发表了研究《中原音韵》的系列论著。

以上所述,可能有不少遗漏,还会有不少错误,希望读者多多指正。

(原收入《中原音韵新论》,北京大学出版社
1991年2月第1版)

八思巴字汉语音系拟测

八思巴字汉语是指元代用八思巴字拼写的汉语。八思巴字是元代创制和颁行的一种拼音文字,用于拼写蒙古语,同时又用于"译写一切文字"而以"译写"汉语为其大宗。于是出现了头一份汉语拼音化形式(参看桥本万太郎"hp'ags-pa Chinese"《八思巴字汉语》的"绪言",1978)。这种文字行用的时间虽然不算太长,但是它的遗存却相当丰富。用八思巴字拼写汉语的文献资料计有官厅文件、碑刻、符牌、印章、钱钞等多种,又有一部《百家姓蒙古文》和一部《蒙古字韵》。这些都是进行汉语音韵研究很宝贵的材料,比起汉语跟非汉语的译语和对音的资料来要优胜得多。那种"曲解读音,强人就我"的毛病在很大程度上可以避免。

关于八思巴字,笔者与照那斯图教授共同拟订并发表了《八思巴字字母表》(见《八思巴字研究》,载《中国民族古文字研究》,中国社会科学出版社,1984;又见《八思巴字》,载《中国民族古文字图录》,中国社会科学出版社,1990)。关于"译写(拼写)"汉语的八思巴字字母表,也已共同拟订并发表了《蒙古字韵字母正体及转写表》(载《蒙古字韵校本》,民族出版社,1987)。表上都列有八思巴字字母的罗马字母式的转写方案,为八思巴字汉语音系的拟测提供了一个初步的基础。

60年前,苏联龙果夫(A. Dragunov)发表了一篇"The hphagspa Script and Ancient Mandarin",《八思巴字和古官话》(载《苏联科学院通报·人文科学》,1930),开拓了关于八思巴字汉语音系研究的新领域,"对于元代汉语音韵的构拟确乎起了很大的作用。"(罗常培遗著:《论龙果夫的〈八思巴字和古官话〉》中国语文,1959,12)。60年来,在这一领域耕耘者众,成绩斐然(参看杨耐思、照那斯图《八思巴字研究概述》,民族语文,1981,

1)。本文打算就八思巴字汉语音系的拟测问题,进行一些探讨。

一 拟测的依据

1.《蒙古字韵》。关于八思巴字汉语音系拟测的依据,首推《蒙古字韵》。它是用八思巴字拼写汉语的一个范本,采用韵书的体裁编制而成。韵书正文共分为十五个韵部:一东、二庚、三阳、四支、五鱼、六佳、七真、八寒、九先、十萧、十一尤、十二覃、十三侵、十四歌、十五麻。韵内排列韵字,平上去入四声相承,形成一个一个的小韵系。每一个小韵系上冠八思巴字字头,下列所拼写的汉字。《蒙古字韵》共收八思巴字字头818个,被拼写的汉字9,118个(版本残缺部分尚未统计在内)。它全面而系统地反映了八思巴字汉语音系的面貌,是八思巴字汉语文献资料中最重要的一种。《蒙古字韵》的写作年代无考,但可以知道它的上限是元廷明令颁行八思巴字的1269年,下限是《古今韵会举要》(简称《韵会》,下同)成书之时的1297年。很可惜的,它的早期刊本或写本现在已经见不着了,存世的仅有一个朱宗文于1308年所做的校正本的旧写本。

2.《韵会》(全名《古今韵会举要》)和《韵会》卷首所载《礼部韵略七音三十六母通考》,又名《七音韵母通考》,简称《七音》。《韵会》是一部汉语韵书,表面上沿袭旧韵书的体制和分韵别声的分类系统,而实际上却反映的是元代实际语音。它以四声分卷,韵目采用"平水韵"的107韵部,韵内包含一套自成系统的韵类,用"某字母韵"于末尾处标注出来。声类采用"七音"(角、徵、宫、商、羽、半徵商、半商徵)与"四等"(清、次清、浊、次浊)相配合而形成的"角清音、角次清音、徵浊音、徵次浊音……"等名目于小韵首字下标注出来。它所划分出来的声类和韵类乃至整个音韵结构,都呈现着一个崭新的语音系统。这个语音系统是对旧韵书系统进行了大刀阔斧的改并的结果。《七音》是一个仅有小韵首字按一定的音韵系统编制而成的小韵表。小韵首字之上标注声类和韵类代表字。《韵会》、《七音》和《蒙古字韵》这三部韵书的编制体例、名词术语虽然互有差异，但是它们所反映的语音系统却基本上一致（参看拙作《韵会》、《七音》与《蒙古字韵》，吕叔湘等著《语言文字学术论文集》，知识出版社，1989）。

3. 八思巴字文献、文物资料和同期的汉语音韵资料以及各类文献中关于字音的零星记录，这些都属于拟测所必需的依据。

二 拟测的方法

关于八思巴字汉语拟测的方法，一般来说，可以分为两个步骤。第一个步骤是划分音类，第二个步骤是构拟音值。划分音类的结论，已有《韵会》、《七音》和《蒙古字韵》三种韵书所划分的为凭。三种韵书分声母为35类；韵母平上去三声为70—76类，入声29类；声调4类。构拟音值的工作，因已有划分清楚的音类为基础，又有跟音类相对应的八思巴字拼写形式可以凭藉，当然比起对别种资料的处理要顺利得多了，比起对其他音系的拟测，可行性也更大些。但也并非毫无困难，因为它的特殊性带来的种种问题还需要进行仔细的分析研究，才能得到合理的解决。主要是关于八思巴字的字母表和八思巴字字母的读音问题，乃是解决八思巴字汉语音系拟测的关键。

1. 八思巴字字母表的特殊性。八思巴字母表，跟一般拼音文字的字母表有共同的特点（共性），又有自己的特殊性，这是因为：元世祖忽必烈制定并颁行八思巴字，是因"文治浸兴，而字书有阙"而起，首先用于拼写蒙古语，形成蒙古民族一种新的民族文字。又意图在新建的多民族统一的国家里，实行"书同文字"的政策，又用于译写帝国境内各个民族的语言。所以它不是一般的文字，而是一种特殊的文字。就是说，它既是蒙古族的民族文字，又是元帝国各民族共同使用的国字。它的字母表也就要求既能适应拼写蒙古语的需要，又能适应译写各民族语的需要。据盛熙明《法书考》和陶宗仪《书史会要》记载，八思巴字"字之母凡四十一……汉字母内则去×××三字而增入××××四字。"可知八思巴字的创制，最初设计的用于拼写蒙古语和蒙古语里所需的外来语译音的字母一共有41个，这个字母表我们称为八思巴字原字母表。用于译写各民族语言时，根据各该民族语言的实际情况，在原字母表的基础上进行增损累积增加的字母总和所形成的八思巴字字母表，我们称之为后增字母表。在译写某一具体语言所形成的字母表就是各该语言的八思巴字字母表。译写汉语是从原字母表中"去三增四"所形成的字母表。可以称之为八思巴字汉语字母表（共42个字母），译写其他民族语言所形成的字母表与此同理。原字母表加上后增字母表就是八思巴字字母总表。我们收集并确定的八思巴字字母总表，共有57个字母（原字母41，后增字母16）。

2. 八思巴字字母读音问题。根据上述八思巴字字母表的特殊性，字母的读音也有不同一般的特点。除了专为译写某种民族语言而新增的字母应该根据该民族语言的音系来订它们的读音外，译写各民族语言共用的字母，它们的读音都不能视为一成不变，而应该分别从各民族语言的音系去了解，就是说，那些译写各民族语言共用的字母，它们的读音只能从所拼写的该语言本身的音系去了解。译写汉语的属于原字母表上字母的读音只能从元代汉语音系去了解，去拟测，用于拼写别种语言的读音只能起到参证作用。

3. 八思巴字拼写法的问题。八思巴字有它自己的拼写法。其中不同于一般的拼写法的比较重要的特点有：

（1）元音 a 用字母的零形式来表示，由此又衍生出有元音 a 的一套拼写规则。译写汉语时，a 的零形式表示法，在声母的位置上必得用辅音字母形式(分清浊),在韵腹的位置上,所接的韵头元音改作半元音字母形式,所接的韵尾元音改作辅音字母形式。

(2)八思巴字字母表有一个字母表示两种读音的,例如元音字母 e、ė,译写汉语亦然。

(3)有两个字母合起来表示一个读音的,例如 ėo、ėu,译写汉语无。

(4)相同的字母因所处的位置不同,有不同写法,译写汉语亦然。

4. 拟测必须结合汉语语音特点和采用结构分析法。汉语的音节,有一定的结构模式,即由声、韵头、韵腹、韵尾、调,按固定的位次来组合。缺乏某一个成素时,当在它的位次上补以零。八思巴字是一个音节写成之字,字分字头、字中、字尾三部分,也是固定的位次,但跟汉语的音节结构不尽相同。

(原载《语言研究》1991 年增刊,这次有修订)

八思巴字汉语声类考

　　八思巴字汉语是指元代用八思巴字译写的汉语,这种译写系音译。八思巴字是一种拼音文字,用八思巴字音译汉语的资料,可以使我们从中得到更多的关于元代汉语的音系知识。本文打算利用这种音译资料,来考察一下八思巴字汉语的声母系统,做一些说明,就正于从事各族古文字研究的同志们。

　　八思巴字汉语的声类,最先见于朱宗文校订本《蒙古字韵·字母》,①今据以列表如下:

表一　蒙古字韵字母表

	清	次清	浊	清浊	清	浊
牙音	g 见	k' 溪	k 群	ŋ 疑		
舌音	d 端 dž 知	t' 透 tš' 彻	t 定 tš 澄	n 泥 ň 娘		
唇音	b 帮 ḥu̯[1] 非	p' 滂 ḥu̯ 敷	p 並 ḥu̯ 奉	m 明 w 微		
齿音	dz 精 dž 照	ts' 清 tš' 穿	ts 从 tš 床		s 心 š₂ 审	z 邪 ž₁ 禅
喉音	· 影 j 同上			' 喻 j 同上	h 晓	ɣ 匣 ɦ 同上
				l 来		
				ž 日		

表注:

〔1〕"非"的八思巴字字母原作 ḥu̯,与"奉"同译,"非"为"清","奉"为"浊",当误。《蒙古字韵》正文"非"与"敷"同居一小韵,"非"、"敷"混,符合音变条理,可从。

---

　　① 《蒙古字韵·字母》见《蒙古字韵》上卷第五页,为正文前的一章。《字母》辅音部分按"始见终日"的次序列出八思巴字字母、汉字母对照表。元音(包括半元音)部分只列八思巴字字母(直行),后面有一行汉文总注:"此七字归喻母。"本文只讨论关于声类的部分。

表中所列八思巴字字母,系拉丁转写符号,转写方案是照那斯图同志与笔者共同制订的,详《蒙古字韵样本》。汉字母系宋代流传下来的等韵三十六字母。关于字母的分类名目,采自《韵镜》序例"三十六字母"图。①

从表一看,汉字母"非"与"敷",舌音"知、彻、澄"三母与齿音"照、穿、床"三母各共用一个八思巴字字母对译(非＝敷、知＝照、彻＝穿、澄＝床),而喉音"影、喻、匣"三母又各"一分为二",用两个八思巴字字母对译。所以,汉字母三十六,对译八思巴字字母三十五。

这三十五之数,与同期的别的文献资料所载几乎全同。如元盛熙明《法书考》,②元陶宗仪《书史会要》③所载八思巴字原字母四十一,用于译写汉语"去三增四",为四十二,除去元音、半元音字母七个,恰好是三十五。

元黄公绍、熊忠《古今韵会举要》④(简称《韵会》,下同)及《韵会》卷首转载的《七音三十六母通考》⑤(简称《七音》,下同)表声类的字母共三十六,其中"非、敷"分开,如果加以合并,也是三十五。《七音》小序前有一行注:"《蒙古字韵》音同","音同"即声类相同。

现将这几种文献资料的声类字母与《蒙古字韵》的八思巴字字母列成下面的对照表(表二):

---

① 古籍出版社据古逸丛书之十八覆永禄本《韵镜》影印,1955 年 11 月第 1 版。此图或系南宋张麟之所制。

② 《法书考》,四部丛刊本,卷二"梵音"条。

③ 《书史会要》,陶氏逸园景刊洪武本,卷七"大元"条。

④ 《古今韵会举要》编成于元成宗大德元年(公元 1297 年,见熊忠自序)。今存有元刊本,明嘉靖重刊本,明嘉靖补刊本,明万历重修本,明刊别本,清光绪精写本,清光绪九年淮南书局重刊本等版本。

⑤ 《七音三十六母通考》,作者及成书年代无考,转载于《韵会》卷首的是一个小韵表。版本同《韵会》。

表二　蒙古字韵与同期文献字母对照表

编号	蒙古字韵	盛熙明	陶宗仪	韵会	七音	等韵	分类
1	g	g	g	角清音	见	见	牙音
2	k'	k'	k'	角次清音	溪	溪	牙音
3	k	k	k	角浊音	群	群	牙音
4	ŋ	ŋ	ŋ	角次浊音	疑	疑	牙音
5	d	d	d	徵清音	端	端	舌音
6	t'	t'	t'	徵次清音	透	透	舌音
7	t	t	t	徵浊音	定	定	舌音
8	n	n	n	徵次浊音	泥	泥	舌音
9	dž	dž	dž	次商清音	知	知、照	齿音
10	tš'	tš'	tš'	次商次清音	彻	彻、穿	齿音
11	tš	tš	tš	次商浊音	澄	澄、床	齿音
12	ň	ň	ň	次商次浊音	娘	娘	齿音
13	b	b	b	宫清音	帮	帮	唇音
14	p'	p'	p'	宫次清音	滂	滂	唇音
15	p	p	p	宫浊音	並	並	唇音
16	m	m	m	宫次浊音	明	明	唇音
17	hu̯	hu̯	hu̯	次宫清音 / 次宫次清音	非 / 敷	非 / 敷	唇音
18	ħu̯	增	增	次宫浊音	奉	奉	唇音
19	w	w	w	次宫次浊音	微	微	唇音
20	dz	dz	dz	商清音	精	精	齿音
21	ts'	ts'	ts'	商次清音	清	清	齿音
22	ts	ts	ts	商浊音	从	从	齿音
23	s	s	s	商次清次音	心	心	齿音
24	z	z	z	商次浊音	邪	邪	齿音
25	š$_2$	增	增	次商次清次音	审	审	齿音
26	š$_1$	š$_1$	š$_1$	次商次浊次音	禅	禅	齿音

（续表）

编号	蒙古字韵	盛熙明	陶宗仪	韵会	七音	等韵	分类
27	h	h	h	羽次清音	晓	晓	
28	ɣ	ɣ	ɣ	羽浊音	合	匣	
29	ɦ	增	增	羽浊次音	匣	匣	
30	·	·	·	羽清音	影	影	喉音
31	j̇	增	增	羽次清音	幺	影	
32	ʼ	ʼ	ʼ	角次浊次音	鱼	喻	
33	j	j	j	羽次浊音	喻	喻	
34	l	l	l	半徵商音	来	来	半舌
35	ž	ž	ž	半商徵音	日	日	半齿

从表二看，《蒙古字韵》的三十五母，与《韵会》、《七音》相对照，除了"非、敷"二母，《韵会》、《七音》尚加以区分外，其余没有差别。"非、敷"之区分，很可能是为了凑足一个富有哲理性的数目，三十六。实际上，"非、敷"在当时已经变成唇部擦音，按照汉语语音构成的通例，擦音除了有"清"和"浊"的对立以外，再不可能有别的区分了。"非、敷"已有相对立的"奉"，就不可能再行区分，可见《韵会》、《七音》的"非、敷"分立，是没有实际语音作基础的，只是沿袭古代的分类。从这里可以看出，《韵会》、《七音》有保守的一面，八思巴字译写的汉语，全部资料都表明不分"非"与"敷"。

等韵三十六母的"知、彻、澄"三母与"照、穿、床"三母合二而一，《韵会》《七音》皆同。《七音》将合成的三母名之为"知、彻、澄"，那是因为按字母次序，"知"等比"照"等要先出现的缘故。《韵会》称之为"次商"音，属"齿音"，不属"舌音"，表明"舌音"转为"齿音"。

等韵三十六母的"匣、影、喻"三母各一分为二，《韵会》、《七音》皆同。《七音》把分化后的各母，安上新的名目（其中之一沿用旧名）：匣——合、匣；影——影、幺；喻——鱼、喻。《韵会》也有相应的名称。只是把"鱼"归入"角"(牙音),而不归入"羽"(喉音),这是因为"鱼"母里有一部分字(例"语、元、顽、危"等),是由古代"牙音""疑"[ŋ]母变来的,在当时的方言里也还有读[ŋ]的。"鱼"母里的另一部分字(例"为、永、云、雨"等),本属"喉音""喻"母,在当时的方言里,也有可能类化成[ŋ]的。作者囿于方音或因袭旧的传统,所以把"鱼"母归入"牙音"类,而不归入"喉音"类,造成这种歧异的现象。

《蒙古字韵》的三十五母,与盛熙明、陶宗仪所传八思巴字字母表相对照,也是契合的。这里需要附带说明一点,盛、陶所传不尽相同。盛称"其母四十有三",所列字母总数为四十二;陶称"字之母凡四十一",所列字母总数也是四十一。据照那斯图同志的初步研究,认为八思巴字最初设计的原字母表字母总数为四十一,陶氏所称所列即是。盛氏所称四十三,是指原字母表用于译写汉语"去三增四"所形成的字母为数四十二,再加上他增加的一个字母而言。所列字母四十二即是在原字母表上加上他增加的一个字母。① 由于版本恶劣,字母点画不清。关于这个问题,尚需进一步研究。这三十五母对照盛、陶所传,其中三十一母是属于原字母表的,四母是属于新增的字母。新增的字母即:18. ƕu̯(用 hu̯"法"的变体);25. š₂(用 š₁"设"的变体);29. ƕ(用 h"诃"的变体);31. ĵ(用 j"耶"的变体)。

由此可见,《蒙古字韵》的三十五母,跟同期的一些汉语音韵资料所记载的声类系统相一致,跟同期的八思巴字字母表资料相契合,这就说明它反映了当时汉语的实际声类。

八思巴字汉语的三十五声类,若从音韵结构的声韵配合关系

---

① 参看照那斯图《论八思巴字》,载《民族语文》1980 年第 1 期。照那斯图、杨耐思《八思巴字研究》,载中国民族古文字研究会编辑的《中国民族古文字研究》,中国社会科学出版社,1984。

来分析，可以发现有的声类还能归并起来。比如"匣"母和"合"母，在声韵配合上，不拼同一个韵类，即它们跟韵类的配合情况是互补的，如下表（表三）：

表三　匣、合配合表

韵类	声类
uŋ aŋ oŋ ue u aj u̯aj ij in un an on u̯an aw u̯aw iw ow am o u̯o ua	合
èuŋ i̯iŋ i̯aŋ èi èue i̯aj èin i̯an u̯èn èen èw i̯aw ow i̯am èem è ia u̯è	匣
èuŋ iŋ hiŋ èiŋ u̯iŋ uuŋ u̯aŋ haŋ u̯eŋ i hi u̯ue u̯i èu hij èun hin u̯in en èn èon èw u̯èw uw hiw èiw em èm im him èim u̯e e a	不拼

横行第一栏二十一个韵类只拼"合"母，第二栏十八个韵类只拼"匣"母，第三栏三十四个韵类跟两母都不拼。根据这种情况，可以把"匣、合"归并成一类。

再是"影、幺、鱼、喻"四母，虽然在声韵配合上，不像"匣、合"那样，成互补关系，但是这些声类的分立，就其来源说，都具有规律性的互异条件，而且有一系列的同期音韵资料可资旁证。这四母还是可以归并成两类，即"影、幺"为一类，"鱼、喻"为一类。笔者在《汉语"影、幺、鱼、喻"的八思巴字译音》一文中，①曾就这个问题作了一点探讨，认为这四母的关系，有如下表所示。

	洪	细
清	影	幺
浊	鱼	喻

现在需要补充说明一点。这四母依"清、浊"可分为两类，"清、浊"是指声母的本身特点，当然是区分声类的依据。而每一类里又有"洪、细"之分，"洪、细"是指韵母的分类而言，不是声母

---

① 载《中国民族古文字研究》，同上。

的本身特点，只是说明声母出现的条件情况。"影"和"幺"，"鱼"和"喻"，一洪一细，正好说明它们出现的条件互异，成互补关系，更使我们有理由将它们两两归并起来。

这三十五母，如上所述，可以并去三母，结果成为三十二母。至于各个声类的具体音值，有待今后进一步的研究。

八思巴字字母表转写表

ꡀ k	ꡁ k'	ꡂ g	ꡃ ŋ	ꡄ t	ꡈ t'
ꡫ d	ꡋ n	ꡊ tš	ꡆ tš'	ꡊ dž	ꡉ ň
ꡌ p	ꡍ p'	ꡎ b	ꡏ m	ꡜ hu̯	ꡝ hu̯
ꡤ w	ꡐ ts	ꡑ ts'	ꡒ dz	ꡛ s	ꡕ z
ꡒ š	ꡒ š₁	ꡜ h	ꡗ γ	ꡔ ɦ	ꡇ ·
ꡨ ĵ	ꡨ'	ꡨ j	ꡙ l	ꡘ ž	ꡞ i
ꡟ u	ꡠ e	ꡡ o	ꡢ è	ꡣ u̯	ꡤ i̯

论元代汉语的开、合口

开、合口是等韵学的惯用术语,汉语音韵学上指称语音的一对区别性特征。它的语音实质:一般认为主要是指韵头的区别说的。以《广韵》、《切韵》所代表的中古音为例,韵母的韵头或韵腹为 u 的叫做合口,韵母的韵头或韵腹为非 u 的叫做开口,换言之,声母接 u 的叫做合口,声母接非 u 的叫做开口。

元代汉语,从现存的语音资料来看,有两个音系,一个是《中原音韵》所代表的音系,即《中原音韵》音;一个是《古今韵会举要》(简称《韵会》,下同)、《蒙古字韵》所代表的音系,即《韵会》、《蒙古字韵》音。这两个音系之间,声母方面的差别比较大,韵母方面的差别比较小。下面分别加以论述。

《中原音韵》音的开、合口

《中原音韵》音,根据各家的构拟,十九韵部四十六个韵母,按开、合口分类,可以分为四类,每一韵部最多四个韵母也可为证。开口两类:开洪,开细;合口两类:合洪,合细。如下表:

韵部	开洪	开细	合洪	合细	备注
家麻	a	ia	ua		韵尾 ø
车遮		iɛ		iuɛ	韵尾 ø
歌戈	o	io	uo		韵尾 ø
支思	i				
齐微	ei	i	uei		韵尾 i
皆来	ai	iai	uai		韵尾 i

鱼模			u	iu	韵尾 u
尤侯	əu	iəu			韵尾 u
萧豪	au	iau/iuɣ			韵尾 u
寒山	an	ian	uan		韵尾 n
桓欢	on				韵尾 n
先天		iɛn		iuɛn	韵尾 n
真文	ən	iən	uən	iuən	韵尾 n
江阳	aŋ	iaŋ	uaŋ		韵尾 ŋ
庚青	əŋ	iəŋ	uəŋ	iuəŋ	韵尾 ŋ
东钟			uŋ	iuŋ	韵尾 ŋ
侵寻	əm	iəm			韵尾 m
监咸	am	iam			韵尾 m
廉纤		iɛm			韵尾 m

开洪,韵头为∅,韵腹为非u；开细,韵头为i；合洪,韵头或韵腹为u；合细,韵头或韵腹为iu。iu是i与u的结合体,不应看做两个音段。《中原音韵》音的韵母以韵头的不同区分为四类的结构模式,已露四呼的先兆。只是音值与四呼不尽相同而已。

《中原音韵》音的开、合口与中古音的开、合口的关系怎样呢？陆志韦先生《释〈中原音韵〉》说:"《中原音韵》的开、合口就是中古音的开、合口,只有两个例外。(甲)中古的 pwɪ,bwɪ "合口"变 f 开口。(乙)中古的 tʃ,tʃ',dʒ,ʃ(照二等)开口变为 tʂ,tʂ',ʂ 合口。"今进一步考察结果,除陆先生所举出的两个例外以外,还存在不少的差异。例如:

（一）中古开口,《中原音韵》音合口

东钟合洪:p 崩绷迸 p' 烹彭鹏   m 甍盲瞢萌猛孟
鱼模合洪:m 谋媒   f 负
歌戈合洪:p' 粕   m 幕莫寞   t 多舵驮   t' 他拖驼绽陀跎驮   n 挪诺
　　　　l 罗萝箩落洛络乐   ts 左佐   ts' 磋瘥   s 娑挲

庚青合洪：p 崩迸　p'烹　m 朋鹏　m 盲氓甍萌孟

如果按宁继福同志《中原音韵表稿》的分配，这类例子还有：

江阳合洪：p 邦梆蚌棒　p'庞胖
齐微合洪：p 悲卑碑彼笔北贝倍备被币臂　p'披邳皮礕沛
　　　　　m 眉湄嵋糜美媚魅袂寐密
寒山合洪：p 班扳颁板瓣　p'攀盼襻　m 蛮慢嫚
家麻合洪：p 巴把八霸拔　p'葩爬怕　m 麻马骂　ts 抓

（二）中古合口，《中原音韵》开口

齐微开细：k 季鱖　ø 遗疫役
先天开细：x 悬　k 绢　ø 缘沿兖椽
萧豪开洪：m 末沫　f 缚　tʃ 浊捉卓　ʃ 朔　x 镬　k 郭　k'廓
歌戈开洪：p 勃渤
尤侯开洪：ts 诹
尤侯开细：tʃ 逐竹烛　ʃ 熟宿

从语音史看，这些差异显示出开、合口的转化。（一）为开口转合口。这一类例子多数是唇音字。中古音唇音字本不分开、合，《中原音韵》音，唇音字也没有开、合的对立，所以无所谓开、合的转化。少数是非唇音字，如精清从心邪端透定泥来庄的变音，这才是真正的开口转合口。（二）为合口转开口。这一类例子除少数唇音字外，多数是见、晓、知、章、精组的变音，也是真正的转化。

《韵会》、《蒙古字韵》音的开、合口

《韵会》、《蒙古字韵》音可以通过八思巴字译音来了解。按开、合分类，也可以分为四类，开口两类：开洪，开细；合口两类：合洪，合细。如下表（＋表示有）：

韵	开洪	开细	合洪	合细
东			+	+
庚	+	+	+	+
阳	+	+	+	
支	+	+	+	
鱼			+	+
佳	+	+	+	
真	+	+	+	+
寒	+		+	
先		+	+	+
萧	+	+	+	
尤	+	+		
覃	+	+		
侵	+	+		
歌	+		+	
麻	+	+	+	+

开、合四类与《中原音韵》音类型相同，音值也可能相同（八思巴字译音对语音的折射，需要从多种角度窥视，才能认识清楚）。各类的例子稍有出入。例如萧韵部合洪"郭廓捉卓朔"，《中原音韵》归入开洪；阳韵部开洪"庄装椿疮窗床幢霜双"，《中原音韵》归合洪；支韵部开细"支脂之眵诗时儿而"，《中原音韵》归开洪。先韵部合洪"卷眷劝券变恋"，《中原音韵》归合细；等等。此外，j声母的字归开洪，《中原音韵》音归零声母，把j当韵头看待，所以归开细。与中古音开、合口的关系，两者的差异比较小。开口转合口，合口转开口的例子比《中原音韵》少得多。这是最容易引起人们认为它因袭保守的地方，实际上未必是这样。

总之，元代汉语的两个音系所反映的开、合口都是分为四类，开口两类，合口两类，一洪一细。这种韵母的结构模式，是由中古音发展到近代音韵母系统简化的必然结果，这种语音变化趋势导致了明代中叶以来的四呼的最后形成。伴随这种变化趋势所发生的是开、合口的互相转化,展示了语音系统结构变化的具体生动的图景,探索和揭示这些语音变化的内部规律,是近代汉语语音史的一项重要任务。

音韵学的研究方法

音韵学或称汉语音韵学,是研究历代的汉语语音系统及其发展规律的科学,属于语言学科里面的一个比较重要的分支。我国的语言学源远流长,最初是以音韵、文字、训诂三科作为它的基本内容的。音韵学的形成已有一千多年的历史,在这样长时期的发展过程中,逐渐地完善了自己特有的理论、名词术语和研究方法。

研究古代的汉语语音系统,由于不像现代有录音的设备,可以利用仪器把语音记录下来进行分析,而只能利用古代语言写下的古文献作为凭藉。汉语古文献遗留下来的数量之多,是世界上任何一个有悠久历史的国家或民族无法比拟的,以致人们用"浩如烟海"来形容,这就为音韵学的研究创造了良好的条件。但是汉字非拼音文字,表音的程度不算太高。汉字的表音功能,主要体现在形声字上。形声字虽然占了汉字总数的百分之八十以上,可是形声字的构造比较复杂,有声符又有形符。一个形声字里面,哪部分是声符,哪部分是形符,需要有一个辨认的过程。因此从汉字本身不能轻而易举地看清语音的面貌。古文献也不是所有的部分都能提供语音的信息,也有一个挑选和分析整理的过程。正是因为这个缘故,所以音韵学一直把怎样从古文献中选择可供利用的资料,以及怎样分析整理这些资料,作为自己的基本的研究方法。

利用哪些资料,怎样利用,前人已经做了许多工作,取得了许多成果。这些资料主要有韵文、谐声字、异文、声训、反切、对音、韵书、韵图等。分析整理这些资料,根据资料的性质,采取适当的手段和步骤引出正确的结论,前人也已经积累了丰富的经验。例如清代古音学家利用《诗经》、《楚辞》的用韵，《说文》谐声字等作为资料，给周秦古音分部，成绩斐然。利用异文、声训等作为资料，研究古声母的分类，也得出一些可信的结论。

随着时代的推移，科学的进步，学术领域的扩展，研究方法也在不断地改进，不断地更新，这也是"势所必至"。罗常培先生把音韵学的研究方法概括成四条："一曰审音，二曰明变，三曰旁征，四曰祛妄。"（参看罗常培《汉语音韵学导论》，中华书局，1956年，第23~25页。）并指出，如果按照这四条去做，那么音韵学就可以厕于科学之林了。罗先生的这四条还只是一个纲，但是有了这个纲，纲举目张，那些目也就是音韵学的具体的研究方法，就可以从历代的音韵学著作中把它们归纳出来。归纳的结果，大致上有：

一　结构分析法

汉语语音的最大特点，是以一个一个的音节为基本单位，音节与音节之间，界限十分明晰，加上每个音节的声调，形成汉语语音的乐律美。汉字的书写单位，也是根据音节来定，一音一字。一个音节有一定的结构型式，简单地说，就是声、韵（包括韵头、韵腹、韵尾）、调三个成素组成一个统一的整体。刘复把三个成素再细分为五个，定名为"头、颈、腹、尾、神"。两者的对应关系如下：

头	颈	腹	尾	神
‖	‖	‖	‖	‖
声	韵头	韵腹	韵尾	调

关于汉语音节结构的分析，刘复的五分法比起传统的三分法来，是一个很大的进步。不仅可以祛除反切法的某些弊病，检验各个时代的反切，可以澄清由"音近"产生的"通转、对转、旁转、叶音、通押、合韵"等含糊不清的名词、术语和由此推衍的某些理论，

而且能够更加有效地分析语音结构,构拟音位系统,推寻语音的发展规律。

五分法再加进"位"和"零"(○)的概念,就能分析出汉语的音节结构,有以下八种类型:

1　头颈腹尾神　例　讲 jiǎng
2　头颈腹○神　例　话 huà
3　头○腹尾神　例　真 zhēn
4　头○腹○神　例　是 shì
5　○颈腹尾神　例　友 yǒu
6　○颈腹○神　例　呀 yā
7　○○腹尾神　例　爱 ài
8　○○腹○神　例　啊 ā

现代汉语音节结构的类型,惟有这八种,根据现代有的文献,古代汉语也跳不出这八种类型的范围。这八种类型中,各个成素的位次是固定的,但构成音节的功能是不一样的。其中第三位"腹"、第五位"神"是必不可少的成素,其余的可有可无。汉语的韵文押韵合辙,以"腹、神"再加上第四位"尾"组合成"基韵"为基础,所谓"迭韵"也是如此。"双声"则是以"腹、神"再加上第一位"头"为基础。所谓"等呼"是关于第二位"颈"的问题。"开口、合口"也是关于"颈"的问题,专讲声母问题,就考察"头";专讲韵母问题,就考察"颈、腹、尾";专讲声调,就考察"神",如果没有必要,就可以把其余的成素暂时排除掉,收到驭繁就简的功效。总之,有了这个分析方法,音韵学上传统的那些费解的名词、术语,就可以科学地加以爬梳剔抉,那些偏见和臆说所造成的难题,也就迎刃而解了。

二　丝贯绳牵法

清代人研究周秦古音,主要是根据《诗经》用韵和《说文》谐声字,给古音分部。关于《诗经》用韵所采取的方法,首先是把《诗经》里用于韵脚的字,按互相押韵的关系串连起来,拢成一团。例如《诗经·邶风·终风》二章的韵字"霾、来、来、思",可以串连上《邶风·泉水》一章的"淇思姬谋",《鄘风·载驰》四章的"尤思之",《卫风·氓》一章的"蚩丝丝谋淇丘期媒期",六章的"思哉",《秦风·终南》一章的"梅裘哉",《小雅·谷风·四月》四章的"梅尤",《小雅·鱼藻·黍苗》二章的"牛哉",等等。把所有串连得来的字集合成一组,又按照《广韵》四声相承的关系,把串连得来的其他声调的一组或几组字,例如上面所述的一组跟《诗经·周南·关雎》四章的"采友",《邶风·匏有苦叶》四章的"子、否、否、友",《郑风·将仲子》一章的"子、里、杞、母"等等这一组集合成一团。这一团就是《诗经》的一个韵部。关于《说文》谐声字,自从段玉裁(1735—1815年)发现"同谐声者必同部"的规律以来,也可以采用这个方法,参证《诗经》韵部去串连,分出韵部来。清代音韵学的辉煌成就,主要表现在给古音分部上,这个方法发挥了很大的作用。后来的人,在古音分类方面继续深入研究,还是采用这个方法。同时,分析两汉、魏晋南北朝的韵文、唐诗、宋词、元曲、明传奇以及一切韵语材料,探讨各个时期的语音系统,也离不开这个方法。

　　采用这个方法首先要注意的是,串连必须是互相押韵的字,不可去串连那些不押韵的字。所以必须把韵文材料的韵例弄清楚。清代人给《诗经》韵分部,顾炎武(1613—1682年)分十部,江永(1681—1762年)分十三部,戴震(1723—1777年)分九类二十五部,段玉裁(1735—1815年)分十七部,孔广森(1752—1786年)分十八部,王念孙(1744—1832年)、江有诰(？—1851年)分二十一部,表现出越分越细密的发展过程。其原因之一,跟各家对《诗经》韵例的认识水平不无关系。例如顾炎武的"侵"部,收进《秦风·小戎》二章的"骖、合、軜、邑,念",其实这首诗首句的"中"与

"骙"为韵,可归侵部,"合、纳、邑"为韵,应归在另一部,"念"字非韵,这一句的"之"与上句的"期"才是韵,也是另外一部。他又以《小雅·棠棣》七章"合琴翕湛"入侵部,其实这首诗单句的"合、翕"为韵,属另一部,双句的"琴、湛"为韵,才属侵部。段玉裁"支、脂、之"分立是一大发明,可是他也有把非韵字当作押韵字串起来的例子。

其次,要注意的是,采用这个方法,不能拘泥于单纯的串连,还要考虑可能发生的其他因素的影响。韵文的韵例不能想象成那么绝对严格,那么滴水不漏,而相反,常常发生出韵的现象,例如"母"字在《诗经》里用作韵脚共17次,押入之部16次,押入鱼部1次,就不能据此把之、鱼两部打通,合二而一。这就需要善于区别一般和特殊。就《诗经》来说,还有一种"合韵"现象,所谓"合韵",就是语音相近的韵部里的字,可以互相通押。陆德明说的"古人韵缓",也是指的"合韵"的语音相近和押韵从宽,相近到何程度才可以通押,也需要运用音韵学的其他知识,细细加以考订。不只是《诗经》,就是唐诗、宋词、元曲、明传奇、现代戏曲、民歌都存在这种通押现象,现代粤曲唱词里甚至带-m,-n,-ng尾的字可以在同一韵辙里出现。

再次,采用这个方法,还要注意材料的一致性的问题,不同性质、不同类型的材料不可拿来串连,比如词和曲是两种性质不同的材料,即使是同时出现的也不能合在一起串连,不同时期的材料,就更不用说了。即使是同一个类型同一个性质的材料,由于作者非一时一地的人,也还要注意有无时、空差异的问题。

关于这点,下面还要详细介绍,这里就不多说了。

三 系联法

系联法是清代陈澧(1810—1882年)的一项创造。陈澧根据

《广韵》的反切,探求《广韵》所代表的音系的声类和韵类,创立了这个方法。反切是传统的一种注音方法,用两个字来注一个字的音,前一个字称为反切上字,代表被切字的声母,后一个字称为反切下字,代表被切字的韵母和声调。例如"东,德红切","德"表示"东"的声母,"红"表示"东"的韵母和声调。《广韵》是属于《切韵》系的韵书,全用反切注音。《广韵》里一共有3873个反切,反切上字一共用了471个不同的字,反切下字一共用了1191个不同的字。如果把全部反切上字加以归纳,就可以得知《广韵》音系的声母类别,把全部反切下字加以归纳,就可以了解《广韵》音系的韵母类别。归纳的方法就是反切系联法。

陈澧反切系联法的内容,有三条基本条例。

1. 同用例:凡被切字同用一个反切上字的,它们的声类必相同。例如"冬,都宗切","当,都郎切"。"冬、当"同用"都"作反切上字,所以"冬、当"声类相同。凡被切字同用一个反切下字的,它们的韵类必相同。例如"东,德红切","公,古红切"。"东、公"同用"红"作反切下字,"东、公"韵类相同。

2. 互用例:凡互相用作反切上字的字声类必相同。例如"当,都郎切","都,当孤切"。"都"用作"当"的反切上字,"当"用作"都"的反切上字,"都、当"同声类。凡互相用作反切下字的字韵类必相同。例如"公,古红切","红,户公切"。"红"用作"公"的反切下字,"公"用作"红"的反切下字,"公、红"韵类相同。

3. 递用例:递用的反切上字声类必相同。例如"冬,都宗切","都,当孤切","冬"用"都"作反切上字,"都"用"当"作反切上字,"冬、都、当"同声类。递用的反切下字韵类必相同。例如"东,德红切","红,户公切","东"用"红"作反切下字,"红"用"公"作反切下字,"东、红、公"韵类相同。

基本条例之外,陈澧又加上一条分析条例:

《广韵》里同音的字，不可能有两个不同的反切。因此，凡两个不同的反切，如果反切下字同类，那么反切上字必不同类。例如"红，户公切"，"烘，呼东切"，"公、东"韵类相同，则"户、呼"声类不同。如果反切上字同类，那么反切下字必不同类。

此外，针对《广韵》反切的复杂情况，陈澧又订出两条补充条例：

1. 反切上字已系联成同类了，但还有些反切本来同类而系联不上的，这是由于反切上字两两互用的缘故。例如"多、得、都、当"四字声类本该相同，但"多，得何切"，"得，多则切"；"都，当孤切"，"当，都郎切"。"多"与"得"互用，"都"与"当"互用，所以四字不能系联成一类。这就要从又音的反切上想办法。《广韵》里有一字两音的互注反切，其同一音的两个反切上字必同声类。例如一东"冻，德红切"，又"都贡切"；一送"冻，多贡切"，"都贡"、"多贡"同一音，那么"都、多"二字同声类。

2. 反切下字已系联成同类了，但也还有些反切本来同类而系联不上的，这是由于反切下字两两互用的缘故。例如"朱、俱、无、夫"四字，韵类本该相同，但"朱，章俱切"，"俱，举朱切"；"无，武夫切"，"夫，甫无切"。"朱"与"俱"互用，"无"与"夫"互用，所以不能系联成一类，这就要从四声相承的关系上想办法。如果反切下字不能系联时，就根据与它相承的韵能分开就分开，否则就认为是同类。

陈澧的反切系联法称得上既严密又合情合理，如果反切是一种便于使用的很精确的拼音法，《广韵》的反切又是经过整理的，那么用陈澧的反切系联法的基本条例，就可以得到关于声类、韵类的正确答案。可是事实上，反切拼音，拖泥带水，难得精确；《广韵》的反切，情况也很复杂，不是根据严格的原则来制定的，还有一些古反切的遗存，所以即使是好的方法，也得不出正确的结论。陈澧自己考出的《广韵》四十声类,好些人都不满意。虽然他声称:"惟以考据为准,不以口耳为凭",可是他并非纯粹的客观归纳,严格按照自己的方法去进行考据,而是参证了等韵或方言。例如《广韵》的反切,唇音不分轻、重,只有"帮、滂、並、明"四类,而陈澧却增加了"非、敷、奉"三母,显然是他心目中有等韵和口耳可凭在起作用。又既然分出"非、敷、奉",却把跟"明"母有区别的"微"母照此处理,不免自乱其例。

但这个方法本身是无懈可击的,后人利用这个方法来处理其他韵书,例如《集韵》、《洪武正韵》等的反切,收到了良好的效果,就是证明。

四 历史比较法

历史比较法是十八世纪末、十九世纪初西欧人创立的一种研究语言的专门方法。它的基本内容是利用现有的几种语言或方言材料,进行词汇和语法的比较研究,找出它们之间的语音对应规律,用以确定这些语言或方言的亲属关系,然后根据亲属语言或方言的比较材料,构拟出它们共有的原始状态,即"母语"系统。再从这个"母语"系统出发,考察和说明这些亲属语言或方言的历史发展。历史比较法最初应用于印欧语系语言的研究,取得了巨大成效,推动了语言学的发展,形成了自十九世纪初以来的以印欧语系语言为基础的历史比较语言学。

最先引进这个方法应用于汉语研究的少数人中,以瑞典汉学家高本汉(B. Karlgren,1889—1978年)最为突出。他著有《中国音韵学研究》(赵元任、罗常培、李方桂合译,商务印书馆,1940),应用历史比较法,分析了汉语的历史材料和现代汉语方言,构拟出了隋唐时代《切韵》所代表的中古音系统,又以这个中古音系统作为基本出发点,探讨和说明了现代汉语方言是怎样从古音演变出来的。他关于中古音系统的构拟,首先是研究了我国古代文献中关于古音的材料,如韵书的反切、韵表等,整理了一个中古音的分类系统,用作者自己的比喻讲,就是找出音韵学里的一些代数方程式,然后根据现代汉语各个方言的读音拟测出这些古音类的具体音值。他的研究,充分利用了古音的材料,记录了三十三种方言(包括三种域外对音)的语音,用了三千一百多个例字。关于古音的分类,充分吸收了我国古代音韵学的成果,定声类(单纯的和 j 化的)四十七,韵类二百八十三(分声调)。他所构拟的古音音值,力求跟古文献材料相合,又能解释现代汉语的全部方言语音达到可信的程度,符合语音演变的条理。所以成绩显著,影响甚大。为汉语音韵学的研究提供了一个良好的新的范例。我国的音韵学者,受了高本汉研究工作的启发,加紧工作,使汉语音韵学的研究很快地提高到一个新的水平。

　　高本汉的研究,主要缺点是引用文献材料有许多不够精确之处,他当时没有见到《切韵》的各种残卷,依据的《集韵》、《韵镜》、《切韵指南》也没采用原书,所引《广韵》反切是从《康熙字典》上转录来的;所调查和记录的方言偏重官话方言;关于声调的描写和说明错误不少;缺乏音位的观念;对于传统音韵学的名词、术语、理论有不少误解;等等。这些都在近几十年内得到音韵学者们的刊谬和补正。

　　历史比较法固然是用来确定语言的亲属关系和寻求语言发展规律行之有效的方法,但也有它严重的缺点,例如不能联系社会的发展来进行研究;不重视语言各方面之间的联系;以今证古无法避免材料的局限;构拟出的原始形式无法确定其年代;等等。这也是咱们应用这个方法时所必须注意的。

五 比勘互证法

比是比较,勘是校勘。比勘互证法就是通过音韵资料的校勘和比较、相互参证来确定所考订的语音真相的一种方法。校勘是古文献整理工作中的必不可少的一个环节,对于音韵学的研究也很有帮助。例如《中原音韵·正语作词起例》第二十二条:"……子生当混一之盛时,耻为亡国搬演之呼吸……"其中"子"字,《中原音韵》的各种版本都作"予",《中国古典戏曲论著集成·中原音韵》编者的《校勘记》第 263 条:"予字,似应作子"。作"子"是对的。这一段原文记述的是"天子都会之所"的"诸贤"嘉奖周德清所说的话,不是周德清自己的话,所以应该用第二人称,不应该是第一人称。而且本书人称代词第一人称通常作"余"不作"予"。这一校改,为理解《中原音韵》的创作背景以及它的语音性质,提供了重要线索。这是从用字方面来校勘,乃是以本书证本书的方法。至于从《中原音韵》的各种不同版本进行校勘,可以订正文字上的一些讹误衍夺,借以解决音韵上的一些问题,那是不言而喻的了。

比勘不限于一种资料或一种资料的不同版本,还可以包括多种资料。例如《中原音韵》可以跟同期的同为曲韵之书的《中州乐府音韵类编》(简称《类编》)进行比勘。《中原音韵》齐微韵 t 系列有"堆"无"推",《类编》有"推","推"与"颓"匹配"阴阳",正是。《中原音韵》有云"屋与误",意即"屋"(入声)当作"误"(去声)之声。而在鱼模韵归类时,却把"屋"归在"入作上"。《类编》正是归在"入作去"。《中原音韵》皆来韵"蒯拐夬"同在一小韵,很成问题,《类编》分作 45"蒯"、46"拐"。47"夬"三小韵,区分了"蒯"和"拐","夬"在韵末,按本书体例,系后来添加。《中原音韵》监咸韵

"坎、砍"分作两小韵,也成问题。《类编》合并为一个小韵。

参证十六世纪初的王文璧(吴兴人)《中州音韵》,也能校正《中原音韵》的某些讹误。例如《中原音韵》家麻韵去声"诈"小韵有"楷"(从木),"楷",《广韵》"思积切",心母入声字,显然有误。《中州音韵》作"褡"(从衤),"褡",《广韵》"锄驾切",正相符合。《中州音韵》也是曲韵之书,跟《中原音韵》同一性质,只是晚出二百来年。

比勘所参证的资料越多,提供的依据就越多,得出的结论就更加牢靠,这是理所当然的事。但是在进行比勘采用音韵资料的过程中,必须具有明确的时空观念。"时有古今,地有南北,字有更革,音有转移,亦势所必至"。(陈第《毛诗古音考·序》)"然一郡之内,声有不同,系乎地者也;百年之中,语有递转,系乎时者也。"(陈第《读诗拙言》)语言是经常处于变化发展状态中的社会现象,语音的时空差异是永久存在的。所以,进行比勘,首先要把所采用的音韵资料的时间性和地域性弄得清清楚楚,然后把各种资料之间的时空差异的参数加进去,才能引出正确的结论。否则就犯方法上的错误。清初古音学的奠基人顾炎武,对音韵学的贡献很大,但是他也有一个很大的缺点,就是带有浓厚的复古思想:"天之未丧斯文,必有圣人复起,举今日之音而还之淳古者。"(顾炎武《音学五书·序》)所以他"于是据唐人以正宋人之失,据古经以正沈氏唐人之失"(同上),根本就不顾及语音的时空差异因素,影响了他的研究成绩。清末一代音韵学大师章炳麟著《新方言》,一味从《尔雅》、《说文》中去寻找今方言的本字,用以证明"今之殊言不违姬汉",同样是方法上的失误,以致陷入了"方言证古派"的泥坑。

六 归纳法与内部分析法

归纳是由一系列具体的事实概括出一般原理的一种推理方

法,在音韵研究方面经常用到。这里所介绍的归纳法,是指罗常培先生首创的关于研究《中原音韵》音系的一种方法。《中原音韵》跟传统韵书不同,无反切、无训释,只是把所收的五千多个单字分成十九个韵部,每部之下分为平声阴、平声阳、入声作平声阳……等类,每类之下按"每空是一音"的原则划分同音字组。同音字组就是周氏所称谓的"音"。本世纪三十年代,罗常培先生著《中原音韵声类考》(《史语集刊》第2本第4分,1932),以《中原音韵》里同音字组的划分为出发点,看它们属于中古音系的什么样的声类,再参照明清两代的七种音韵资料和现代汉语语音,考订出《中原音韵》二十声类。他"所用的方法是从周德清的《中原音韵·正语作词起例》里提出的两个条例":

　　(一)……凡一音之中而括有等韵三十六母二纽以上者,即可据以证其合并,偶有单见,不害其同。

　　(二)……凡全浊声母去声混入全清者,则平声虽与阴调分纽,声值实与次清无别。

　　罗先生的归纳法,给《中原音韵》音系的研究开拓了道路,这个方法基本上是行之有效的,但是还称不上尽善尽美,因为不能用以解决《中原音韵》音系中的所有问题。例如用来确定"疑"与"影喻"的分并以及全浊声母在平声是归"全清"还是归"次清"却无能为力。所以后来的研究者把归纳法加以改进,成为内部分析法。

　　内部分析法的主要内容,是以《中原音韵》本身,包括《韵谱》和《正语作词起例》以及同出一源的《类编》为主要分析对象,以历史的考察作为一种辅助性的手段。

　　《韵谱》里,"每空是一音",从这一原则出发,就可以推定:同空的字必同音,不同空的字必不同音。这种不同音有三种情况,1.声同韵不同;2.韵同声不同;3.声、韵皆不同。如果在同一韵部同一调类的不同空,可以约掉腹、尾两个成素,三种情况就简化成:

1.头同颈不同;2.颈同头不同;3.头、颈皆不同。分析的范围就大大缩小,只集中在头、颈两个成素了。于是考订音系,首先确定头、颈,即声母和韵头,这两者在音系中最简单,由简及繁,步骤也就明确了。

历史的考察是以中古音系声类、韵类与《韵谱》各空各字相对照,看其中的分并变化情况,只是借以验证,不起确定作用。

内部分析法对主要分析对象做全面、细致的解剖,在解剖过程中分析各音位的相互关系,在分析音位关系过程中构拟音值,而不依靠过多的旁证材料进行对比来确定所考语音真相,这些都具有方法上的普遍意义。

七　统计研究法

音韵学研究有时牵涉到某种音韵现象的数量,这就需要对有关数字进行统计。比如清代关于上古韵的分部,先是根据《诗经》用韵和谐声字的资料,归纳出上古韵的韵部,然后从《广韵》(或称《唐韵》)出发看上古韵,以上古韵的部居离析《广韵》,得出:上古韵属于一部的字,在《广韵》里往往分为几个不同的韵,《广韵》属于一韵的字,在上古韵里也往往分属几个不同的韵部。这样的交互分合关系,就需要进行一些统计来表述。清代人正是这样做了。例如古韵学的奠基人顾炎武(1613—1682年)把上古韵分为十部,他的第五部萧部,包括《广韵》"萧、宵、肴、豪、幽",又"尤"半……"尤"的另一半属于他的第二部脂部。他的第六部歌部,包括《广韵》"歌、戈",又"麻"半、"支"半。"麻"的另一半属于他的第三部鱼部,"支"的另一半属于第二部支部;等等。这里的所谓"半",就是从统计得出来的数据。清代人还对韵脚字的押韵次数、谐声字的相谐次数、反切用字的切字次数,都作过一些简单的统计。但是把统计当做一种研究手段应用于音韵研究,那是很晚近的事。本世纪三十年代初,传统语言学开始向现代语言学发展,语言学者力求研究方法的更新,音韵学在这方面反映也很强烈。白涤洲《广韵声纽韵类之统计》(女师大《学术季刊》第 2 卷第 1 期,1931)最先提出考求《广韵》的声纽和韵类,采用统计的方法最为适当。他把《广韵》所有的反切,按反切上字和反切下字在书中出现的次数分别加以统计,看看哪些字出现次数多,哪些字出现次数少,哪些字简直可以算作例外,然后再参考前人用过的方法,斟酌分析,求出《广韵》声类和韵类的系统。他根据统计的数据,把"疑"切"五"看作例外,认为"鱼"、"五"显然是两类。白氏《北音入声演变考》(女师大《学术季刊》第 2 卷第 2 期,1931)也是用的统计法。他把元、明以来七种韵书里面的有关入声转为平、上、去的例子逐一加以统计,再按时代的先后进行排比,从各类数字的变化考察出了北音入声演变的一般规律。陆志韦接着采用统计的方法,著有《证广韵五十一声类》(《燕京学报》第 25 期,1939)、《唐五代韵书跋》(同上第 26 期,1939)、《说文广韵中间声类转变的大势》(同上第 28 期,1940)。陆氏采用的是数理统计法,例如他考证《广韵》的声类,先从陈澧系联起来的 40 组反切上字出发,然后计算每一组各出现于多少个韵类,每次出现时与其他组相逢多少次,根据出现和彼此相逢的数据把《广韵》的声类分成甲、乙两群,甲群 5 组共 36 类,乙群 2 组共 9 类。陆氏采用数理统计法考订《广韵》声类,还存在一些缺点。首先,《广韵》400 多个反切上字,大多数仅出现一、两次,数字太小,无法进行数理统计,所以只得从系联起来的 51 组出发,这就根本排除不了系联上的疏漏。其次,用数理统计法得出的数据,并不能完全显示反切上字分组的界限,例如"陟、丑、直、女、力、侧、初、士、所"诸类为同一个组,但"陟、丑、直、女、力"诸类彼此相逢数在 47—40 之间,"侧、初、士、所"诸类彼此相逢数在 56—26 之间。又如"此、疾"两类与

"方、芳、符、武、于"诸类不同组,而彼此相逢数相同,都在57—41之间,而且各组还有些交错出入的地方,很难把它们截然分开。再次,用数理统计法给《广韵》的声母分类,充其量只能分出45类,按51声类说,还有"五、匹、子、七、苏、於"6类无从划分,这是因为统计数据显示不出这6类跟别的类协和还是相冲突的缘故。最后只好另外采用排比法把它们划分出来。因此,把数理统计法应用于音韵学的研究,还处于摸索的阶段,需要进行认真的深入的探讨。

八 对音互证法

对音是指一种语言(包括文字)对译另一种语言(包括文字)所形成的语音形式,这种对译"只取音同,亡论字义",所以对音也就是译音,音译的借词也包括在内,一般地说,音译借词是已被消化了的对音。汉语跟梵语、藏语、蒙古语、古维吾尔语以及其他许多语言都发生过对译,产生了大量的各种对音。例如汉译梵:Buddha——佛陀,Pāramitā——波罗蜜多/波罗蜜/波罗多,siddham——悉昙/悉谈。这是梵汉对音,是从东汉末年以来,翻译梵文佛经所产生的,多半属于专用名词和梵咒的译音。汉译藏(藏汉对音):mDo-smad——朵思麻/脱思马/秃思马,Phags-pa——八思巴/八合思巴/发思巴。藏译汉(汉藏对音):比干——bji-kan,妲己——tar-kis/tar-gjis,敦煌出土过多种这类对音的文献。汉译蒙(蒙汉对音):qa·an——合罕,noyan——那颜,daruqas——达鲁花赤。蒙古历史和文学名著《蒙古秘史》(《忙豁仑·纽察·脱卜察安》)全部用汉语音译,再加旁注和分段总译,其中这类对音很多。蒙译汉(汉蒙对音):提点——ti dem,解典库——geidem k'u。元代翻译过大量汉文书籍,产生了许多这类对音。汉译古维吾尔语(维汉对音):batman——巴特曼,bars——巴尔思,Ili-bali——亦力把力/别失八里。古维吾尔语译汉语（维汉对者）：京师——Gingxi，都督——tuwtu，金事——samxe；等等。此外，波斯语、阿拉伯语、于阗语、焉耆—龟兹语、突厥语、西夏语、契丹语、女真语、满语以及法语、英语、俄语、日语都跟汉语发生过对译，产生过一些对音。汉字传到外域所形成的日译吴音、汉音，朝鲜译音、越南译音，也都属于对音之列。

既然对音是两种语言相互音译的产物，那么这两种语言就可以通过对音相互参考对方的音读来拟订自己的语音。汉字属于非字母系的文字，表意、表音两种功能兼而有之，所以不能直截地显示音值。而与之对音的别种语言，多半属于纯表音的字母系文字，有了对音，就可以得到关于汉语语音的消息。因此，利用对音来考订汉语的古音就成为音韵学的一个新的重要课题，同时形成了对音互证法这种新方法。

最先提出这一方法论的是1923年《国学季刊》上发表的钢和泰（B. von staël Holstein）《音译梵书与中国古音》一文。该文指出研究中国音韵的材料的重要来源之一是中外语言之间的译音的对音，其中以梵汉对音为最重要。紧接着汪荣宝利用梵汉对音，日译吴音、汉音的材料，采用对音互证法，进行具体研究，写出了《歌戈鱼虞模古读考》(《国学季刊》1卷2期,1923)著名论文。其结论是"唐宋以上，凡歌戈韵之字皆读a音，不读o音；魏晋以上，凡鱼模韵之字亦皆读a音，不读u音或ü音。"这篇文章的发表，使音韵学的研究出现了新面貌，开始从古音的"类"，进而谈古音的"值"，也是对传统的古音研究的一次强大的冲击，随后引起了古音学上的一次大辩论。通过这次大辩论，肯定了利用对音考订古音是音韵学的方向之一，也暴露出初期的对音研究所存在的一些弱点以及使用新方法所应注意的一些问题。

三十年代初期，罗常培发表的《知彻澄娘音值考》(史语所《集刊》

第3本第1分,1931)和《唐五代西北方音》(史语所语言学单刊甲种之十二,1933)是采用对音互证法取得成功的一个范例。前者利用梵文字母"圆明字轮"和"四十九根本字"的舌音五母的各家汉字译音,参证佛典里的专名译音、藏译梵音、现代方言,考订出了守温三十六字母的"知、彻、澄、娘"的音值,订正了高本汉(B. Karlgren)的拟测。后者利用敦煌出土的五种汉藏对音材料(汉藏对音《千字文》残卷、汉藏对音《大乘中宗见解》残卷、藏文译音《阿弥陀经》残卷、藏文译音《金刚经》残卷、唐蕃会盟碑拓本)以及注音本《开蒙要训》,重建了唐和五代时期的西北方言音系,论述了从《切韵》音到唐五代西北方音、再到现代西北方音的发展历史,是我国第一部关于古代方言音系的著作。

八十年代初期,俞敏发表的《后汉三国梵汉对音谱》(《中国语文论文选》,日本东京株式会社光生馆出版,1984,第四分《汉梵藏比较研究》第三篇)是利用对音研究音韵这方面的又一篇佳作。利用的是后汉三国佛典(主要是显教经、律,也有支那撰述,像牟融的《理感论》)里的梵汉对音。取材经过仔细考证、校勘,审慎划分梵文音节,选取了546个音节及译音用字列成对音字谱。用梵文作架子,征引大量有关资料和丰富的语言学知识,对后汉三国汉语语音——辅音、元音及声调,进行了全面的考察和构拟,提出了不少新的结论:例知,确证后汉入声收浊塞音;允许开音节同闭音节押韵;给"至、祭"部去声找出了新音值;推翻了闭音节不准用 i、u 作主元音的偏见;确定了四声说初起时其中三个调的调值;对等韵图的性质和作用给予了新的解释;等等。文章的作者还结合自己的研究实践,提出了音韵学研究应该大力发掘新材料,创造新见解,摆脱陈规旧法的束缚,尽量避免推测和设想的呼吁。这篇文章在国内外学术界引起了较大的反响。

根据前人对音研究正反两方面的经验,采用对音互证法应该注意的有下列几个问题:(一)对音只取近似值。这是因为对译的双方各有自己的语音结构,一经对译,往往把被译方的音纳入译方的音系之中,这就是常言"强人就我"的对音通例。例如唐、宋时一些经师译经,用汉语的浊音对译梵语的第二套浊音(送气),用汉语的鼻音对译梵语的第一套浊音(不送气)。借词是已经消化了的对音,这种情况更无例外。例如"站赤"("司驿者")借自蒙古语,原文作 jɑmu či,辅音以清对浊,以浊对清。消化往往意味着对原音的扭曲,因此,不能把对音一概视同原音。(二)确定原本和对译年代及其与所考订的对象之间的联系。利用对译材料,首先须确定译自何种文本,例如,梵汉对音材料,据有人考证,有的所谓梵本,却是某种中亚语言的文本,所以必须对材料作一番考证,确定原本才行,否则张冠李戴。还有对译的年代也要弄得越清楚越好,这跟所考订的对象密切相关,时间上要吻合。总不能拿六朝、隋唐时期的日译吴音、汉音去证先秦古音,拿元明的对音去证唐宋以前的古音。此外,原本的性质,译音的地点和译音人的语言情况等,也都需要随时留意。(三)主体材料求全,综合参证求博,增强结论的力量。利用对音材料,同性质、同时代的材料最好是搜集齐全,力戒抽样式的做法。因为对音往往一字一词有各种不同的译法。蒙古第二代大汗的名字窝阔台多到有二十种左右的译法。从不同的译法中,正可以用比较的方法获得解答问题的线索。参证材料也不宜局限于一种类型的,应综合参证各种类型的材料。例如罗常培《唐五代西北方音》就是综合比较、参证各种有关材料和知识取得成功的。材料越多,结论就更可靠。(四)要注意原本文字在表音上的应变性。利用对音考订汉语音韵,主要是依据与之对译的拼音文字文本的译音。文字是记录语言的,是语言的代用品,拼音文字无疑是表音的。但是文字毕竟不等于标音符号,有它自己的形态体系,而且加上历时的因素,跟标音符号相比,有一定的差别,比如蒙古文里用 eo、eu 两个元音字母代表一个阴性元音,藏文的元音 a 不用字母表示,其余 i、e、o、u 四个元音也不用字母表示,用的是四个符号。古维吾尔文一个字母处在不同的位置则有不同的写法,这是所谓"重名";至于所谓"应声代用者",则是一个字母可以代表几个不同的音。例如辅音字母 g 可以代表 g、k、gj、kj 等四个音,元音字母 u 可以代表 u、o、w 等三个音;等等。这种情况,在研究工作中切不可忽视。

此外,还有对译音材料的校勘和选择,参证材料与本证材料的关系以及语音演变、连音变化等因素,也都应在考虑之列。

跟汉语相关的对音材料非常丰富,各个时代的都有,原本的语种、文种也相当繁复,已经研究过的还比较少,大有伸展的余地。近年来,音韵学研究者很重视这项研究,不断地有新的成果出来。

九 剥离法

明代陈第《毛诗古音考》里说:"四声之辨,古人未有。……旧说必以平叶平,仄叶仄也,无亦以今泥古乎?"又说:"四声之说,起于后世。古人之诗,取其可歌可咏,岂屑屑毫厘,若经生为耶?"后人以为陈第主张上古没有声调的区别,是"倡古无四声之说"的始作俑者。其实这是一种误解,陈第并没有否定上古音有四声,只是说上古做诗押韵,对四声的分辨,不计较或者要求不那么严格。就在他的《毛诗古音考》里,分明给 103 个字注明了上古的声调。例如,卷一:"道音岛,道德、道路之道上声;教道、引道之道去声,此经史通例。"卷二:"好音丑,有上、去二声。"卷三:"右音以,亦音意,有上、去二声。""享音乡,今读上声,古读平声。""来读利,今读莱、赖二音,古有三音,其厘、力已见上(卷一、卷二),此则去声也。"卷四:"叟,古读平,今读上。"他的注法,是用古今音对比来说明,所注又都属于古今音不同的。由此可以看出,他采用的是就同注异法。凡古今音调类不同的才注,调类相同的不注,就着今读暗示古读,或以今读里面包含了古读。

明初章黼(1378—1467年)汇辑当时流行的古今韵书、字书编成一部《韵学集成》,这些韵书中最重要的一种是《中原雅音》。《韵学集成》引述的《中原雅音》材料,一共1,405条,其中有关语音的计1,293条,涉及的单字可能多出一倍以上,也还是似乎远远不及原书之数。但是仔细寻绎起来,可以发现,也是用的就同注异法。凡《中原雅音》与《韵学集成》(其音韵系统完全依照《洪武正韵》)读音相同的引述从略,读音不同的才一一引述。

十六世纪初,朝鲜著名汉语学者崔世珍(？—1542年)所著《四声通解》(1517)是采用就同注异法的典型。这部著作是一种用正音文字对译汉语语音的标准韵书。书里收进了汉语的四种音:一是正音,即《洪武正韵》反切所代表的音系;二是蒙音,即元代《蒙古韵略》所代表的汉语音系;三是俗音,即崔氏的前辈学者申叔舟记录的、收在《四声通考》里的汉语实际语音;四是今俗音,即崔氏自己记录的当时汉语实际语音(官话标准音)。这四种音都用正音文字译写标注,方法就是就同注异。具体的做法是:先根据《洪武正韵》音系设置全书的总体结构,然后把这四种音对号入座安排到各个框架里面,凡是跟正音同音的一律不注,不同音的一律加注。并在本书《凡例》里一一交代清楚。例如,关于蒙音:"诸字于一母之下,《洪武韵》与《蒙韵》同音者,入载于先而不著蒙音;其异者,则随载于下而各著所异之蒙音。"关于俗音:"以图韵诸书及今中国人所用定其字音;又以中国时音所广用而不合图韵者,逐字书俗音于反切之下。"关于今俗音:"《洪武韵》及《通考》其收字取音与古韵书及今俗之呼有大错异者多矣。其可辨出而分之者,则移入该摄之母,其或疑之者则仍旧存之,而只注辨论,以俟知者之去取焉。""今俗音或著或否,非谓此存而彼无也,随所得闻而记之也。"

崔氏的就同注异法,是在一个语音框架里面同时安排好几个音系的一个很巧妙的办法。

我们今天理解和掌握这个方法,并不是为了编纂韵书,而是为了整理这一类的音韵资料,把这种音韵资料中兼收并蓄的各种韵书或音系剥离开来,或加以复元、再现。可见,这个方法对于音韵资料的整理和辑佚工作也很有用处。

(原载《语文导报》1987年第3、4期)

谈《西儒耳目资》

《西儒耳目资》为明天启六年(1626)金尼阁(Nicolas Trigault 1577—1628 年)根据当时北方话书面语音而写的一部汉语韵书。它的最大特点是直接采用罗马字注音来分析汉语字音，是汉语罗马字拼音方案最早的资料，也是研究普通话语音史及文字改革的重要文献。

本书分为三编：上编《译引谱》，其中的"万国音韵活图"、"中原音韵活图"是用图式说明汉字声、韵、调的相互配搭形式；"音韵经纬总局"、"音韵经纬全局"是以韵为经、以声为纬组成的"韵表"。本编后附"问答"讨论音韵跟拼音方法。中编《音韵谱》，是将所收汉字分隶五十摄，每摄又按声母、声调划分出同音字组，上注反切及罗马字注音。下编《边正谱》，是按汉字偏旁分类的一个检字表。

《西儒耳目资》所代表的音系，可以从它的罗马字注音中考察出来。它分为 20 声类,50 韵类。50 韵类中的 e、o、ie、io、uo（入声）又各别为甚、次两类；u 又别为甚、次、中三类，所以实有 57 韵类，声调有清平、浊平、上、去、入五种。声、韵、调相结合共有 1507 个音节。这个语音系统跟今日北京语音比较起来，最显著的差别有：声母方面保存微母（注作 v）和 ŋ 声母（注作 g,古疑母及某些影母字）；卷舌音 tʂ、tʂ'、ʂ 等尚未形成，以及见系细音（ki 等）跟精系细音（tsi 等）也还没有完全腭化。韵母的系统里 uan 与 uon、uŋ 与 ueŋ 分韵；古歌戈韵系字当时还念 o、io 等。今日北京语音里卷舌音所接的 i、y 等，因声母类化而变成 ʅ、u 等，而在本书中有好些还能保存原来的前高元音。在声调方面多出一类入声,入声承阴声,"一望而知,……全都收喉塞[ʔ]"(陆志韦先生语)。"浊上变去"本书表现为上、去两读。各调调值与今北京话很不相同。

《西儒耳目资》明确地表明采取音素分析的方法研究汉语音韵,但在拼音方法上仍脱离不了我国传统的反切法,它的所谓四品切法就是迁就反切的具体表现,严格说来它的方法不过是反切的改良。其次它所代表的语音系统中,沿袭传统韵书分类与杂糅方音之处颇为不少。比方"浊上变去"是十三四世纪以来北方话的普遍现象,但它仍把浊上归入上声,上加⌒号注明为古声字。所谓古声自然是从韵书里裁下来的。其他像上面已指出的 uan、uon、uŋ、uəŋ 分韵,也不像是当时的实际语音面貌!它的注音方法又偏重于描写,未能普遍应用音位的归纳。oa 与 ua,oai 与 uai,oei 与 uei(ui),oan 与 uan;oen 与 uen(un),oaŋ 与 uaŋ 之分;eao 与 iao,eaŋ 与 iaŋ 之分都是没有必要的,因为它们不过是由于声母发音部位不同而产生的细微音变,并非不同的音位。本书中使用的音韵学名词、术语也颇多含混、怪诞的地方。

关于《西儒耳目资》的研究,罗常培先生曾著《耶稣会士在音韵学上的贡献》一书(载史语所《集刊》第1本第3分,1930),正确地估价了《西儒耳目资》在汉语音韵史上的地位以及金氏等人所作出的贡献。并将《西儒耳目资》跟明初的《韵法直图》与清初的《字母切韵要法》作了详尽的比较,划分出了它所代表的音系。后来陆志韦先生继续作了一番研究(《金尼阁〈西儒耳目资〉所记的音》,见《燕京学报》第33期,1947)。我个人认为今后的工作应该从这些前辈所树立的良好基础上再深入下去,着重研究《西儒耳目资》的语音系统的性质问题。分清哪些是因袭传统韵书"纸面"分类的成分;哪些是杂糅方音的成分(它把零声母的韵母代表字如丫、额、爱、澳、盎、安、欧、硬、恩等旁注"土音",而这类字在它的韵表中又多是带辅音声母 ŋ

的,由此可见它记录的基本上是文学语言读音,间杂"土音");杂糅的方音又是什么地方的方音?考察它的方音成分时,还有一点要注意的:它的音系一向被认为是山西西南一带的方音,但从金氏在华居留的地方来看,保存南方方音的可能性更大。上面这些问题都需待解决。其次,《西儒耳目资》是最早的汉语罗马字注音资料,也须探索出其中的精华部分,作为研究拼音方案的参考。

(原载《中国语文》1957年4月号)

《切韵》音系与方言调查*

近来对于汉语各方言的普查已经在全国广大地区进行。这一工作直接服务于大力推广普通话的运动,同时也为各个个别方言的研究以及汉语诸方言的研究打下一个良好的基础。

但是,这一工作是目前语言科学中一项最艰苦的工作:前人所做的工作需要加以总结,以吸取其经验;新的工作又正是开始时期,许多理论上和方法上的问题需要更多的阐明。特别是以切韵系统与今天诸方言相比较来推求方言语音的演变和诸方言之间的语音对应规律(包括诸方言与普通话的对应规律),在方法上能否成立,这一论题需要及时解决。由于近来有人否认这种方法,使得一部分人对目前调查方言的方法从理论上有所怀疑,所以本文企图从这方面提出自己一些粗浅的看法,不过,我们对这方面学习得很少,希望由此引起专家的注意。展开讨论带动提高我们的认识。

探讨这个论题,首先要谈一谈切韵系统的性质。这一直是我国语言学界经常提到的问题。开始是唐末李涪提出"吴音乖舛"的说法。从此以后,由于语言的发展观念尚未形成,所以当人们觉得切韵实际上已经不完全合乎当时的语音系统时,得不到正确的解释,就一直为这"吴音乖舛"的说法所蒙蔽。到了明清,特别是清代,音韵学在我国有了飞跃的发展,关于汉语语音史的研究在较广阔的范围内开展起来了。对切韵性质的理解一般都是如切韵序所说"南北是非,古今通塞"的"最小公倍式"("最小公倍式"本罗常培先

---

* 本文承复旦大学汤珍珠教授提示和指正多处,特此致谢。

生语,见《唐五代西北方音》第1页。罗先生也主张"切韵的性质本来是一部兼综'南北是非,古今通塞的音汇'",见同书同页)的性质。如江永说:"广韵本之唐,唐又本之隋,其原盖自六朝创之。……韵之相似,如东、冬、钟:支、脂、之,当分而不可合,必有其所以然者。"(见《四声切韵表·凡例》)戴震说:"隋唐二百六韵,据当时之音,撰为定本(而亦有所兼存古音)。"(见《声韵考》卷三)段玉裁说:"法言二百六部,综周秦汉魏,至齐梁所积,而成典型;原流正变,包括贯通。"(见《六书音均表一》)孔广森说:"唐韵二百六部,盖本于隋陆法言等数人之所定,其意大率斟酌消息,使通乎今,不硋乎古。"(见《诗声类一》)章炳麟更明白地说道:"广韵所包,兼有古今方国之音,非并时同地得有声势二百六种也。且如东、冬,于古有别,故广韵两分之,在当时固无异读,是以李涪刊误,以为不须区分也。支、脂、之三韵,惟之韵无合口,而支脂开合相间,必分为二者,亦以古韵不同,非必唐音有异也。若东钟、阳唐、清青之辨,盖由方国殊音:甲方作甲音者,乙方则作乙音;乙方作甲音者,甲方又或作乙音;本无定分,故殊之以存方语耳!昧其因革,操绳削以求之,由是侏离不可词达矣!"(见《国故论衡》上,第18页《音理论》)

　　近代学者如罗常培、陆志韦等人都赞成这一论点,并把它阐述得更明确。(详见罗常培《切韵探赜》史语周刊第三集第二十五、六、七期合刊〔切韵专号〕,1928年版。陆志韦《古音说略》,燕京学报专号之二十,1947年版)而西洋汉学家如马伯乐(H. Maspero)和高本汉(Karlgren)(高本汉没有明确地这样讲过,但是从他的著作中可以得出这样的结论;直到最近他还写道:"我们所说的'古汉语'〔案:指中古音〕是公元600年前后,《切韵》所记录的语言。这个语言主要是陕西长安方言,到了唐代,就演变成一种通语。……"(见高著《中古及上古汉语语音学简编》〔Compendium of Phonetics in Ancient and Archaic Chinese〕远东博物馆杂志第26期,1954年版,第212页))等人却认为切韵所代表的音系为7世纪(唐代)长安方音。不但认为它是一个具体方音,而且认为它是长安方音。这种看法忽略了语言是作为人们的交际工具而存在的(正因为语言具有社会的本质,从而也就不可能在一个具体语言里如此细密地来区分音位),这种看法已经很快不为人们所接受了。近来王力又提出切韵是当时文学语言的读音(王力《汉语史稿》上册,1957年,科学出版社,第49页)。这种提法是较新的见解,但仍不能解决切韵这样繁密的语音区分与作为交际工具的性质的矛盾,因为一种单一的文学语言读音的系统也应该是一种具体语言(方言)所能容纳得了的。又最近李于平先生也提出了新的看法,说切韵是一个具体方音的系统。理由主要是因为切韵语音内部的一致性(见李于平《陆法言的〈切韵〉》,《中国语文》1957年2月号,第30~31页)。我们对于切韵语音内部的一致性的理解,乃是这种一致性是经过拟测而得来的,给予切韵音系的一致性对于说明语音的演变及诸方言的演变有所便利,并非实实在在的在当时任何一个具体的方言里存在这样的系统。韩愈《讳辨》中已经为我们的指出:雉、治/机、基/昔、晳/同音,也就是在当时脂支之微、昔锡合而为一了。从唐诗押韵中经常可以找到这一类的例子。所以我们仍然认为切韵的性质只能大体上是一个具体语音的系统,而其中有某些区分乃是古音的来源与杂采方音的反映!

上面我们已经讨论了切韵的性质,现在我们来看切韵所代表的音系与今天汉语的各个方言之间的关系。汉语的各个方言是在一定历史条件下从一个基础语里分化出来的。上古汉语就有了方言的分别。"周秦常以岁八月遣辅轩之使采异代方言,还奏籍之,藏于秘室。"(见应劭《风俗通·序》及参考郭璞《方言注·序》:刘歆与扬雄书及扬雄答刘歆书俱有此语)后来扬雄(公元前53—公元18年)继存前人的趣旨和一部分旧资料"注续"出一部有名的《辅轩使者绝代语释别国方言》(简称《方言》)。《方言》所代表的语言大致可以说是当时实际方言纪实,但这部书是方言的比较词汇资料,至于当时方音的分歧却无从考核。我们可从一路沿流下来的文学语言中看到上古至中古时期的方言在语音方面分歧是很小的。《诗经》、《楚辞》的用韵很少告诉我们方音大异的消息，汉魏六朝的诗赋韵文用韵比较乱，但所表现的语音分歧现象与其说是空间上的，不如说是时间上的。300年的唐诗押韵也找不出多少方音分歧的现象来。当然，这跟汉语文学语言对各方言所起的规范作用和向心作用是分不开的。汉语文学语言的音系可以想见很早就有了，而是超方言语音的，有人以为切韵音系就是当时这种文学语言读音是有些道理的。我们认为就是文学语言读音，也不能就是一个具体语言语音的系统。像前面已经提到，任何一个具体语言的音系，绝不可能有如此繁杂的类别（当然指汉语），其中乃夹杂了某些空间的、时间的类别，对我们来说，切韵音系只能看成一个空架子。虽然如此，并不否认这个音系跟各方音的对应关系，何止是类的对应，就是某些方言的特点都大致能包括在切韵音系里。既然我们认定切韵音系代表文学语言读音，那么方言中也可能有文白相差极远的现象，像今天的厦门话，"话音跟读音几乎各自成系统。"（见罗常培《厦门音系》"再版序言"，1956年，科学出版社影印）是否方言的这种话音不能包括在切韵音系里呢？可是我们所看到话音跟读音在音值上虽有着很大的分歧，而在类别上仍是严格地相对应的。因而话音也能透过读音包括在切韵音系里。事实上，各个方言的每一个字音大致能从切韵中得到解释（当然后起的字除外）。明确这一点，我们就可以推断出切韵音系跟现代各方言音系的关系是一种直接的相承的联系。从切韵出发，把现代每一种方言的语音跟切韵音系加以比较，无疑地可以找到该方言语音的历史发展状况，求出它的演变规律。比如我们把广泛意义的北方话与切韵比较，马上就可以看出今天的北方话里在声母方面失去了全浊声母，这些全浊声母在平声作送气，在去声作不送气。韵母方面是假摄元音分化。咸深摄与山臻摄的韵尾归并(-m:-n)，声调方面入声的消失等现象。这许多现象说明语音的发展。我们参证各时期的文献以及这个区域的某些方言，一些存古的特殊现象就可以探讨出语音的发展过程和演变规律，如前人曾经探讨过的"'儿'音的演变"（参考唐虞《'儿'音的演变》，史语所集刊，第2本第4分），"入声消失的过程"（参考陆志韦《国语入声演变小注》，燕京学报第31期；白涤洲《北音入声演变考》，女师大学术季刊第2卷，第2期），"十三、十四世纪的声母系统"（参考罗常培《中原音韵声类考》〔史语所《集刊》第2本第4分〕等讨论北音声母演变的论文）等问题那样。可以想象，如果我们没有切韵音系的史料，这些工作是不能够顺利地进行的。近几十年方言调查研究跃进了一大步，许多成功的作品（如罗常培《厦门音系》，赵元任《现代吴语的研究》、《钟祥方言记》，丁声树等《湖北方言调查报告》等）都善于把方音与古音相比较，找出了某些语音历史发展的线索。前人的工作偏重语音，忽略词汇跟语法，自然是有缺陷的，但是就语音来讲，前人的工作仍是很成功的，而且利用历史的比较谈方言的演变的方法更值得我们继承和发扬。认为历史的比较没有什么必要，并且说把切韵音系跟现代方音相比较只不过是一种"观念游戏"，都是非常片面的说法。

问题在于我们对切韵本身的研究是否达到精确的程度。对切韵的研究也是近30年来陆续昌明起来的，近30年来由于切韵敦煌本及故宫本等文献的发现，别国对音特别是译经方面的资料的研究及语音学的进步，对于切韵的研究愈加精深了，讨论到了它的性质问题，讨论到了它里面的一些特殊语音问题，比如支、脂、祭等韵中喉牙唇声母重出问题等。当然，这种工作得继续进行，并且应该着重研究切韵系统中哪些部分是显示古音来源的类别，哪些部分是杂采方音的类别；把这些部分区别开来，就可以探讨出中古语音的面貌，最低限度也可以探讨出当时普通话语音系统的类别来。

（原载《中国语文》1957年7月号）

汉字的谚文注音

朝鲜在很长的历史时期内使用汉字作为书面的交际工具,记录自己的语言。据历史记载,早在南北朝时期,朝鲜人就"知读《经》、《史》","兼爱《坟》、《史》,而秀异者颇解属文"。汉文《五经》、《三史》、《三国志》、《晋阳秋》及佛经在很早以前就传入了朝鲜。相传百济(古朝鲜国名)王仁曾率领织工并携带《论语》、《千字文》于晋武帝太康六年(284)到了日本,可见这两部书至迟是3世纪时就传到了朝鲜。据朝鲜学者的研究,朝鲜使用汉字约有1700年到1800年的历史①。朝鲜使用汉字大致可以分为两种情形,一种是作为书面的交际工具,这种汉字的读音是受朝鲜语的语音系统约制的。读音跟汉语相近,一般称做"文读"。另一种是用汉字来记录朝鲜语,使用的时候又分成几种类型:有的只取汉字的形,不取音义;有的形、音兼取,不取义;有的形、义兼取,不取音。由于中朝两国自古以来就是兄弟之邦,两国人民长期友好相处,往来频繁,在文化方面的关系非常密切,于是朝鲜语里借入了大量的汉语语词。上面所说那两种使用汉字的情形中,有好些汉字所代表的语言事实,已是朝鲜语的汉语借词,成为朝鲜语的有机体了。

朝鲜使用汉字对于中朝进行文化交流是有促进作用的,但是由于汉字难认、难写、难记,对朝鲜人民来说,学习和掌握起来也是很不方便的。所以朝鲜在历史上进行过好几次文字改革。早期的几次改革仍然不脱汉字的窠臼,直到15世纪中叶,开始应用一种

---

① 参看郑之东《朝鲜的文字改革》,载《外国文字改革介绍》,文字改革出版社1957年版。

汉字的谚文注音

民族形式的拼音文字,揭开了朝鲜文字拼音化的序幕,为现代朝鲜文字奠定了坚实的基础,这种拼音文字就是谚文。

谚文方案是由李朝世宗和集贤殿的大臣们发起创制的,于1446年以《训民正音》的形式发布出来。《训民正音》发布后,即被广泛采用,用这种方案写作了著名的《龙飞御天歌》等文学作品,翻译了大量的汉文书籍,并制定翻译汉语的初步方案。后来虽然在推行中遭受到种种阻碍,没有彻底取代汉字成为正式文字,但是用它来拼写"谚语"跟汉字混用却一直沿用下来,并且这种拼音文字深受朝鲜广大人民的喜爱,对于普及和提高人民文化水平起了很大的作用。

谚文一共有28个字母,字母形式"象形而仿古篆"。"象形"是指根据发音器官的形状来确定字母的形式。《训民正音·解例》说:"正音二十八字,各象其形而制之。初声凡十七字,牙音ㄱ[k],象舌根闭喉之形;舌音ㄴ[n],象舌附上颚之形,唇音ㅁ[m],象口形;齿音ㅅ[s],象齿形;喉音ㅇ['],象喉形;ㅋ[k']比ㄱ[k],声出稍厉,故加画。ㄴ而ㄷ[t],ㄷ而ㅌ[t'],ㅁ而ㅂ[p],ㅂ而ㅍ[p'],ㅅ而ㅈ[ts],ㅈ而ㅊ[ts'],ㅇ而ㆆ[?],ㆆ而ㅎ[h],其因声加画之义皆同。而唯ㆁ[ŋ]而异。半舌音ㄹ[l/r],半齿音△[ʒ],亦象舌齿之形而异其体,无加画之义焉。""仿古篆",是指字母拼成字时呈方块形。谚文字母纯粹是音素化的,一个字母原则上代表一个音素。将字母拼成字是以音节为单位的,一个音节一个字。字分成初声、中声和终声三个组成部分,初声就是音节的声母部分,中声就是韵母的元音部分,包括韵头、韵腹、元音韵尾,终声就是韵母的辅音韵尾。字母分成两大类,一类是代表辅音的,用于初声和终声,一类是代表元音的,用于中声。拼音是根据音节的音素组成来进行的。拼法跟八思巴字有点相似。所不同的是一个字的各个字母不定是由上而下一路连贯下来的,而往往是上下左右拼缀。初声在上或

在左,中声在初声之下或在右(凡ㅡㅗㅜㅛㅠ居初声下,ㅣㅏㅑㅓㅕ居初声右),终声在中声之下。例如:군[kun 君]쾌[kʻɔɛ 快],ㄱ、ㅋ是初声,ㄱ在上,ㅋ在左。ㅜ、ㅗ、ㅐ(合中声)是中声,ㅜㅗ在初声下,ㅐ在初声右。ㄴ是终声,在中声下。如遇复辅音,就将几个辅音字母并列,称为合用,声母是复辅音的称做初声合用,例如:ㅅㄷㅏ[sta 地],쯺[pskwm 隙]。前一字ㅅ、ㄷ合用,后一字ㅂ、ㅅ、ㄱ合用。韵尾是复辅音的称做终声合用。例如헑[həlk 土],ㄹ、ㄱ合用、퍖、ㅂㅅㄷㅐ[tɛlks pstɛ 酉时],前一字ㄹ,ㄱ,ㅅ合用。复合元音称做中声合用。字母的安排仍按、ㅡㅜㅗㅛㅠ在初声下,ㅣㅏㅑㅓㅕ在初声右的规则。中声合用往往两个字母接合后只代表一个音素,如ㅏ与ㅣ合用为[ɛ],ㅓ与ㅣ合用为[e],现代朝鲜语尚有ㅗ与ㅣ合为[ø],ㅜ与ㅣ合为[y]等例子。标声调的办法是字旁加点,平声无点,上声两点,去声、入声一点,点加在字的左旁。

谚文拼音属于音素缀字的范畴,对于音素分析达到了最精密的程度,比八思巴字的拼法更完善,像前面说过的,一个字母原则上只代表一个音素,并且语音系统里所有的音素都能够用字母或字母的变形表示出来,拼写时也不加省略。这说明朝鲜早在500年前,语音学、文字学的水平达到了令人瞩目的高度。在这个时候,中国的传统音韵学也达到了很高的水平,对汉语语音的分析也相当精确。音素分析的概念已经成熟。拿当时的韵图来看,就可以发现图上标注的三十六字母,就是声母的代表字,"等呼"是分析韵母的介音和主要元音所使用的术语,"转、摄、图"的划分建立在韵尾分析的基础上;等等。谚文的创制者,对中国音韵学进行了深入的研究,参考了大量的汉语音韵著作,从中吸取了语音学理论以及对字母的分析方法,具体运用到自己的文字改革上。由于谚文方案在更多的情况下是给汉字注音,因此谚文的拼音方法对于汉语的拼音化有很大的参考价值。

谚文的创制为的是"使人人易习,便于日用"。使用这种简易的音素化字母和拼音方法来记录语言确实很方便,掌握起来也并不难,比起表音表意的混合体汉字来那是容易掌握得多。并且原来用汉字记录朝鲜语言,记录得并不是很确切。加之有好些朝鲜语的音,根本无法用汉字来表达。比如朝鲜语的复辅音,就无法用相应的汉字来表达。有些朝鲜语的韵尾,原来用一个汉字来代表,如以"音"代[-m]韵尾,但是汉字是音节化的,以音节字来表音节的一部分是很容易引起混淆的。而利用音素化的谚文字母,就可以拼出朝鲜语所有的音,记录朝鲜语的所有语词,克服了使用汉字所发生的困难,解决了有音无字的问题。

谚文方案既考虑到注"文读"音,所以有些字母和变写形式是专为注"文读"用的,如ㅇ, ㆆ, ㆁ三个字母分别代表"文读"的"喻、影、疑"等母的初声,在"文读"以外的朝鲜"谚语"里与它相当的只有一类声母,所以这三个字母可以通用。△字母代表"文读"的"日"母的初声,是"谚语"里所没有的①,再如用"并书"注"文读"的全浊初声,在ㅂㄱ等字母下加ㅇ(例ㅸ)注"文读""轻唇音"的初声,也都是专为注"文读"用的,这些注音方法对我们了解当时朝鲜语的汉字读音以及注音方法提供了宝贵的资料。

《训民正音》发布后不久,参加过谚文方案制订工作的崔恒等著《东国正韵》(1447),申叔舟著《四声通考》(1449)及申叔舟等著《洪武正韵译训》(1455)。这几部书体现了用谚文对译汉语的初步方案,全面地采用《训民正音》的字母将汉语的音读进行了具体的译对,形成了对译汉语的早期译音系统。这个译音系统,声母二十三类,韵母九十一类,声调分平上去入四类。声母方面是将《洪武正韵》的三十一声类②减去一套"全浊"声母,但仍用"并书"

---

① 柳僖《谚文志》载:"往时华使来东,见少年宰相,问:'有大대人신乎?'则宰相不达신声,答云:'大대臣신有三耳'。以是至今传为笑话。"

② 《洪武正韵》原来没有标出声类,刘文锦根据《洪武正韵》的反切考订出31声类。大致可信。

译写。以ㅇ译"喻"母字,以ㆁ译"疑"母字。以ㅅㅈㅊ译汉语的"齿头音",以ᄼᅎᅔ译汉语的"正齿音"。韵母方面用的是《训民正音》的 11 个中声字母,而在发音上有所说明,如申叔舟《四声通考·凡例》说:"今《训民正音》出于本国之音,若用于汉音,则必变而通之,乃得无碍。如中声ㅏㅑㅓㅕ张口之字,则初声所发之口不变;ㅗㅛㅜㅠ缩口之字,则初声所发之舌不变。故中声为ㅑ之字则读如ㅓ、ㆍ之间,为ㅑ之字则读如ㅏ、ㆍ之间,ㅓ则ㅓ、ㅡ之间,ㅕ则ㅕ、ㅡ之间,ㅗ则ㅗ、ㆍ之间,ㅛ则ㅛ、ㆍ之间,ㅜ则ㅜ、ㅡ之间,ㅠ则ㅠ、ㅡ之间,ㆍ则ㆍ、ㅡ之间,ㅡ则ㅡ、ㆍ之间,ㅣ则ㅣ、ㆍ之间,然后庶合中国之音。"关于韵尾,将"萧肴尤"等韵字以ㅸ[w]作终声。入声除"药"韵字以ㅸ[f]作终声外,所谓"俗音"一律用ㆆ作终声,谓:"入声之所以为入声者,以其牙舌唇之全清(按指 k t p)等为终声而急促也。……今以ㄱㄷㅂ为终声,然直呼以ㄱㄷㅂ为终声,则又似所谓南音,但微用而急终之,不至太白可也……故俗音终声于诸韵用喉音全清ㆆ,药韵用唇轻全清ㅸ以别之。"这些译法和说明对于探讨当时汉语北方话语音是很重要的旁证材料。所谓"俗音"入声字用ㆆ作终声,把"文读"的入声收[p][t][k]辅音韵尾看做是南音,说明当时北方话入声字已经失去辅音韵尾。这些译对方法同时还影响朝鲜语的汉字注音。比如早期谚注的《金刚经》等书,以ㄹ为终声的入声字再加上一个ㆆ终声,如(达)(发)。但是译出的汉语语音系统,实际上跟南北杂糅的《洪武正韵》并没有多大的区别,事实上他极力维护《洪武正音》的音韵系统,所以跟当时北方话的实际语音系统有很大的距离。

正是由于这样的译对系统不能符合当时的实际读音,所以不久以后,于 1517 年,崔世珍著《四声通解》,对旧的译对系统做了许多修改,首先去掉了入声的ㆆ终声,去掉"萧肴尤"韵的ㅸ终声,将韵母改作以ㅜ、ㅗ为中声。去掉"药"韵的ㅸ终声,将韵母改作以

ㅜ,ㅠ为中声。将ㅇㆆㆁ三初声并为一类作ㅇ（ㅇ用于初声表零声母，用于终声表 ŋ 韵尾），把表"全浊"的"并书"一律改为单字母，表明"全浊"消失浊音性质。平声送气，上、去、入不送气。将ᄝ初声改为ㅇ初声，表明"微"母字失去辅音。从这些改变来看，是跟当时汉语北方话的实际情形相符合的。崔世珍是当时著名译官，据历史记载，他精通华语，往来中国燕地（北京）好几次。《翻译〈老乞大〉〈朴通事〉谚解凡例》就是他作的。《凡例》里关于翻译汉语的种种问题都做了说明，特别是关于汉语北方话的声调做了详细的解释。这些说明不光是成为用谚文译写汉语遵守的典范，而且对于研究十六世纪汉语北方话，甚至北京话也是一项重要依据。崔氏的《四声通解》、《训蒙字会》等著作，对于汉字的谚文注音和汉语译音所起的作用是很大的。

（原载《文字改革》1963 年 9 月号，这次有删改）

普通话语音探源

普通话以北京语音为标准音,这是因为北京语音在众多的官话方言语音中最有影响,最受欢迎。也是因为它在长期的发展过程中,经受住了种种考验,才取得了标准音的地位的。

从历史上考察,北京语音的渊源至少可以追溯到600多年的"中原之音"。元周德清(1277—1365)著《中原音韵》(1324)(《中原音韵》影印本,中华书局1978年第1版,分为上、中、下三册)。就是以"中原之音"为审音的标准的。《中原音韵》"为作词而设",其创作意图主要是为当时的北曲创作和演唱制定语音的规范。周氏认为:"言语一科:欲作乐府,必正言语,欲正言语,必宗中原之音。"(见《中原音韵·自序》,《中原音韵》影印本第3页)因为元朝建立以来,"五十余年,言语之间,必以中原之音为正。"(见《中原音韵·正语作词起例》,《中原音韵》影印本第60页)"混一日久,四海同音,上自缙绅讲论治道,及国语翻译,国学教授言语;下至讼庭理民,莫非中原之音。"(见《中原音韵·正语作词起例》,《中原音韵》影印本第49页)元孔齐《至正直记》也说:"北方声音端正,谓之中原雅音,今汴、洛、中山等处是也。"可见"中原之音"就是当时通行地区广大、应用范围广泛的共通语标准音。如果咱们拿《中原音韵》的韵谱作为基本材料,采用语言学的方法,就能把"中原之音"的系统复原出来。如果从语音的历史发展方面来看,咱们就很容易发现,这个语音系统跟现代北京音系统已经比较接近,而跟以《切韵》音系为代表的中古音系统反而相差得比较远。由此可以推论,现代的北京语音系统,早在600多年前就已经初步形成了。也就是说中古音发展到现代北京语音的一些重大的语音演变趋势在"中原之音"里就已经有了。比如"浊音清化"现象。"浊音清化"的规律,塞音、塞擦音平声变送气音,例"群澄船崇",仄声变不送气音,例"並定",跟同调的不送气清音合流,并浊上变去,例"部＝布","洞＝冻","尽＝进","轿＝叫"等。"舌上音"知彻澄跟"正齿音"章昌船、庄初崇合流。韵母系统大大简化,开口一、二等韵,三、四等韵各并为一个基韵。合口有时甚至一、三等韵也并为一个基韵。假摄字分为两个基韵(家麻、车遮)。曾、梗摄唇音字和合口牙喉音字开始混入通摄。平声分阴阳两调,入声失去塞而不裂的韵尾,元音延长,开始按声母的清、浊分别转(先派后变)为平、上、去三声;等等。当然还有一些跟现代的北京语音不同的,也可以从语音演变规律上得到合理的解释。

这是就《中原音韵》所反映的"中原之音"的情况来说的。但是问题并不是那么简单,咱们可以看到,跟《中原音韵》同期出现的许多其他的语音材料所反映的语音系统跟"中原之音"比较起来有很大的出入,当然,跟现代北京语音比较起来,也有很大的出入。这些语音材料所反映的语音系统,像上面提到的"浊音清化"现象,就没有任何反映。这当然不能说这些语音材料所反映的是保存古音或者是杂糅方音的结果。因为这些语音材料,或者是作者明确地提出反映的是当时的共通语标准音,例如《古今韵会举要》卷首转录的《七音三十六母通考》的小序说:"韵书始于江左,本是吴音。今以七音韵母通考韵字之序,惟以雅音求之,无不谐叶。"其前还有一行标注文字:"蒙古字韵音同。"朱宗文校订《蒙古字韵》,自序称:"《蒙古字韵》字与声合,真语言之枢机,韵学之纲领也。"(日本关西大学东西学术研究所刊《影印大英博物馆藏旧抄本〈蒙古字韵〉二卷》,1956)或者是从这些材料的应用方面说,理所当然的反映当时共通语的标准音,例如当时流行的各种汉语字母表和各种汉语跟非汉语相互对译、译写的对音规范。总而言之,就只以"浊音清化"

近代汉语音论

现象为例,反映保存浊音的材料并不是个别的、偶然的例外,而是为数众多的、普遍的现象。从前的学者早已观察到了共通语标准音的共时差异事实,进行了多方面的探讨,认为共通语标准音的这种矛盾现象,它的语音基础是两种不同的方言,一种是作为官话标准音来使用的,而另一种则是这个官话区的土话音。罗常培先生《论龙果夫〈八思巴字与古官话〉》(载《中国语文》1959年12月号),最后认为一个是读书音,一个是说话音。这种看法比较符合汉语共通语的实际情形。在古代,所谓雅音、通语、金陵洛下音、中州音,应该都算是各个时代的共通语标准音,在我国幅员广大、方言极其复杂的情况下,这种共通语及其标准音是极其需要的,但是在古代的历史条件下,也很难做到以某一地之音作为共通口语的标准音,即使可能,也不会坚持长久。但是作为书面语(教学语言)的标准音,由最有势力的大方言区中各个次方言语音的共同点折中而成是完全可能的,这种书面语的标准音逐渐向前发展,促进了共通口语标准音的形成和发展,后来两者互相影响,终归形成统一的共通语标准音,无论是口语还是书面语都是一种统一的标准音,说和读、言与文不一的时代一去不复返了。

咱们考察普通话语音的来源,可以追溯到公元十三、十四世纪时期就已经粗具规模,但是在当时读书音和口语音的语音标准还远远没有统一起来,在有些方面彼此的差别还相当大,这是咱们必须注意的。

(原载《普通话》丛刊第2期)

《〈蒙古字韵〉校本》编后记

近几年来,照那斯图同志和我通力合作,积数年之功,完成《〈蒙古字韵〉校本》一书,今已由民族出版社出版。

《蒙古字韵》是我国元代用八思巴字译写汉语的一部韵书。八思巴字用于拼写蒙古语和"译写一切文字"。在译写方面,译写汉语首当其冲。《蒙古字韵》是译写汉语的最全面的、集大成的文献资料。收有用于译写汉语的八思巴字字头818个,被译写的汉字9118个(残阙部分尚未计算在内)。八思巴字译写的汉语,形成了我国语言文字史上的第一个汉语拼音文字系统,虽然这个文字系统只存在和使用了110多年,但是它蕴藏着的关于汉语拼音化的经验教训却不可磨灭地载入文字史中。《蒙古字韵》以译写汉语集大成的丰富内容,全面而系统地反映了元代官话的读音系统,几乎当时所有的常用汉字,都可以通过拼音文字八思巴字的译音形式来了解它们的读音,虽然这种了解有时需要经过分析、比较、研究才能达到(而且了解的程度也只能是近似值),但是毕竟有了这种明显胜过别种双语对音的语音史材料,对于我们重建元代汉语的音系、探讨汉语语音史是一大帮助。《蒙古字韵》不仅是译写汉语的范本,而且对于元代蒙古语尤其是关于用八思巴字拼写蒙古语都有一定的反映,提供了宝贵的依据。刘更为朱宗文校订本《蒙古字韵》写的序里盛赞:"今朱伯颜增《蒙古字韵》,正《蒙古韵》误,亦此书之忠臣也。然事有至难,以国字写汉文,天下之所同也;今朱兄以国字写国语,其学识过人远甚,此图为后学指南也,必矣。"这个"以国字写国语"的图就是《蒙古字韵·总括变化之图》,载入《蒙古字韵》上卷4a叶,不言而喻是一项重要的元代蒙古语资料。下卷17b叶第7行的八思巴字b'o,其下注"御宝上用此字"。这字拼写的就是蒙古语,增补了八思巴字蒙古语的一个实例。其他有关八思巴字蒙古语语音系统的一些情况,也可以从这部书里得到一些信息。总之,《蒙古字韵》在民族古文字、元代汉语、元代蒙古语、蒙古文字史和汉语语音史等方面都具有重大的文献价值。它又是考古工作者鉴定、考释八思巴字文物的一种有效工具书,很有实用价值。

自从这项文献被发现以后,一直都受到八思巴字学界的高度重视。但是这项文献存世的只有元朱宗文于至大戊申(1308)校订本的一个旧写本。大约是清乾隆年间抄写的[1],版本有残阙,抄写的质量也不高,在八思巴字的书写上,字体不正和笔画差误之例触目皆是,在汉字的书写上,也有不少讹舛。如果不进行一番整理,刊谬补阙,就不能得到广泛的、充分的利用,发挥不出它应有的作用,甚至造成误解。我国著名语言学家罗常培先生就曾经打算校勘《蒙古字韵》,并同《古今韵会举要》(以下简称《韵会》)相比较,进一步作一些语言学的研究,但是由于种种原因,这一计划始终未能实现。

近年来,照那斯图同志和我在对八思巴字进一步研究的过程中,深深感到整理这项文献的必要性和重要性,于是两人商定,通力合作,共同承担这项工作,历数寒暑而成本书。

本书的编著是对《蒙古字韵》进行一次全面的整理,主要内容

---

[1] 见尾崎雄二郎《大英博物馆本〈蒙古字韵〉礼记》,《人文》第8集,第162~180页,1962年,京都大学教养部。

有下列几项：

一 校勘工作

校勘是文献整理中最重要的一环。首先是选定文献的底本，《蒙古字韵》只有唯一的旧写本，不存在确定底本的问题。其次是用于校勘或参考资料的收集和整理，收集务求完备，我们的校勘收集了与《蒙古字韵》有关的所能找到的全部资料，包括八思巴字资料（八思巴字蒙古语和汉语碑刻、文件原文、其他铭文、八思巴字《百家姓》等）、汉语音韵资料和前人有关论述。整理就是加工。a. 分清主次：直接用于校勘的为主，间接的为次。b. 选精汰劣：同样的资料选其精确的，不同样的也有优劣之分。有确定性的和非确定性的之分，比如我们利用八思巴字《百家姓》，以元至顺间建安椿庄书院刻本为主。c. 整理参考资料有时也需要校勘。

校勘的核心工作是参考大量的资料，对文献原文仔细核对，逐字逐句的审查，找出其中问题，加以刊谬补阙。刊补之处必须有文献资料可以证实，做到有根有据，切忌以意为之。校勘结果写出校勘记条目。校勘工作应不辞繁复费时，不容许有丝毫疏忽。这是衡量编著质量高低的主要标志。

二 补阙工作

《蒙古字韵》旧写本下卷30a叶以下属于十五麻韵的部分已经残阙，下卷最后一面为"回避字样"的后半部，此面未注叶码，当是b面。由此可知在这一面之前和下卷30a叶之后是阙叶。将这些阙叶补足复原是一件很困难的事情，但也不是完全没有可能。我们在八思巴字研究中,发现八思巴字资料里有不少对译元代汉语麻韵字的材料,在这方面,台湾省学者郑再发先生[①]和日本著名语言学家桥本万太郎先生[②]曾已揭示。我们还发现元代汉语韵书《韵会》与《七音三十六母通考》(以下简称《七音》)的音韵分类跟《蒙古字韵》基本一致。考证二者的关系,有互相引证之迹,这种基本一致可以得到证实。唯有二者所收汉字数量有所差异,《蒙古字韵》收字9,118个(残阙部分未计),《韵会》收字12,652个,这点需用比值来统计。我们就利用八思巴字资料,找出了《蒙古字韵》残阙部分可能有的八思巴字字头共37个,再跟《韵会》和《七音》一一核对,两相符合的共35个,有2个(',me)属于专门用于译写梵咒,所以不在此例。确定了八思巴字字头之后,再就是补出每小韵系的汉字。应补的总字数可以从《韵会》和《蒙古字韵》收字总数的比值(0.751∶1)中求得,具体字从二者的比较中参考其他韵书来确定。字头和汉字确定之后就按本书体例行款进行编排。编排的结果,恰好是麻韵部分可补五个半叶(面),"回避字样"可补1个半叶(面),按叶码顺序当是下30b、下31a、下31b、下32a、下32b、下33a等叶。原有的"回避字样"下半部当为下33b叶。这样就与阙叶的篇幅相吻合了,这样的吻合,可以表明我们的补阙大致不差。但是,我们觉得这个补阙还带有一些构拟的成分,因为确定具体的汉字时,根据《韵会》,参考其他元代韵书,是在不等的基础上做出的,难免与原文有些少差异,所以称不上真正的复原,只能供参考。再是,把专门译写梵咒的两个八思巴字字头连同所译汉字也附在韵书里(用〔〕标明)占据了两行篇幅,也是能引起可议之处。希望今后能发现新资料来加以补救。

---

① 见郑再发《八思巴字标注汉语材料校勘记》,纪念李济博士70寿辰论集,第2辑。1967年。
② 见Mantaro J. Hashimoto:hpʻags-pa Chinese,1978年。

三 转写工作

转写是民族古文字文献整理必不可少的一项工作，转写采用通用音标，使原文易于辨认，提高阅读的速度。我们的转写基本上采用拉丁字母式，加上少量别种音标符号。转写，首先是确定转写方案。由于八思巴字的性质，字母的读音不能全部定于一，有些字母的读音随着译写的对象不同而有所不同。所以我们确定转写方案，是经过两人共同协商，多次讨论，反复推敲而做成的。我们的转写方案有两条原则，一是根据本文献的体例，即本文献八思巴字的译写体例；一是适应译写汉语的需要。转写方案中，有少数字母的转写，与用于拼写蒙古语有不同的处理。我们的转写方案，还参考了前人和时贤共15家所提出的转写方案。

转写方案确定以后，就对《蒙古字韵》里所有的855个八思巴字字头全部进行转写。在具体的转写中，还发现了文献中的一些错误，及时作了处理。

（原载《民族古籍》1988年第2期）

历史上第一个汉语拼音方案

汉字不属于拼音文字之列，很难做到见字就能读出它们的音。多少年来，人们为了给汉字注音，先后创造了"譬况法"、"读若法"、"直音法"和"反切法"。这些方法虽然递相更新，但是总跳不出用汉字注汉字的圈子，不能对字音进行音素分析，用拼音的原理来标注字音。古代虽然也曾有过用别国或别民族的拼音文字来译写汉语的例子，但是仅仅限于一些人名、地名、官爵名等专有名词以及汉文《千字文》一类的个别文献。并没有形成一个全面的汉语拼音系统。

用拼音文字译写汉语所形成的全面的汉语拼音系统，从前的学者总以为始于明末耶稣会士利玛窦、金尼阁等制定的罗马字汉语拼音方案。利玛窦，1552年生于意大利，1582年来我国传教，首登澳门，后经广东肇庆、韶州、江西南昌、江苏南京，于1601年到达北京，并深入宫廷，1610年卒于北京。他来我国后，就开始用罗马字给汉字注音，以便于西洋人学习汉语汉文，后来跟他的会友们一道，制定了一套用罗马字拼写汉语的方案。著有《泰西字母》、《西字奇迹》等书，说明这套方案。金尼阁，比利时人，他在1610年继利玛窦之后来我国传教，将利氏等的罗马字汉语拼音方案进行了重新厘定，写成《西儒耳目资》一书。

其实，这是一种误解！

早在利玛窦、金尼阁之前350多年，距今720年的元世祖朝代，就有了用拼音文字拼写汉语的拼音方案，那就是八思巴字汉语拼音方案。

历史上第一个汉语拼音方案

八思巴字又称八思巴蒙古字,是元世祖忽必烈特命国师八思巴创制的一种拼音文字,于至元六年(1269)颁行全国通用。元朝是一个统一的多民族的国家,颁行时规定,八思巴字用于拼写蒙古语和译写国内各个有文字的民族语言,如汉语、藏语、维吾尔语等。此外,还包括用以转写梵文。

八思巴(1235—1280)是元代藏族大学者,喇嘛教萨迦派的第五祖。他的本名罗追坚赞,八思巴是他的尊号,系藏语"圣者"的译音。中统元年(1260),忽必烈即帝位,封八思巴为国师,让他统领天下释教。至元元年(1264),建立总制院管辖全国释教和吐蕃僧俗政务,由国师八思巴总管。

八思巴字是音素型拼音文字,用字母表示音素。共有41个原字母,在拼写各种民族语言时,可以根据不同情况和要求,对原字母表的字母进行适当的增加或减少。比如拼写汉语,"去三增四"。拼写各种语言所递增的字母总共有15个之多。八思巴字的字母,大部分仿照藏文字母,少部分依照梵文字母或仿照藏文体式来制定新字母。就41个原字母来说,有27个辅音字母来自藏文,有4个元音字母来自藏文的元音符号,有3个辅音字母来自梵文,新造辅音字母4个,新造半元音字母3个。此外,八思巴字还有两个书写符号,一个是字头符,用于字音的元音字母前;一个是连接符,用于连接同一个书写单位中的诸要素。行款自上而下竖写,从左至右转行。书体分为正体(楷书)、篆体、双钩体等。正体最常用,篆体一般用于官印和碑额,双钩体很少用,偶尔见于碑刻的左右边缘。

八思巴字是元朝颁行的国字,用于拼写蒙古语和"译写一切文字",用八思巴字拼写蒙古语,就形成了一种新的蒙古文,用八思巴译写汉文、藏文、维吾尔文以及梵文等,并没有形成各种新文字,只是一种转写或给予一种拼音方案。即原来就属于拼音文字的藏文、维吾尔文以及梵文等,用八思巴字译写时,只不过是字母形式的转换,原来不属于拼音文字的汉文,用八思巴字译写时,就等于给汉文增添了一套拼音方案。这个拼音方案,就成了历史上第一个汉语拼音方案。

八思巴字颁行了数十年之久,后来随着元朝的灭亡而被废弃,成了一种死文字。但用八思巴字译写汉语的文献文物资料,被保存下来的还很不少,其品种和数量都相当可观,计有八思巴字碑刻30块左右,刻的是八思巴字与汉字相对照的官方文书。八思巴字官印100来颗,刻的是篆体八思巴字。一部《百家姓蒙古文》,是《百家姓》的八思巴字译音本。一部《蒙古字韵》,是八思巴字与汉语对译的所根据的范本,是用韵书的体裁来编成的,包含818个八思巴字字头,9118个汉语单字。还有一些载于图书中的八思巴字诏书、宣敕的文本以及带有八思巴字的符牌、钱钞、秤权、瓷器、花押等一批文物。这些东西都是研究八思巴字汉语拼音方案的原始根据,也是研究当时政治、文化、经济、语言文字、民族关系等问题的很珍贵的史料。

(原载《普通话》1990年第1期)

八思巴字研究概述

杨耐思　照那斯图

八思巴字在大约110余年的通行过程中①,遗留下来了大量的文物和文献。迄今为止,已经发现的就有八思巴字元官厅文件或元代碑刻、印章、牌符、钱钞等文物多种,以及《萨迦格言》蒙译本残页、《蒙古字韵》、《百家姓》等文献。就所拼写的语言对象而言,有蒙古语、汉语、藏语、梵语、维吾尔语等。这些文物和文献不仅记录了当时好几个民族的语言,而且反映了当时的社会政治、经济、文化、地理、宗教、典章制度等一些情况,成为语言学、历史学、民族学、考古学、宗教学等学科的极可宝贵的资料。

八思巴字被废弃以后,明、清两代,很少有人对它进行研究,国内只有少数金石家,收集一些八思巴字文物拓本,加以摹写,以备博览。明赵崡《石墨镌华》(1618)录入了一份陕西周至"重阳万寿宫圣旨碑"八思巴字全文。但他不识八思巴字,抄录时依汉文行款自右至左,刚好与八思巴字行款相反。清《西清古鉴》也辑录了一些。近代罗振玉《历史符牌图录》、《隋唐以来官印集存》、罗福颐《东北古印》、金毓黻《东北古印钩沉》都有收辑。也有人传抄八思巴字文献,如贞节堂袁氏钞《译语》一卷②,清乾隆间(1736—1795)

---

① 从八思巴字于1269年颁行起,至现存最晚的八思巴字官印——北元"甘肃省左右司之印",署"天元五年(1382)六月日中书礼部造"为止,有110余年。

② 《译语》不见著录,作者及成书年代均未详,是杂采元朝《事林广记》中蒙古译语、蒙古字体、《书史会要》、八思巴字及各种译语而成。其中八思巴字一章前朱之见。"蒙古字体"小序称"上世大元",跟各本不同,又卷末附北元"太尉之印"。

传抄的朱宗文校订的《蒙古字韵》二卷①。这些八思巴字文物的辑录和文献的传抄,对于流传、介绍、保存八思巴字资料起了很好的作用,但它本身毕竟还不能算是研究。

在这个时期,只有朝鲜由于进行一次重大的文字改革(十五世纪中叶到十六世纪初年)②,才研究并利用了八思巴字的文献。例如《四声通考·凡例》③说:"唇轻声非敷二母之字,本韵及《蒙古韵》混而一之,且中国时(音)亦无别,今以敷归非";"入声诸韵终声,今南音伤于太白,北音流于缓弛,《蒙古韵》亦因北音,故不用终声。黄公绍《韵会》……是亦不用终声也。"

崔世珍《四声通解·凡例》(1517)说:"入声ㄹㄱㅂ三音,汉俗及《韵会》、《蒙韵》皆不用之……今俗所呼,谷与骨、质与职同音,而无ㄹㄱ之辨也。故今撰《通解》亦不加终声";"《蒙古韵略》元朝所撰也。胡元入主中国,乃以字翻汉字之音,作韵书以教国人者也。其取音作字至精且切。《四声通考》所著俗音或同《蒙韵》之音者多矣。故今撰《通解》,必参以蒙音,以证其正俗音之异同。"

朝鲜的这两部著作都是拿谚文对译汉语用的韵书。谚文也是一种拼音文字,对译汉语时有必要参考前人用拼音的符号系统拼写汉语的资料。两部韵书《凡例》的两位作者又都"通华语",并对汉文文献有很深入的研究,所以首先要参照汉语的八思巴字对音是完全合乎情理的。两书实际上在某些方面就是拿《蒙古韵》当做审音定韵的依据。《四声通考》根据《蒙古韵》非敷"混而一之",

---

① 据日本尾崎雄二郎的考证。见《大英博物馆本〈蒙古字韵〉札记》,《人文》第8集(京大教养部),第162~180页,1962年。

② 这次文字改革由李朝世宗和集贤殿的大臣们发起,制定了一种新文字——谚文,于1446年以《训民正音》的形式发布。

③ 《四声通考·凡例》,申叔舟(1417—1475)著。《洪武正韵译训》申序(1455):"且以世宗所定《四声通考》别附之头面,复著《凡例》为之指南"。郑东愈对《四声通考》为世宗所定表示怀疑,参所著《昼永编》。

就把敷并入非,拼写汉语入声字不用"终声"①,也是根据《蒙古韵》的八思巴字拼写来的。《四声通解》是据《四声通考》增补改编的,也承袭《蒙古韵》入声不用"终声"的办法,并指出《蒙古韵》代表"俗音"(指当时汉语共同语的说话音),把它用来作为书里记录的"俗音"的依据。由此可见,两书作者对八思巴字的研究有较深的造诣。

西方人对八思巴字的注意始于 19 世纪 30 年代,是西方致力于东方古代语言文字研究的一个组成部分。最先是德国人贾柏莲(H. C. von der Gabelentz)从赵崡《石墨镌华》摘录出"重阳万寿宫碑"的八思巴字,加以复制,公之于世,题为《一个古代蒙古碑文的研究》②。贾柏莲从赵崡《石墨镌华》录出八思巴字时,依照了赵崡原摹的行款,并用德文转写该碑刻和作了一些注释。贾氏的转写和注释有些错误,后来他自己又作了一些补正③。

1855 年,在上海发现一个八思巴字碑刻,有人把它的拓本寄往伦敦,缩影后发表在《皇家亚洲学会中国部事务汇报》(Transactions of the China Branch of the Royal Asiatic Society;Part5,1855)上,这是八思巴字拓本第一次传入欧洲,也是欧洲人第一次看到八思巴字的真迹。

1857 年,涅兹切(M. Netscher)在爪哇泗水发现了镌有八思巴字的蒙古钱币,朴节(G. Pauthier)作了报道和研究④。1862 年朴节

---

① 即一般所说的收声。在元朝的时候,汉语共同语的入声的收声 -p,-t,-k 已经失去,八思巴字对音反映了这种现象。所以申氏据以审定谚文拼音。

② 载《东方艺术杂志》,第 2 卷,第 1 期,第 1—21 页,插图 3 个,1839 年。

③ 《古代蒙古文碑刻注释补》,载《东方艺术杂志》,第 3 卷,第 225~227 页,1840 年。

④ 《关于泗水发现的两个铜币的报告》,载《亚洲学报》第 5 卷,第 15 期,第 321~337 页,另插图 3,1860 年。本文介绍这两个钱币镌有八思巴字和阿拉伯文,经他考释八思巴字为"大元通宝"。

近代汉语音论

更进一步探讨了汉语的八思巴字铭文的问题①。他研究了汉文文献里八思巴字正字法后,首先把《元史》里的"八思巴传"以及《书史会要》里有关八思巴字的章节翻译成法文,然后通过藏文、梵文、蒙古文字母的对照,构拟出每一个八思巴字字母的音值。他关于入声韵尾的消失的解释,跟西方学者关于近代汉语语音的早期的论述十分相似。

维利(A. Wylie)对居庸关六体文字石刻的报导,在西方引起了更大的反响。他转写了东壁梵文石刻,又复制了六体文字(梵文、藏文、八思巴字、畏兀文、西夏文、汉文)石刻拓本②。到1894年和1895年,沙畹(E. Chavannes)等人释读居庸关汉文、藏文、畏兀文、八思巴字石刻的著作陆续发表了③。1895年,波拿巴(Prince Roland Bonaparte)汇刊了居庸关石刻影图版④和贾柏连、维利从汉籍中摘出复制过的"重阳万寿宫圣旨碑"及其他一些八思巴字资料。德热利(G. Deréria)也提供过不少居庸关石刻的复制品,并对其中一些石刻做了解读⑤。沙畹在对八思巴字资料进行研究的基础上,补充刊布了一些八思巴字碑刻和钱币铭文的影图版⑥。再往

---

① 《八思巴蒙古字字母表》,载《亚洲学报》,第5卷,第19期第5~47页,另插图4,1862年。

② 《中国北方居庸关古代佛经石刻》,载《英国皇家亚洲学会杂志》第5卷,第1期,14~44页,1870年。

③ 《居庸关石刻初探》:沙畹"第一部分,汉文和蒙古文石刻",载《亚洲学报》第9卷,第4期,第354~368页,1894年;列维(S. Lévi)"第二部分,藏文石刻",同上,第369~373页;拉德洛夫(w. Radloff)"第三部分,畏兀文石刻",同上第546~550页;胡斯(G. Huth)"第四部分,蒙古文石刻",同上,第9卷,第5期,第351~360页,1895年。

④ 《十三—十四世纪蒙古时期的文献》,1895年版,巴黎,二卷+5页,另插图15个。

⑤ 《蒙汉文字简论》,载《亚洲学报》第9卷,第7期、8期,第94~128页,第395~443页,1896年。同上第9卷,第9期,第183~184页,1897年。

⑥ 《蒙古时期的中国内阁文件和碑刻》,载《通报》,第5卷,第357~447页,1904年。《续集》,同上,第6卷,第1~42页,1905年。《再续集》,同上,第9卷,第297~428页,另图版30个,1908年。

后,柯劳孙(G. L. M. Clauson)和约瑟特克(S. Yoshitake)①、伯希和(P. Pelliot)②也对八思巴字进行过研究,写出了专论。

除了碑刻和钱币铭文以外,还有一些镌有八思巴字的牌符和印章陆续被发现。例如在西伯利亚托木斯克附近出土的一种圆牌,上有八思巴字五行(拼写蒙古语);西伯利亚米奴新斯克出土的上下呈圆形的长银牌,两面都镌有八思巴字(拼写蒙古语)③。(近年在国内也发现了不少这种八思巴字蒙古语圆牌)。也有不少人发现、刊布和考释八思巴字印章,其中大多数是西藏地方用八思巴字转写藏文的印章。

在俄国,包泽聂叶夫(А. Поэднеев)可说是早期研究八思巴字有成绩的学者之一。他的《蒙古文学史讲义》讨论了八思巴字问题并且第一次刊布了八思巴字文献《百家姓蒙古文》④。伊凤阁(А. Иванов)最先在1909年的ZVO(第169~177页)里转写了一个八思巴字碑刻,可惜他的研究太没有方法,以致不能有科学价值⑤。

在日本,寺本婉雅发表了《帕克巴喇嘛的新蒙古文字》⑥,鸳渊一发表了《用八思巴字转写的中原音韵中的汉字音》⑦,在八思巴

---

① 《藏文ᠨ和ᠩ的音值跟八思巴字字母里的相当字》,载《英国皇家亚洲学会杂志》,第843~862页,1929年。

② 《古代蒙古时期使用的文字系统》,载《大亚细亚》,第2卷第2期,第284~289页,1925年。

③ 早先一直被认为是西夏文,经班扎洛夫(D. Banzarov)考证,定为八思巴字。

④ 1897年出版,《百家姓蒙古文》影图见该书第二卷,第30~43页,该资料是据唐顺之(稗编)所收本。

⑤ 转引自龙果夫《八思巴字和古官话》,苏联科学院通报人文科学部分,第628页附注,1930年。

⑥ 见《佛教文学》第1卷,第11期,第917~934页,1912年;同上第2卷,第2期,第108~127页,1912年。

⑦ 小川博士还历纪念,《史学地理学论丛》,第601~641页,1930年。

字研究方面有所贡献。

总之,自十九世纪三十年代末到本世纪二十年代末这段时期内,八思巴字的研究处在早期阶段。研究工作的主要特点是收集、整理八思巴字资料,制成图版,公之于世,或对这些资料进行考释和解读。这个时期得到的八思巴字资料,主要是碑刻以及一些镌有少量八思巴字的文物,就其所包含的八思巴字数量而言,还只是整个八思巴字材料中的一小部分。材料既然很少,研究工作也就谈不上全面和系统,往往局限于考证个别字母的读音和钻研一些枝节问题,同时研究方法也存在一些问题,因此,总的来说,水平是不高的。

自从苏联龙果夫(А. А. Драгунов)发表了《八思巴字和古官话》①,利用八思巴字碑刻的 703 个对音,研究了元代官话的语音系统,才算把八思巴字与汉语音韵史的研究联系起来,把八思巴字的研究推向了一个新的阶段。

龙氏的著作引起了学术界的重视。我国语言学家罗常培先生于 1938 年校订了此书的汉译本②,并在它的前面写了一篇长序,补叙八思巴字源流,详细介绍龙氏所构拟的元代汉语的音系。1939 年罗先生在昆明得到陈寅恪先生赠给的大英博物馆藏《蒙古字韵》旧写本的照片(这份照片是于道泉先生摄制的,由向觉民先生赠给陈寅恪先生),又写了一篇《蒙古字韵跋》③。后来又利用北京大学文科研究所收藏的艺风堂拓片中的八思巴字碑拓和北京大学图书馆收藏的元刊《事林广记·百家姓蒙古文》,与蔡美彪同志

---

① 转引自龙果夫《八思巴字和古官话》,苏联科学院通报人文科学部分,第 628 页附注,1930 年。

② 即唐虞译、罗常培校订的龙果夫《八思巴字与古汉语》,科学出版社,1959 年 11 月第 1 版,共 48 页。

③ 北京图书馆《图书季刊》新第 1 卷,第 3 期,1939 年,昆明。

合作,进一步收集八思巴字资料,继续开展研究,即在1938年旧稿的基础上,分析新的资料,说明八思巴字的创制和推行情况。罗先生原来计划通过校订《蒙古字韵》一书,同《古今韵会举要》、《中原音韵》等韵书作对比,求出八思巴字对音所代表的汉语语音系统,对龙氏所得出的结论有所补充和修订。可惜这项计划未能实现,不幸罗先生因病逝世。1959年仅出版了罗常培、蔡美彪《八思巴字与元代汉语〔资料汇编〕》①(以下简称《汇编》);关于八思巴字写汉语的音韵问题,只有一个初稿,《中国语文》杂志社为纪念罗先生逝世一周年,由陆志韦先生校订后发表了②。

《汇编》收集的八思巴字写汉语的资料非常丰富,有碑刻图版27个,钱钞拓本图版2个,铜权拓本图版1个,还有元顺帝至元六年(1340)郑氏积诚堂刊本《事林广记·蒙古字百家姓》影印本,日本元禄十二年(1699)刊本《事林广记·蒙古字百家姓》影抄影印本,写本《蒙古字韵》影抄影印本;等等。此外,《汇编》中还对这些资料作了全面的说明和一些考释,这是迄今最为完备的一个拼写汉语的八思巴字资料汇编。罗先生关于八思巴字音韵问题的初稿,也是继龙果夫之后,从语言学上探讨八思巴字的一个良好的范例,有很重要的参考价值。

还有,我国的历史学家韩儒林教授对某些八思巴字碑刻、钱币铭文也作过考释③。

在国外,差不多跟龙果夫同一个时期,波普(H. H. Поппе)教

---

① 科学出版社,1959年11月第1版,图版33个。
② 罗常培遗著《论龙果夫的〈八思巴字和古官话〉》,载《中国语文》,1959年12月号,第575~581页。
③ 《成都蒙文圣旨碑考释》,中国文化研究所集刊,第2卷,第2期,第137~149页,1941年。《八思巴字大元通宝跋》,中国文化研究所汇刊,第3号,第361~364页,1943年。

授也发表了一部很有价值的专著①。他利用当时所见八思巴字拼写蒙古语的资料提出了八思巴字字母表,解释了八思巴字拼写法,描写了元代蒙古语的语音系统和语法形式,整理了词表,而且对资料所涉及的有关问题作了详细的考证和论述。波普的这本书是八思巴字研究的代表作,对八思巴字本身的体系,第一次作了较全面、系统的说明,对于人们学习、了解、研究八思巴字提供了一部完整的参考书。如果说当时在拼写汉语资料方面八思巴字研究水平的代表是龙果夫,那么在拼写蒙古语资料方面八思巴字研究水平的代表则是波普,他们共同为以后的八思巴字研究打下了良好的基础。在此时,莱维茨基(M. Lewicki)几乎把所有被发现的八思巴字蒙古语资料整理一过②。服部四郎通过蒙古语的汉字注音研究了《蒙古秘史》的蒙古语③。他介绍和分析了八思巴字的重要文献——旧写本《蒙古字韵》,他认为《蒙古字韵》所代表的语音系统,是反映宋朝国都迁至临安时所带来的汴京方音。跟《蒙古字韵》几乎同时的《中原音韵》所代表的是北方话语音系统,即是现代普通话的源头。关于十三、十四世纪汉语语音问题,龙果夫认为,当时的官话语音系统不是纯一的,可以分为甲、乙两派,甲派是官方的,乙派是近代的土话。八思巴字所记录的属于甲派,在有些地方被当做标准官话,可是这些地方的口语是属于乙派的④。罗常培先生对龙氏的看法"相当地赞成",并进一步明确指出,"一个

---

① 《方体字(蒙古文字史1)》,苏联科学院东方学研究所,1941年。后译成日文,日文本未收八思巴字资料图版和转写部分。1957年由克鲁格(J. Krueger)译成英文,名《八思巴字蒙古语碑刻》,《哥丁根亚洲研究》第8种,威斯巴登,1957年。英译本加进了八思巴字资料,计13个八思巴字蒙古语碑刻图版和其他一些资料的图版,还增加了一些内容。
② 《八思巴字文献》,东方丛书第12册,1937年,共72页。
③ 《元朝秘史中蒙古语的汉字标音研究》,东京龙文书局,共4+146页,1946年。
④ 见汉译本《八思巴字与古汉语》,第23~24页。

是读书音,一个是说话音。"①服部氏认为甲派读音是临安的汴京方音,还有待进一步的证实。

匈牙利李盖悌(L. Ligeti)院士在八思巴字的研究方面有不少创获。他开始把汉语的八思巴字对音和对蒙古语的汉字注音二者结合起来研究,是对龙果夫、鸳渊一、莱维茨基的一个发展。李盖悌的第一部著作是用匈牙利文写的②,没有公开发表。后来他写了《八思巴字〈百家姓〉》,刊布了石田干之助寄赠的日本藏元刊《事林广记·百家姓》的照片,并对这部文献从语言学的观点作了精细的分析研究。③。他又发表了《关于八思巴字的三点意见》④和《蒙古八思巴字〈萨迦格言〉残片》⑤等重要论文。前者探讨了八思巴字拼写法中的疑难问题。后者是迄今为止就全部《萨迦格言》蒙译本八思巴字版残片资料,从语言学、版本学等多方面所作的最详尽的研究著述。李盖悌院士一直重视八思巴字资料的汇集工作。在他所编《蒙古碑铭集》第三集中以拉丁转写形式刊布了已经问世的全部的八思巴字的蒙古语文件⑥。

霍普(Earl R. Hope)关于八思巴字的研究,主要是讨论高本汉构拟的中古音"影"母作喉塞音[ʔ]的问题⑦。他假设"影"母不存在喉塞音,跟"喻"母一样都是元音起头的,"影"和"喻"的区分是声调的不同,并进而论述了八思巴字对音的 k, t, p……和 g, d, b……

---

① 罗常培遗著《论龙果夫的〈八思巴字和古官话〉》,载《中国语文》,1959 年 12 月号,第 575~581 页。

② 《八思巴字文献》,载《庆祝麦利希·琼斯七十寿辰论文集》,布达佩斯,第 222~237 页,1942 年。

③ 载《匈牙利科学院东方学报》,第 6 卷,第 1~3 分册,第 1~52 页,1956 年。

④ 载《匈牙利科学院东方学报》,第 13 卷,第 1~2 分册,第 201~237 页,1961 年。

⑤ 载《匈牙利科学院东方学报》,第 17 卷,第 3 分册,第 239~292 页,1964 年。

⑥ 《蒙古碑铭集》Ⅲ(八思巴碑铭,汉字对译官厅文件),布达佩斯,1972 年。

⑦ 见《高本汉的古汉语的喉塞音声母——八思巴字母表的特殊用法及其在语言心理学上的特征》,渥太华,共 12+89 页,1953 年。

的交替现象也是声调不同的关系。他的这个论点似乎还缺乏有力的论据。霍普还论述了其他一些后起的文字,如朝鲜谚文、转写藏文的印章体及满文的某种变体等受八思巴字影响的问题。

柯劳孙①和邓临尔(Pall B. Denlinger)②对于写汉语的八思巴字字母的音值问题作了一些考订,提出了自己的看法。蒲立本(Edwin G. Pulleyblank)也就这个问题发表过意见③。

本世纪五十年代以来,八思巴字研究的一个重要方面即资料的收集、整理有了很大的发展。主要是八思巴字《百家姓》和《蒙古字韵》的刊布。在以前,八思巴字资料仅限于碑刻、印章、钱币、牌符等文物上的铭文,至于文献,除了本世纪初发现的八思巴字写蒙古语的《萨迦格言》残页外④,其余的都湮没不彰,包泽聂叶夫刊布的八思巴字《百家姓》,也由于版本不佳,错谬甚多,没能得到很好的利用。50年代,李盖悌刊布了一个较好的《百家姓》版本,罗常培、蔡美彪刊布了两个较好的版本。还有一个较好的版本,照那斯图已经进行了整理,不久就会刊布出来。

《蒙古字韵》,现存只有一个旧写本,藏英国博物馆,1956年由壶井义正编辑,在日本刊布了它的影印本⑤。1959年罗常培、蔡美彪刊布了它的影抄影印本。

《蒙古字韵》是一部蒙古字汉语对音的韵书,按汉语的音韵系

---

① 《八思巴字字母表》,载《伦敦大学东方和非洲研究学院通报》,第12卷,第300~323页,1959年。
② 《汉语的八思巴字对音》,《华裔学志》第22卷,第2分册,第407~433页,1963年。
③ 《译写汉语的八思巴字字母表概说》,W. B. 亨宁纪念文集,伦敦,1970年。
④ 这部文献残页是1906—1908年在吐鲁番出土的,兰司铁作了报道。后来兰氏的学生阿尔托考证为《萨迦格言》的八思巴字蒙古语译本的残页,对原文进行了解读,又补叙了八思巴字蒙古语文献资料概况。
⑤ 即日本关西大学东西学术研究所刊行的影印大英博物馆藏旧抄本《蒙古字韵》二卷,1956年。

统编制,上冠八思巴字,下列所对汉字,共收八思巴字约856个(包括补缺37个),收汉字约9,420个(包括补缺302个),书里还载有"蒙古字韵总括变化之图"、"校正字样"、"字母"、"篆字母"等内容,可算是用八思巴字对译汉语的最为全面而系统的资料。

对于《蒙古字韵》这部重要文献,八思巴字学界从该书被发现以来,一直都十分重视,进行了许多研究。除刊布前,服部四郎、罗常培、蔡美彪①已有评论外;刊布后,日本尾崎雄二郎依据书里的避讳字,考证出这个写本的抄写年代,并对《蒙古字韵·序》作了解说。他承前人服部四郎和赵荫棠的看法,认为《蒙古字韵》里已显示出汉语见系字已经腭化②。庆谷寿信论述了《蒙古字韵》入声字的韵尾-k、-t、-p消失的历程③。中野美代子也对《蒙古字韵》作了研究④,她的一些观点后来有些修正。我国台湾省语言学者郑再发先生详细地评介了《蒙古字韵》和跟八思巴字有关的韵书以及其他八思巴字资料,在拼写法方面有较深的研究⑤,并对资料进行了校勘⑥。日本神田喜一郎著《东洋学文献丛说》(1969年3月东京二玄社)第73~109页"八思巴文字的新资料"涉及了《蒙古字韵》的内容并校勘了某些误字。桥本万太郎就《蒙古字韵》的来

---

① 罗常培《蒙古字韵跋》(1939),蔡美彪《关于蒙古字韵》(1951),均收入他们的《八思巴字与元代汉语》,1959年,第83~91页。

② 据日本尾崎雄二郎的考证。见《大英博物馆本〈蒙古字韵〉札记》,《人文》第8集(京大教养部),第162~180页,1962年。

③ 庆谷寿信《入声韵尾消失过程的一个假设——研究蒙古字韵所得》,名古屋大学《文学部研究论集》,第37号,第1~37页,1965年。

④ 中野美代子《蒙古字韵的研究——音韵史的考察》,北海道大学《外国语外国文学研究》,第11期,第15~37页,1964年。

⑤ 郑再发《〈蒙古字韵〉跟跟八思巴字有关的韵书》,台湾大学文史丛刊,第15种,共4+110页,+插图1+5页,1965年。

⑥ 郑再发《八思巴字标注汉语材料校勘记》,祝贺李济博士七十寿辰论集,第二辑,第933~1003页,另6个图版,1967年。

源、体例、转写和此书的价值等问题做了详细的评介①。花登正宏撰《〈蒙古字韵〉札记》②一文讨论了《蒙古字韵》的一个"校"字译作 ts-，认为是见系开口二等字腭化的反映。

我们承罗常培先生遗意，校勘了《蒙古字韵》里的误字，并据《古今韵会举要》等韵书以及其他对译汉语的八思巴字资料，把《蒙古字韵》残缺部分进行了补正，还用拉丁字母符号转写了八思巴字字头，写成《蒙古字韵校本》，拟刊印出来，以飨同好。

当代从语言学方面研究译写汉语的八思巴字的学者中，要数中野美代子和桥本万太郎两氏的工作为最全面。中野 1971 年出版的《八思巴字和〈蒙古字韵〉音韵研究》③，利用了迄今已经刊布的全部八思巴字资料和前人研究的成果，对八思巴字译写的汉语进行了比较细致的探讨，对于八思巴字反映的近代汉语语音系统的许多问题，都作了一些说明和提出了自己的看法。这部著作的内容相当丰富，但是关于近代汉语语音的考订和构拟，还只是提出了一个初步的设想，有一些看法还需要进一步讨论。桥本 1971 年发表了《梗摄字的八思巴字对音》④，利用八思巴字对译汉语的大量材料，采用语言学的方法，对近代汉语"梗"摄字的读音进行了深入细致的考订和构拟，揭示了由中古汉语到近代汉语的某些语音演变现象，归纳出一些重要的音变规律，发前人之所未发。后来他又发表了《近代汉语的八思巴字对音》第一部分和

---

① 桥本万太郎《大英博物馆藏旧钞本〈蒙古字韵〉杂记》，东京外国语大学《亚非言语文化研究所通讯》第 14 号，第 1~4 页，1971 年。

② 花登正宏《蒙古字韵札记》，《中国语学》，第 226 期，第 13~16 页，1979 年 11 月 15 日出版。

③ 本书由亚洲研究学会和澳大利亚国立大学联合出版，共 5+172 页，堪培拉，1971 年。

④ 载东京外国语大学亚非言语文化研究所《亚非言语文化研究》第 4 号，第 1~38 页，1971 年 11 月。

第二部分①,充分地利用八思巴字资料来探讨近代汉语语音系统的全貌。第一、第二部分的主要内容是关于八思巴字材料的整理,并按汉语音韵学的原则列出音韵表。第一部分按古音系统(《广韵》标目)列出全部汉语的八思巴字对音总表(包括《蒙古字韵》、《百家姓》和八思巴字写汉语的碑刻等)及《百家姓》、碑刻和其他材料的对音表。第二部分列出《蒙古字韵》对音表,是按《蒙古字韵》的音序编排的,而标注出例字所属的《广韵》韵目。八思巴字对音全部用罗马字母转写。桥本的这部著作所利用的八思巴字资料虽然有些不全,在音韵的分析和转写方法上不无可商榷之处,但却是头一次把全部八思巴字对音按音韵学的原则整理出来,对于进一步探讨近代汉语语音问题有很重要的参考价值。

从本世纪30年代初到现在的半个世纪内,八思巴字学随着资料的不断发现已有了很大的发展。这大致包括两方面的内容,一是对资料收集、整理、转写、翻译、校勘、刊布等,一是对资料所涉及的有关学科专门问题的研究,如语言学方面的分析,历史学方面的考证等。这两个方面都取得了不少成绩,其中关于写汉语的八思巴字的研究,并进而对近代汉语音韵问题的探讨,进展比较快;而在写蒙古语的八思巴字研究和探讨古代蒙古语的问题方面,则没有多少进展,一般来说,仍然停留在波普的水平上。

从以上的介绍可以看出,八思巴字的研究过去主要是在国外进行的,国内只有罗常培等几位先生偶尔搜集一些资料,作一些研究工作。解放以后,情况有些变化,随着我国各项事业的发展,八思巴字的研究也逐渐开展起来,并且陆续发表了一些成果。新中国成立初期,蔡美彪发表了《北京大学文科研究所所藏八思巴字碑拓序目》(北京大学《国学季刊》第七卷,第三号),1959年罗常培先生与蔡美

---

① 第1部分,载《亚非言语文化研究》第9号,第41~112页,1974年11月;第2部分,同上,第10号,第165~182页,1975年11月。

彪合编出版了《八思巴字与元代汉语〔资料汇编〕》。这本书对八思巴字的深入研究提供了丰富的资料,对整个八思巴字研究的发展起了促进作用。七十年代国外出版的有关八思巴字研究的新著述,有许多就是在罗、蔡公布的资料基础上进行的。1959年《中国语文》发表的罗常培先生遗著《论龙果夫的〈八思巴字和古官话〉》,推荐龙果夫的研究成果,对龙果夫所构拟的古官话音系,进行了全面、深入的评述,并提出了补充、修订龙氏的结论的许多精辟的意见。杨耐思的《八思巴字对音——读龙果夫〈八思巴字与古官话〉后》,也对龙果夫的研究作了一些评论,并介绍了罗常培先生关于八思巴字研究的成绩和意义。1963年亦邻真同志的文章《读1276年龙门禹王庙八思巴字令旨碑》(见《内蒙古大学学报》社会科学版1963年第一期),是我国在解放后涉及八思巴字写蒙古语资料的第一篇著述。作者就尼古拉·波普的转写符号体系和对该碑文的译注作了评论,重新译写了该碑文的全文,说明了八思巴字拼写法的若干规则,全面分析了语言现象,并详细考证了文献内容。近几年来,照那斯图比较有计划地搜集整理校勘了一些八思巴字资料,发表了《八思巴字篆书官印辑存》(《文物资料丛刊》1,文物出版社,1977年,北京),对收集的95件八思巴字官印(其中有些是新发现的并头一次公布)进行了考释。即将发表的《八思巴字百家姓校勘》,对迄今发现的几个较好版本的《百家姓》进行了校勘和说明,并刊布一个新的《百家姓》版本,即元至顺间椿庄书院刻本《事林广记·百家姓》。与此同时,照那斯图还作了一些专题研究,发表了《论八思巴字》(《民族语文》1980年第1期,第37~43页),就八思巴字本身体系中的主要问题进行了论述,提出了一些新的看法。例如关于八思巴字的性质,八思巴字字母表,八思巴字拼写法等的看法,都跟过去流行的观点很不同。他最近发表的《八思巴字篆体字母研究》(《中国语文》1980年第4期)是关于八思巴字篆体研究的头一篇论述,探讨了八思巴字篆体字母的书写原则和结构特点,以供有关人员释读八思巴字篆体字母时参考。郝苏民《对西藏元代八思巴字蒙古语圆牌的释读兼论其意义》(《西北民族学院学报》,1979年第1期),蔡美彪《元代圆牌两种之考释》(《历史研究》,1980年第4期)对国内出土的一个八思巴字圆牌的铭文重新作了译释,订正了国外学者译释上的纰谬。昂奇《关于八思巴字母ㄗ及其有关问题》(《蒙古语畜文学》[蒙文版],1980年第1期)探讨了八思巴字正字法和元代蒙古语语音的一些问题。照那斯图《关于〈萨迦格言〉最早的蒙译本及其回鹘式蒙古文和八思巴字版本》(《蒙古语言文学》[蒙文版],1980年第1期),就《萨迦格言》蒙译本八思巴字版残片的发现以及国外研究情况等作了评述。

八思巴字是我国的一种古文字,尽管一些资料流散于国外,但在我国国内现在保存的资料还是很丰富的,有一些资料尚未被利用。八思巴字的研究包含广泛的课题,从目前国内外研究情况来说,以往所做的工作和达到的水平,无论从广度或深度来说,都还远远不够,需要我们今后做出更大的努力,从而取得更多的成就。

(原载《民族语文》1981年第1期)

释"务头"

杨耐思　蓝立蓂

周德清(1277—1365)《中原音韵·正语作词起例》有一章专论"作词十法","十法"的第七法标题"务头",周氏说:"要知某调某句某字是务头,可施俊语于其上。后注于定格各调内。"①"务头"是什么?周氏并没有注明,"注于定格各调内"的话,也只是指出了"务头"在各支曲子中的所在位置以及有关的声律问题。

《中原音韵》问世以后,几百年来,不少戏曲理论家、语言学者对"务头"进行了多次解说,但众说纷纭,莫衷一是。

杨慎以为"务头"系"部头"之误②,黄虪谓"务头乃词中顿歇之处"③,谢章铤《赌棋山庄集》认为"字头即务头"④,杨恩寿《词余丛话》说"入声派入三声,即中原韵务头也"⑤。以上几家的说法,显然出于误解。部头是教坊乐官名。字头是字音的声母部分。入派三声,曲中顿歇之处,都是各不相同的东西,跟周氏所说的"务头"也没有一个是相吻合的。关于这个问题,前人已有驳难⑥。

王骥德《曲律》:"务头系是调中最紧要句字。凡曲遇揭起其

---

① 见讷庵本《中原音韵》,《中原音韵》影印本,中册,第83页,中华书局,1978年。
② 方以智《通雅》卷十九,第16页(光绪庚辰桐城方氏重刊本):"教坊有部头,有色长。升庵曰:'周德清误呼部头为务头,可笑也。'"
③ 见谢章铤《赌棋山庄集》词话七,第1页(光绪十年刊本)所引。
④ 见《赌棋山庄集》词话七,第2页。
⑤ 见《词余丛话》卷一,第11页,《重订曲苑》本。
⑥ 参看任讷《作词十法疏证》七,第25~28页。《散曲丛刊》,中华书局聚珍本,1931年。

释"务头"

音。而宛转其调,如俗之所谓做腔处。每调或一句,或二三句,每句或一字,或二三字,即是务头。"①李渔《闲情偶寄》:"凡一曲中,最易动听之处,是为务头。"②李渔又说:"曲中有务头,犹棋中有眼,有此则活,无此则死。"③刘熙载《艺概》:"辨小令之当行与否,尤在辨其务头。盖腔之高低,节之迟速,此为关锁。"④任二北先生总结前人所论,进一步概括为:"务头为曲中声文并美之处。"⑤以上各家认为"务头"是曲子中的"最紧要句字",是"最易动听之处",是"关锁",比喻为"棋眼",总括为"声文并美之处"。说明了北曲中的这个专门术语"务头",指的是曲子中一个最精彩的唱段,并揭示了这个唱段的字音和唱腔的一些外部特征和它的艺术效果。《水浒传》第五十一回描写白秀英在郓城县开勾栏卖唱的一个场面⑥,说是白秀英正唱到"务头",她父亲白玉乔忙止住,按喝道:"'虽无买马博金艺,要动聪明鉴事人'。看官喝采是过去了,我儿且回一回,下来便是衬交鼓儿的院本。"于是白秀英便托着盘子,走向观众讨赏钱。这里说的唱到"务头",有观众喝采,白氏父女借此卖关子,似乎是上述各家解说的一个来源。

至于"务头"的内部构造和它的本质,前人也有所论及。例如方以智《通雅》说:"其发声当用阴阳字之类。"⑦李渔总结周氏"注

---

① 见王骥德《曲律》卷二"论务头第九",《重订曲苑》本,第12页。
② 转引自《作词十法疏证》第23页。
③ 见李渔《笠翁剧论》卷上填词部音律第三,中华书局聚珍本,第35页。
④ 见刘熙载《艺概》卷四,第20页,《古桐书屋六种》,乙丑四月岭南重刊本。
⑤ 参看任讷《作词十法疏证》七,第25~28页。《散曲丛刊》,中华书局聚珍本,1931年,第32页。
⑥ 第601页,人民文学出版社,1973年。又,白秀英演唱的是《豫章城双渐赶苏卿》,王国维以为是院本(见《王国维戏曲论文集》第116页),冯沅君认为是诸宫调(见冯沅君《古剧说汇》,第164页),从苏小卿故事来源,及见于《董西厢》断送引辞,元人曲作的情况看,似当以冯说为是。
⑦ 见《通雅》卷十九,第16页。

于定格各调"的话时说："言某曲中第几句是务头,其间阴阳不可混用,去上、上去等字不可混施。"①近代戏曲家吴梅说："务头者,曲中平上去三音联串之处也。如七字句,则第三、第四、第五之三字,不可用同一之音。大抵阳去与阴上相连,阴上与阳平相连,或阴去与阳上相连,阳上与阴平相连亦可。每一曲中,必须有三音相连之一二语,或二音……相连之一二语,此即为务头处。"②并举出周书"定格"四十首曲调中的例子加以证明。以上各家指出"务头"中关于阴、阳、上、去字的用法,的确是触及了"务头"的本质问题。"务头"这个唱段,之所以动听,达到了很高的艺术效果,就是因为它的内部构造,各要素——字音、唱腔、节奏——的相互配合,达到了尽善尽美的境地,充分体现了音律和节奏的和谐,即它的音乐美。而字音的阴、阳、上、去和"入派三声"是构成音律的重要要素。吴梅并指出"务头"三字相连,字调有别这一点,可以说,已经抓住了"务头"内部构造的关键问题。不过吴氏不了解北曲字调的分类情形,在上、去二声里面,又硬析出阴、阳两类,这可能是从吴方言或南曲的字调揣摩出来的。在北曲里,周德清在《中原音韵》里已经明确指出："字别阴、阳者,阴、阳字平声有之,上、去俱无,上、去各止一声。"③在当时的实际语言里就是如此。

汉语属于声调语言,汉语的声调以字音的高低升降为其特征。汉语的诗歌词曲利用字调的分类和特征来构成音律、节奏的和谐,声音的回环,形成完美的格律。也就是说,字调是诗歌词曲格律的重要构成要素。戏曲唱念最讲究字正腔圆,所谓字正,最重要的一环是字音合乎格律,字调跟唱腔配合恰当,才能达到高度的音乐美。所以,要了解"务头"的本质属性,就不能不从字调入手。也

---

① 见李渔《笠翁剧论》卷上填词部音律第三,中华书局聚珍本,第26页。
② 见吴梅《顾曲麈谈》卷上,商务印书馆,第97~98页。
③ 见《中原音韵·自序》,《中原音韵》影印本,上册。

释"务头"

就是说,弄清了"务头"的字调配置规律和字调调值的特征,弄清了字调跟唱腔的配合关系,才能认识"务头"的庐山真面目。

现在把周德清《中原音韵》"定格"四十首曲调中注明"务头在上"、"是务头"的平仄句式列成下表。凡注明"务头"的字下加圆点,"上声起音"的加空三角△,括弧( )内的表衬字,例句后平仄格式标明阴阳上去调别,"入派三声"的入声字加方括弧〔〕。其前的阿拉伯数码表示该句在该曲中的句次。q、z、h 分别表示该句在由两支或三支小曲组成的曲子中属前曲、中曲和后曲。m 表末句,其后括弧内的数码系指该句的字数。

仙吕〔寄生草〕饮 (范康)
　　麹埋万丈虹霓志　5〔上〕阳去去阳阳去(7)
　　(但)知音尽说陶潜是　7 m 阴阴去〔上〕阳阳去(7)
〔醉中天〕佳人脸上黑痣 (白朴)
　　美脸风流杀　4 上上阴阳去(5)
　　(洒松烟)点破桃腮　7 m 上去阳阴(4)
〔醉扶归〕秃指甲 (关汉卿)
　　揉痒天生钝　4 阳上阴阴去(5)
　　索把拳头揾　6 m〔上〕上阳阳去(5)
〔金盏儿〕岳阳楼 (马致远)
　　黄鹤送酒仙人唱　3 阳〔阳〕去上阴阳去(7)
中吕〔迎仙客〕登楼 (郑德辉)
　　十二玉阑天外倚　3〔阳〕去〔去〕阳阴去上(7)
〔朝天子〕庐山
　　人来茶罢　7 阳阳阳去(4)
〔红绣鞋〕隐士 (张可久)
　　功名不挂口　6 m 阴阳〔上〕去上(5)
〔普天乐〕别友 (姚燧)
　　芙蓉谢　6 阳阳去(3)
　　怕离别又早离别　8 去阳〔别〕去上阳〔阳〕(3+4)
〔满庭芳〕春晚 (张可久)

259

自沉吟桃扇新词　7 去阳阳去阴阳(3+4)

〔十二月尧民歌〕别情　（王实甫）

(怕)黄昏忽地又黄昏　h 1 阳阴〔上〕去去阴阴(7)

〔四边静〕西厢　（王实甫）

软弱鸳鸯可曾(惯)经　2 上〔去〕阴阴上阳去(7)

好杀无干净　6m 上〔上〕阳阴去(5)

〔醉高歌〕感怀　（姚燧）

几点吴霜鬓影　2 上上阳阴去上(6)

晚节桑榆暮景 4m 上〔上〕阴阳去上(6)

南吕〔四块玉〕嘲俗子（曾瑞）

缠头锦　2 阳阳上(3)

不害碜　7 m〔上〕去上①(3)

〔骂玉郎感皇恩采茶歌〕得书（钟嗣成）

人来得纸真实信　q 3 阳阳〔上〕上阴〔阳〕去(7)

织锦回文　z 1〔上〕上阳阳(4)

断肠人忆断肠人　h 3 去阳阳〔去〕去阳阳(3+4)

正宫〔醉太平〕感怀　（张可久）

文章糊了盛钱囤　5 阳阴阳上阳阳去(7)

门庭改做迷魂阵　6 阳阳上去阳阳去(7)

清廉贬入睡馄饨　7 阴阳上〔去〕去阳阳(7)

〔塞鸿秋〕春怨　（无名氏）

(腕)冰消鬏却黄金钏　1 阴阴阴〔上〕阳阴去(7)

(紫)霜毫蘸湿端溪砚　3 阴阳去〔上〕阴阴去(7)

商调〔山坡羊〕春睡　（张可久）

(把)团圆梦儿生唤起　7 阳阳去阳阴去上(3+4)

却是你　11 m〔上〕去上(3)

〔梧叶儿〕别情　（关汉卿）

殃及杀愁眉泪眼　7 m 阴〔阳〕〔上〕阳阳去上(3+4)

赵调〔凭栏人〕章台行　（无名氏）

---

① 南吕〔四块玉〕末句,周德清注为平去平。这里两上代平。

小卿一块冰　4 m 上阴〔上〕去阴(5)
双调〔沉醉东风〕渔夫　（白朴）
　绿杨堤红蓼滩头　2〔去〕阳阴阳上阴阳(3＋4)
〔拨不断〕隐居　（马致远）
　红尘不向门前惹　3 阳阳〔上〕去阳阳上(7)
　绿树偏宜屋上遮　4〔去〕去阴阳〔上〕去阴(7)
　青山正补墙头缺　5 阴阴去上阳阳〔上〕(7)
〔庆东原〕奇遇　（无名氏）
　袜冷凌波　6〔去〕上阳阴(4)
〔雁儿落得胜令〕指甲摘　（无名氏）
　宜操七弦琴　h 1 阳阴〔上〕阳阳(5)
〔卖花声〕香茶　（乔吉）
　细研片脑梅花粉　1 去阳去上阴上(7)
　这孩儿那些风韵　6 m 去阳阳去阴阴去(7)
〔折桂令〕金山寺　（赵禹圭）
　天地安排　6 阴去阴阳→去上阴阳(4)

从上表，我们可以看出"务头"有以下几个特点：

1. 凡包含有"务头"或属于"务头"的句子，字调的使用都要求很严格，尽量避免倒字。上面的句式几乎都符合曲谱的正则用例，极少变例。甚至有些句式为避免上、去叠用，仄声内全上全去的现象大为减少，显得更为合律。由此可见，"务头"之所以耸听、美观，合律是它的基本条件。

2. 元曲的平仄跟词的平仄不同。元曲平分阴、阳，仄分上、去（入派三声，平仄兼有）。阴字和阳字，一般来说，同属平声，似乎在使用方面没有什么不同。但在"务头"句式里，明显地有所区别。

（1）阳字可以单独充当"务头"，如中吕〔朝天子〕"人来茶罢"的"人"；〔普天乐〕"芙蓉谢"的"芙"；双调〔沉醉东风〕"绿杨堤红蓼滩头"的"杨"。而阴字不能。明显地包含在"务头"里的阴字只有商调〔梧叶儿〕"殃及杀"的"殃",但只是在七字句三字短语的头一字出现。至于双调〔折桂令〕"天地安排"的"天",周德清评曰:"'安排'上'天地'二字,若得去上为上,上去次之,余无用矣,盖务头在上。"这里用阴字当"务头",本来就是不合式的。

(2)阳字有起音的功能。上面提到的"杨"字,周氏评曰:"妙在'杨'字属阳,以起其音,取务头。"上声字也可起音。在这一点上,阳字跟上声字有相同之处。杨恩寿说:"上声亦可作平。"王力先生也说,"上声常常可以代替平声",并列举了大量的阳、上互易的例证。在"务头"句子里,也有这种反映。如越调〔凭栏人〕,周氏注此调末句平仄格式是上平平去平,"小卿一块冰"是末句,第三字就是以〔上〕代平,即代阳。这个例句虽然并非"起音",但两者同具"起音"功能,可能也是互易的原因之一。

上声字和去声字,在"务头"句式里,分别尤严。周德清论"末句"句式说:"后云上者,必要上;去者,必要上;上去者,必要上去;去上者,必要去上;……上上、去去,皆得回避尤妙。"①换句话说,上、去虽然同是仄声,但该用上的地方不能用去,该用去的地方不能用上。上、去叠用(即上上、去去),应该回避。在末句是如此,在"务头"句里,也充分体现出这一点。上表中,上、去叠用的例子很少。上声字叠用的共六例。仙吕〔醉中天〕"美脸",〔醉扶归〕"索把",中吕〔四边静〕"好杀",〔醉高歌〕"几点"、"晚节",南吕〔骂玉郎感皇恩采茶歌〕"得纸",都是五字句、六字句、七字句的第一、第三字,是平仄句式中,上、去要求不严,即可上可去的地方,本可通融。去声字叠用的共五例。其中三例,仙吕〔寄生草〕"万丈",中吕〔迎仙客〕"二玉",双调〔拨不断〕"绿树",也都是七字句

---

① 见《中原音韵》影印本,中册,第 84~85 页。"去上者",原作"去上上者",第二个"上"字系衍。参看《中国古典戏曲论著集成》一,第 281 页(中国戏曲出版社,1959 年),《中原音韵》校勘记〔三三九〕。

的第一、第三字,跟上声字叠用的情况相同。惟有中吕〔十二月尧民歌〕"地又"和南吕〔骂玉郎感皇恩采茶歌〕"忆断"二例,不同于上述情况。可是"地又"一例,从元曲来归纳,七字句又可以六字句为句式,"又"系衬字,衬字的平仄不拘,自不待言。至于"断肠人忆断肠人"乃是一句熟语,周德清说:"上上,去去,皆得回避尤妙,若是古句且熟亦无害。"①所以,"务头"句中的上、去叠用十一例,绝大多数都不是真正的叠用。

上去、去上则颇为多见,出现在"务头"句或充当"务头"字的上去、去上格式都被周氏赞为"好"、"妙"、"尤妙"。即使不在"务头"句的上去、去上格式,周氏也是极力提倡,认为把非此格式的改为此种格式,方才稳妥。可见上去、去上在曲子里行腔吐字的重要性。

3. "务头"的一个最大特点是用上声"起音",或"转音",也有一小部分是用阳字"起音"(但不用阳字"转音"),已如上述。用上声"起音"或"转音"的,上表中有仙吕〔金盏儿〕"酒",中吕〔迎仙客〕"倚",〔醉高歌〕"点"、"节",南吕〔骂玉郎感皇恩采茶歌〕"纸",正宫〔塞鸿秋〕"却"、"湿",双调〔庆东原〕"冷"。此外,还有中吕〔满庭芳〕"谁感慨兰亭古纸"的"纸",双调〔沉醉东风〕"傲杀人间万户侯"的"杀",〔落梅风〕"若得醋来风韵美"的"美",〔折桂令〕"诗句就云山失色"②的"色",共十二例(其中"纸"、"杀"、"美"、"色"四例周氏未注明是否"务头"),可见用得很多。这种现象告诉我们,上声字在曲子里很重要,因为它有"起音"、"转音"的作用,使曲子达到高度的音乐美。它是构成"务头"的重要因素,所以周氏不厌其烦地举例说明"务头"句中上声字的用法,为的是

---

① 见《中原音韵》影印本,中册,第85页。
② "就"字原夺。参看《中原音韵》影印本,下册,第12页,讷庵本《中原音韵》校勘记。

特别提醒作曲者和唱曲者的注意。

从这方面,也可以看出,"务头"是曲中最精美的唱段,构成这种唱段,上声字起了重要的作用,所以,上声字的用法,是"务头"的关键。

4. "务头"的又一个特点,是在行腔急促的地方,起垫腔的作用。例如商调〔梧叶儿〕末二句"这其间,殃及杀愁眉泪眼"的"殃及杀",周氏评说:"妙在'这其间'三字,承上接下,了无瑕疵。'殃及杀'三字,俊语也。有言'六句俱对,非调也。'殊不知第六句止用三字,歌至此,音促,急欲过声以听末句,不可加也。兼三字是务头,字有显对展才之调。'眼'字上声,尤妙,平声属第二着。"①这里"务头"字前承促调,后接本句的后四字,它是中间的一个过渡,本身也跟所承的前句一样,是三个字,所以说是起垫腔的作用。

5. "务头"在一支曲子里,有时是一句,或两句、三句,有时是一个句子里的一个字,或两个字、三个字。但总的情况,"务头"句"务头"字在整支曲子中为数甚少,恰似"众山环抱,秀出一峰","如众星中显一月之孤明也。""务头"句或包含"务头"字的句子,格律是特别严整的。"务头"字是严整格律的重要要素,它的文词又往往是俊美的,周氏说"可施俊语于其上",又常指出某些"务头"字是"俊语",所以学者们称"务头为曲中声文并美之处",是很有道理的。不过,也应该看到,单凭文词之美,而没有声腔之美相配合,是不能称其为"务头"的。

曲子里"务头"的构成是以实际语言为基础的,也就是说,艺术语言必须跟实际语言紧密相结合,才具有强大的生命力。在周德清的时代,北曲是一种新兴的为广大人民群众喜闻乐见的艺术形式,它的语言跟实际语言紧密地结合着,是毫无疑问的。周氏本

---

① 见《中原音韵》影印本,中册,第98页。

人是一位出色的戏曲理论家和语言学家。他主张"欲作乐府,必正言语,欲正言语,必宗中原之音"。① 他关于北曲语言的正音标准,就是"中原之音",或"以中原为则,而又取四海同音"。② 他关于曲中"务头"的举例说明,就是带有这种明确的正音观点的。因此,"务头"的构成对于字调的要求和规律,给我们吐露了关于当时声调调值的一些消息。王力先生研究曲字的平仄以后说:"曲字的声调可以分为两大类:平声和上声为一类,去声自为一类。上声常常可以代替平声。这大约有调值上的原因。照我们猜想,在元代的北方口语里,阴平是一个中平调,阳平是一个中升调,上声是一个高平调,(《中原音韵》常说'上声起音','起音'就是转高音)去声是一个低降调。上声凭它那不升不降的姿态,和阴平相似;而阳平升到高处的一段又和上声相似,因此,上声和平声就往往通用了。"③这是关于元代汉语调值构拟的创始,给予我们很大的启发。从上述"务头"句和"务头"字所显示的一些特点来看,王先生的学说大致可靠,我们仅作一些小小的修正。平分阴、阳,是周德清的一大发现,二者在调值上肯定是有区别的。周氏对阴、阳字的调值,没有明确描述,但说过阳字"以起其音",④"阴者,即下平声;阳者,即上平声。"⑤周氏的同时代人罗宗信摹拟阳字"扬其音",阴字"乃抑之",得到周氏的首肯。⑥ 虞集说过"高声从阳,低声从阴"。⑦ 由此可以推断,阴字是个低平调或带微降。阳字是个高平调或带微升,所以可以"起音",充当"务头"字。上声是个全升调,所以常用

---

① 见《中原音韵·自序》,《中原音韵》影印本,上册。
② 见《中原音韵》影印本,中册,第60页。
③ 见王力《汉语诗律学》,新知识出版社,1958年,第787页。
④ 见《中原音韵》影印本,中册,第100页。
⑤ 见《中原音韵·自序》。
⑥ 见《中原音韵·后序》。
⑦ 见虞集《中原音韵·序》。

于"起音"、"转音"充当"务头"字。"起音"就是向上扬起,"转音"就是由低转高音。升到高处就跟阳字接近了,所以它们之间可以互易使用。去声是个全降调。这样,我们就能很容易领会,为什么"务头"上最常用上声字"起音"和"转音",又为什么常常注重使用上去、去上的格式。一句话,就是因为这样能造成抑扬顿挫的旋律,增强曲子中某一唱段的节奏感,形成最优美动听的声腔,加上词采,发挥出最高的艺术效果,在演唱中,经常博得观众的喝采和掌声。

后　记

本文脱稿打印后,读到日本学者中原健二的一篇论文《〈中原音韵作词十法〉译注(二)——附论:关于"务头"》(载《均社论丛》第10号,1981年10月)。

论文说:"'务头'是只在《中原音韵》里可以见到的一个术语","这一定是散曲所特有的术语。"论文作者认为这一术语明代已经不通行了。在宋代,词盛极一时。词同散曲虽同是歌辞文艺,但在有关词的文献里,"务头"一语和与此有关的东西,是找不到的。"不能说在词里有与'务头'相同的东西。"

"务头"一语见于《中原音韵》"作词十法",作者认为,"'作词十法'之一的'务头',也许是关于歌词的术语,或是关于音乐要素的术语,或是关于这两方面的术语。"经作者研究的结果,认为散曲的歌词分为修辞和平仄两个方面。就修辞来说,周德清说在"务头"部分必施"俊语","据此,在谈到歌词修辞之前,可以说,'务头'就已经存在了。"因此,修辞对于"务头",仅是第二义的东西。就平仄来说,作者不同意关于"务头"是平仄排列的一定形式的说法,认为以吴梅为代表的"平仄说",不能成立,其本身就有一些缺陷。从"务头"中"归纳出一定的平仄形式是没有意义的",因为"'务头'同平仄没有直接关系"。

作者认为,"务头"是同音乐的要素即旋律、韵律之类相关联的术语。作者举出周德清常说"妙在某字上声起音"的例子,这些例子大多都是"务头"部分。作者认为,所谓"起音",就是"某字所在的部分旋律上升后即变为下降,由于该字是上声,恰好就同旋律的变动一致了"。再者,周德清说的"急以尾收之"等,作者解释为"一到'务头'部分,曲子就变为急速调,紧接着这样的调子直到一曲的结尾。也就是说,该曲到最后仍具有歌曲高潮的结构,这个高潮部分即是'务头'。"也即"曲子的最精彩的地方","在那里要求有某种独特的曲调。"

最后,作者认为,"务头"一语是周德清自己创造的,正好又是众所周知的术语,"至少可以这样说,'务头'是周德清所创造的术语,也是当时通用的术语,这两种可能性都是同时存在的。"

该论文否定"务头"跟平仄的直接关系,认为归纳"务头"中的平仄排列格式是没有意义的,这跟我们的文章的观点有很大差别。但是,该论文关于"上声起音"的解释以及其他一些论点,比如说"务头"是"曲子的最精彩的地方";等等,却是值得我们重视的。

1982 年 4 月 10 日
(原载《语文研究》1983 年第 1 期)

元曲里的"呆"字音

杨耐思　蓝立蓂

元周德清《中原音韵》车遮韵平声阳收有"呆"字,与"爷"同"空"①,即"呆"音"爷"。这个音颇为特殊,各家未及注疏。从元曲来看:

一、"呆"叶入车遮。例如:

(1)心似醉,意如呆,眼似瞎,手如瘸。(白仁甫《墙头马上》三【梅花酒】,臧乙,21下②)

(2)我待学逾垣的段干木非为懒,垂钓的严子陵不是呆。(宫天挺《范张鸡黍》二【隔尾】,臧乙,20)

(3)他把我先勾拽,引的人似痴呆。我和他四目相窥两意协。(无名氏《百花亭》一【醉中天】:臧壬,4)

以上三例,臧晋叔《元曲选·音释》也注"呆音爷"。

(4)子是条龙在鞘中蛰,谎得人向座间呆!(关汉卿《单刀会》【得胜令】,元③,6)

(5)我又不风欠,不痴呆,要则甚迭?(《拜月亭》【倘秀才】,元,5下)

---

① "空",周德清原用术语,《中原音韵·正语作词起例》第11条:"音韵内每空是一音,以易识字为头,止依头一字呼吸,更不别立切脚。"'空'相当于音韵学上所谓"小韵"。本文凡引《中原音韵》的内容,均据《中原音韵》影印本,中华书局1978年6月第一版。

② 臧乙21下:"臧"表示臧晋叔《元曲选》,涵芬楼1918年影印雕虫馆本:"乙"表示乙集:"21下"表示页码。下同。

③ "元"表示《元刊杂剧三十种》,商务印书馆1958年影印。下同。

(6) 据着那凄凉惨切,则那里一霎儿似痴呆!(《拜月亭》【三煞】,元,6下)

(7) 孩儿也啼哭的似痴呆,这须是我子母情肠厮牵厮惹,兀的不痛杀人也!(《墙头马上》三【甜水令】,臧乙,23)

(8) 想着他临上马痛伤嗟,哭得我也似痴呆。(王实甫《西厢记》四·四【搅筝琶】,岳①131下)

(9) 你性随邪,迷恋不来也。我心痴呆,等到月儿斜。(关汉卿小令【双调·碧玉箫】,全元②164)

(10) 旧游池馆,翻做了狐踪兔穴,休痴休呆。(白仁甫套数【双调·挂搭沽序么】"对景",全元207)

(11) 休笑巢鸠计拙,葫芦提一向装呆。(马致远套数【双调·风入松】,全元269)

(12) 泪珠儿揾不迭,哭的似痴呆。(曾瑞套数【黄钟·喜迁莺】"元宵忆旧",全元501)

(13) 俺好业,俺好呆,怎恁今生,天悭运拙?(朱庭玉套数【南吕·斗鹌鹑】"女怨",全元1204)

(14) 见伤情光景放痴呆,老先生醉也。(汪元亨小令【正宫·醉太平】"警世",全元1377)

(15) 度流光电掣,转浮世风车,不归来到大是痴呆。(同上,全元1378)

(16) 达时务呼为俊杰,弃功名岂是痴呆。(汪元亨小令【双调·沉醉东风】"归田",全元1385)

(17) 想那厮胡做胡行,妆唻妆呆。(刘庭信小令【双调·折桂令】"忆别",全元1431)

(18) 脚到处胡行,眼落处痴呆。(同上)

(19) 愁一会愁得来昏迷,哭一会哭得来痴呆。(同上,全元1432)

(20) 弗使心饕餮,只要身常洁,且妆呆,且妆呆,静把柴门闭。(无名氏小令【中吕·齐天乐过红衫儿】"玩世",全元1713)

(21) 不思量大管是痴呆,俏俊冤家怎地舍。(无名氏小令【双调·

---

① "岳"表示明弘治金台岳家刻本,商务印书馆1955年影印。下同。
② "全元"表示隋树森编《全元散曲》,中华书局,1981年。下同。

水仙子】,全元 1757)

(22)辜恩一去成抛撒,他无情俺倒心呆。(无名氏套数【黄钟·愿成双幺】,全元 1784)

(23)怎当他老虔婆撒褪,小猱儿妆呆,村姨夫强买,俏子弟干趆。(无名氏套数【南吕·梁州】"盼望",全元 1812)

(24)你休要痴呆,殷勤将春心漏泄。(无名氏套数【双调·得胜令】"情",全元 1861)

(25)谁知你到今心性别,珰玎的玉簪折,支愣的弦断绝,盼的痴呆。(无名氏套数【双调·锦上花】"离思",全元 1882)

二、"呆"叶入皆来。例如:

(26)哎,我好呆,也合该,十分宁奈。(张国宾《合汗衫》三【上小楼么篇】,臧甲,32 下)

臧晋叔《元曲选·音释》也注"呆音谐"。

有些曲词里用了"呆",但不入韵。例如:

(27)莫不是郊外去逢着甚邪祟?又不风又不呆痴,面没罗、呆答孩、死堆灰。(关汉卿《调风月》【朱履曲】,元,2 下)

(28)呆敲才、呆敲才休怨天,死贱人、死贱人自骂你!①(《调风月》【尾】,元,4)

(29)只为老虔婆爱贿贪钱,赵盼儿细说根原,呆周舍不安本业,安秀才夫妇团圆。(《救风尘》四外终场词,臧乙,25 下)

(30)嗏却且尽教伴呆着休劝,请夫人更等三年。(《拜月亭》【阿忽令】,元,8 下)

(31)我无计可使,权打扮做个庄家呆后生。(高文秀《黑旋风》三正末白,臧丁,22 下)

(32)有那等不认得我的,他道我是个呆厮呆厮;有那等认得我的,他便道我那里是真呆厮,倒是个真贼。(《黑旋风》三【双调新水令】带白,

---

① 第一个"呆敲才"下原作二重文符号,王季思《〈诈妮子调风月〉写定本》(载《戏剧论丛》1958 年第二辑)重三个字,此从之。"死贱人"重同。

臧丁,23)

(33)你休要呆里撒奸。(《西厢记》三·二【满庭芳】,岳99下)

(34)好事从天降,呆汉回头望,则拜你那恰回心的伯娘。(武汉臣《老生儿》三【鬼三台】,臧丙,36下)

(35)吃的来呆呆答答醉酶酶,走在门前哭罢又在门前笑,走到我堵头指定增头闹。①(岳伯川《铁拐李》【油葫芦】,元,1下)

(36)太师顿然省将诗句议论,道这个呆行者好言而有准。(孔文卿《东窗事犯》【倘秀才】,元,7)

(37)我若是不正当,枉了他那呆心肠,一向在咱心上。(石君宝《紫云亭》【驻马听】,元,6)

(38)疑怪三四番揞不干额颜,呆丑生!忘了将湿漉漉头巾取。(孟汉卿《魔合罗》【醉扶归】,元,2)

(39)他虽是金枝玉叶齐王印,我好煞则是堵下的小作军,也是痴呆老子今年命。(尚仲贤《三夺槊》【七弟兄】,元,4下)

(40)交我呆呆邓邓,哭哭啼啼,怨怨哀哀。(《汗衫记》【上小楼】,元,5)

(41)呀,这是我独自落便宜,好着我半响似呆痴。(无名氏《合同文字》四【得胜令】,臧丙,26)

(42)你似醉如呆劳梦魂。(无名氏《小张屠》【沽美酒】,元,9下)

(43)呆小姐,悔难迭,正撞着有钱的壁虱徕,屎蛣蜋推车,饿老鸱拿蛇。(刘庭信小令【越调·寨儿令】,全元1428)

此外,元曲里还有一个曲牌名"呆古朵"。

以上诸例,"呆"不入韵,其音难定。倒(31)、(41),臧晋叔《元曲选·音释》注为"呆音爷",例(29)、(34)注为"呆音谐",因时间已过去了二三百年,很难说是否保存旧读,所以只能作参考。

叶入车遮的"呆",就例子而言,占绝大多数。② 周德清《中原

---

① "答答"原作"谷谷","酶酶"原作"淘淘",徐沁君《新校元刊杂剧三十种》(中华书局,1980年)已校改,此从之。

② 这类例子,在元明间人杂剧著作中也可见到一些,例如:杨景贤《刘行首》三、杨文奎《儿女团圆》三,以及无名氏《勘金环》二、《渔樵闲话》三、《认金梳》一。

音韵》韵谱收字原则,以曲词里入韵为准。"呆"字被收在车遮韵平声阳"爷"小韵,完全符合元曲用韵的实际情况。也可以看出,《中原音韵》收在车遮韵的"呆"字,系元曲里的常用字。叶入皆来的"呆",元刊杂剧未见,只有明人本子《合汗衫》一例。① 也许在周德清时期,杂剧中本无其例,后为明人增改;或是元人已有此种用例,而属罕见,周氏著录,只取一般,不取个别,所以不录叶入皆来的"呆"。

"呆"原为"保"字。《说文》:"㑵,养也,从人采省声。采古文孚……朵古文。"②又古"某(梅)"字。《说文》:"槑,酸果也,从木甘,阙。槑古文某,从口。"③元代以前以及元代的字书、韵书,如《广韵》、《集韵》、《礼部韵略》、《韵会》、《蒙古字韵》都未见收"呆"字,只有《篇海》收了,音注"补道切",④仍为"保"。跟元曲和《中原音韵》里的"呆",音义迥别。由此可见,元曲和《中原音韵》里的"呆",显然是一个新起的俗字。明梅膺祚《字汇》:"呆,古某字。今俗以为痴獃字,误。"⑤也反映这一点。

叶入车遮(音"爷")的"呆",从字音上说,其音韵地位,相当于《广韵》"以遮切",以母麻韵,《韵会》"余遮切",喻母迦类。从字义上说,元曲里的"呆"为痴愚义,形容词,一般作谓语,"呆"又常与"痴"连用构成"痴呆"。字书、韵书里未见著录有跟这相应的字。这里的"呆"来源不明。

叶入皆来(臧音"谐")的"呆",也是痴愚义,形容词。考《广

---

① 《合汗衫》这段文字,仅见于臧晋叔《元曲选》,脉望馆钞本无。
② 段玉裁《说文解字注》八篇上,人部,上海古籍出版社1981年影印本,第365页。
③ 《说文解字注》六篇上,木部,第248页。
④ 《改并五音类聚四声篇海》牙音溪母口部,卷二,第41页。明嘉靖重刊正德修补本。
⑤ 未经堂重订《字汇》原本木部。

韵》上声十三骇有"㕷","痴也,五骇切"。①《韵会》上声九蟹(与骇通):"㕷,语骇切,角次浊音,蒙古韵音入喻母。"②朱宗文《蒙古字韵》八思巴字对音作 jaj,③同《韵会》所引蒙古韵。《广韵》平声十六咍又有"獃,獃痴,象犬小时未有分别";五来切。④《韵会》平声十灰(与咍通)"獃"作"敱","《说文》:'有所治也。'本作敱,从攴豈声,今文作敱";疑开切,角次浊音,旧音鱼开切。"⑤朱本《蒙古字韵》八思巴字对音作 ŋaj。从音、义的结合来说,叶入皆来的"呆",来源于二等的"㕷"或一等的"獃"都有可能。元曲"呆"叶平声韵,似乎来源于"獃"的系数更大些,可是,《中原音韵》皆来韵平声阳收有"㕷"而无"獃"。"㕷"与"皑"同空,正合乎《广韵》"獃"的音韵地位。由此我们可以看出,《中原音韵》的"㕷",乃是"獃"的通假字。"獃",《韵会》属疑母该类,朱本《蒙古字韵》作ŋaj。《中原音韵》的"㕷",正是这样的音,只是在《中原音韵》音系里,此类疑母字已消失舌根鼻音,即[ŋ→∅],与八思巴字汉语音韵系统保存 ŋ 有所不同而已。所以,《中原音韵》的这个"㕷"字,已非原来的读音规模,而是"獃"字的假借字了。《韵会》、《蒙古字韵》所记录的字音比较偏重读书音,所以没有反映出这种情况。

在元曲里,"㕷"叶入皆来韵平声的例子也可见到,例如:

(44)问甚你夫妻好共歹,觑孩儿瘦更㕷,便怎生教碜可可血泊里倘着尸骸?(马致远《黄粱梦》二【醋葫芦么篇】,臧戊,14)

(45)一会家上心来,怎生出这痴㕷?气的我手脚酸麻,东倒西歪。(郑庭玉《冤家债主》一【鹊踏枝】,臧庚,11)

---

① 《钜宋广韵》卷三,第 14 页。上海古籍出版社 1981 年影印本。
② 《古今韵会举要》卷十三,第 2 页。清光绪九年淮南书局重刊本。
③ 日本关西大学东西学术研究所刊《大英博物馆藏旧钞本〈蒙古字韵〉二卷》。下同。
④ 《钜宋广韵》卷一,第 29 页下。
⑤ 《古今韵会举要》卷四,第 15 页。

(46)难道你王粉头直恁騃,偏不知包待制多谋策?(无名氏《陈州粜米》四【雁儿落】,臧甲,42下)

(47)近来,越騃,能捻騃穷□怪,从人啍嗓放狂乖,不似今番煞。(刘时中小令【中吕·朝天子】"同文子方邓永年泛洞庭湖宿凤凰台下",全元655)

例(44)、(45),臧晋叔《元曲选·音释》:"騃音谐",例(46)注:"騃,鱼开切"。

可见"騃"不读本音,而是"獃"字音。从例(45)看,"痴獃"与"痴呆"乃同词异文,据此可以推知,代"獃"的"騃"即"呆"的原字。不过现存元刊杂剧,不见"騃"字,这些例子都是明人本子才有。这是元曲中本有,还是明人增改,无从判明了。

元曲明刊本,还用了一个"獃"字,例如:

(48)你这先生自揣做的好,写的好便写,不然你莫写,省得人笑你杭州阿獃。(范予安《竹叶舟》一行童白,臧乙,6)

臧晋叔《元曲选·音释》:"獃,带平声。"相当于现代音dai。元刊本未见,不知何所据。

叶入车遮(音"爷")的"呆",按《中原音韵》的音系,可以构拟为[ɕθiɛ],这个音于古无征,元、明以降的字书、韵书少见著录。王文璧《增注中原音韵》十四车遮平声:"呆,或曰痴~",在"爷"小韵,"移遮切"。① 该书的叶以震较正本也同。② 完全忠实于周氏原书。在现代汉语方言里,我们还没有找到这个音的后代,可以说这个音踪迹难寻,为元曲里所特有。在语音的演变过程中,这或许是一种特殊的音变。有待将来进一步考证。

叶入皆来的"呆",我们认为它是"獃"的俗字,《中原音韵》和

---

① 日本内阁文库藏明刊本复印本,第86页下。
② 中国社会科学院语言研究所藏明刊补版本,卷二,第29页,作"平声阳","呆,痴"。

明本元曲里以"骏"代"獃",已如上述。王文璧《增注中原音韵》六皆来平声只收"獃","理也",在"皑"小韵,"鱼开切",不收"骏"字。① "骏"收在六皆来上声,注"痴也",在"唉"小韵,"阿海切",②与今存周书不同。该书叶以震校正本皆来平声阳收了"骏",注:"痴愚不知也,又马行疾速也",在"皑"小韵,"鱼开切",本小韵又收"斁",注:"理也",③其前加×,为新增字。④ 皆来上声也收了"骏",注:"痴也",在"唉"小韵,"阿海切",其前加×,为新增字。⑤ 叶入皆来的"呆",按《中原音韵》的音系,可以构拟为[ɕØai]。这个音在元、明以降的字书、韵书中均有著录。臧晋叔《元曲选·音释》注"鱼开切",与之相合,但注"音谐",则不知所以然。按"谐",《广韵》"户皆切",平声皆韵(二等开口)匣母字。《中原音韵》"谐"与"鞋"同空,王文璧《增注中原音韵》注"奚皆切",⑥与之绝不相类。臧氏"音谐",未知何故。现代汉语普通话"呆板"的"呆"音 ái,即此音的后代。现代汉语方言也有此音,读[ɕai]或[ɕŋai、ɕŋE]等,⑦字形多用"呆"或"獃",不用"骏"。

"呆"字在后来又有一音,为臧晋叔所注"带平声",现代汉语普通话音 dāi,阴平。声母为 d[t]。现代汉语方言多有此音。这是"呆"字新起的读音,与元曲里的"呆"字音不同,其来源显然不是元曲里的"呆"字音。

(原载《语言学论丛》第 13 辑,商务印书馆
1984 年 12 月第 1 版)

---

① 日本内阁文库藏明刊本复印本,第 41 页下。
② 同上,第 43 页。
③ 叶以震校正本,卷一,第 42 页。
④ 叶以震校正本"凡例"云:"音韵内每×是旧本所无,皆系增人。"
⑤ 叶以震校正本,卷一,第 44 页。
⑥ 日本内阁文库藏明刊本复印本,第 41 页。
⑦ 参看《汉语方言词汇》,文字改革出版社,1962 年,第 392 页。

从汉语语音史看澳门
过渡期的语音规范

澳门目前流通三种语言:汉语、葡萄牙语和英语。汉语是占本地人口百分之九十五强的华人所使用的语言,在土生的葡人中也使用。葡语是从葡国派来的官员们的日常语言,也为土生的葡人所掌握。葡语又是澳门地区政府的官方语言。英语用于金融、现代科技、国际贸易、学校教育等方面(程祥徽、刘羡冰1991)。它是一种外向型的重要的社会交际工具。最近,"据新华社,葡萄牙部长会议十二日通过法令,确定中文在澳门地区享有官方地位,并具有与葡文同样的法律效力。"(光明日报1991年12月14日第4版"环球扫描")这就清楚地确定了澳门过渡期采取官方语言双语制的取向,确定了汉语作为澳门地区的官方语言的合法地位。1999年,澳门回归中国,成为中华人民共和国的一个特别行政区后,根据中葡联合声明第二条第五款第二项的规定,"澳门特别行政区政府机关、立法机关和法院,除使用中文外,还可使用葡文。"中华人民共和国澳门特别行政区基本法(草案)征求意见稿也写明:"澳门特别行政区的行政机关、立法机关和司法机关,除使用中文外,还可以使用葡文,葡文也是正式语文。"这样的表述是以特别行政区宪制性文件确认中、葡文双语制的合法地位,清晰地指明了未来中葡文双语制的前景(南始1991)。

确定澳门过渡期和未来采取中、葡文官方语言双语制是一项既符合客观需要又切实可行的重要的政策措施。既面对本澳绝大多数的居民使用汉语,并为地缘血缘关系、共同的文化传统所维系的现实,又考虑到葡国占领四百年所形成的历史传统和定居澳门的葡裔居民的需要。其现实性、合理性、可行性是显而易见的。

澳门过渡期及未来中、葡文双语制所使用的中文或汉语,举凡澳门地区和特别行政区的政府机关、立法机关、司法机关的工作语言,新闻广播、影视的媒介语言、各类学校的教学语言,都应该以规范的现代汉语即普通话为标准,而不以本澳居民熟悉习用的汉语的一种方言澳门粤语为满足。澳门在历史上曾隶属香山县,居民多是中山人,因此受中山话,特别是石岐话的影响较多。多因澳门过去本是渔村,现在渔民也不少,所以也有"蜑家话"的痕迹。确保官方语言的地位的汉语为普通话,乃是适应澳门进一步繁荣昌盛的需要所决定的。澳门所处的地理位置,原来已有的经济基础,对于发展外向型经济、扩大对外经济技术合作交流、拓展对外贸易,都具有巨大的优势。澳门成为中华人民共和国的特别行政区后,与内地的交往,必将迅速加强,这样的社会发展前景,必将带来普通话的应用范围的扩展。因此,在澳门推广普通话,提高普通话的地位,把原来通用的澳门粤语换成普通话,就成为一项顺乎时势刻不容缓的重要任务。

在澳门推广普通话,是一项重要的任务,也是一项极其艰巨的任务,需要依靠全社会的努力,进行大量的艰苦细致的工作。在澳门推广普通话,像在其他方言区推广普通话的情况一样,语音的学习是重点。普通话以北京语音为标准音,所以首先学好北京语音。拿方言语音同普通话语音进行比较,找出它们之间的对应规律,通过方言来掌握普通话。粤语跟普通话的差别较大,在语音方面更为显著,所以学习的难度较大,过程较长。这是一个需要聚精会神重点解决的问题。

普通话语音的形成,是近代汉语语音发展的必然结果。一般来说,它的源头可以追溯到十三、十四世纪时期的"中原之音"。

元代语言学家、戏曲家周德清(1277—1365)的《中原音韵》(1324)把这个语音系统忠实地记录了下来。他说:"言语一科:欲作乐符,必正言语,欲正言语,必宗中原之音。""唯我圣朝,与自北方,五十余年,言语之间,必以中原之音为正。"从此"中原之音"又获得了"正音"的称号,也就是汉民族共同语标准音的意思。从元代到明代再到清代,"正音"概指标准音并被沿用下来,历久不衰,汉民族共同语到了明代初年,也被称为"官话"了。

推广汉民族共同语标准音的工作,也由来已久。远的不说,仅以近代汉语而论,周德清记录"中原之音"编成《中原音韵》,作为"正语之本",就含有推广"正音"的意图,往后出现的韵书、韵图,多半是为正音而作,为正音也就客观上起到了推广的作用。特别是明清出现的那些通俗韵书。例如兰茂的《韵略易通》、王荔的《正音捃言》、樊腾凤的《五方元音》、朴隐的《诗词通韵》、赵绍箕的《拙庵韵悟》、李汝珍的《音鉴》等。总起来看,这些韵书作者所推广的是当时统一的读书音,相当于统一的教学语言,还不能算作统一的口语。或者是不纯粹的统一的口语。

专为广东人学官话标准音而编写韵书的事发生在一百多年前的清朝咸丰、同治年间,作者是寓居广东的长白(今吉林省长白县)人沙彝尊(侯精一,1980)。他可算得上在粤语区推广汉民族共同语的先驱。他先后编有类似广东人学"官话"手册的韵书三种:《正音咀华》(1853)、《正音切韵指掌》(1860)、《正音再华傍注》(1867)。书里推广的"正音",大致能反映北京话的音系。还说到学习"正音"的重要性和必要性。由此再上溯一百多年,清廷君主有过一道雍正六年(1728)的上谕,提到广东福建两省臣工在陈奏履历时"仍系乡音,不可通晓",号令他们必须参加"培训","务期语言明白,使人通晓"。以后清廷又有"举人、生员、贡监、童生不谙官话者不准送试"的诏令,都是强调"正音"的。继沙彝尊之后,又有福建闽县(今闽侯县)人潘逢禧编有《正音通俗表》(1870),是供福建人学"官话"用以正音的工具书,跟《正音咀华》等属于同类。当时采取这样的形式推广"正音",限于极其狭小的范围内运作,又非广泛的直接教学,它的效果如何,可想而知。但提出这项任务,勉力从事这方面的工作,还是难能可贵的,也可以从中得到某些启示。

澳门过渡期及未来特别行政区推广普通话的任务繁重而意义深远,它是在中、葡文双语制条件下开展工作的,富有自身的特点。首先,在双语制条件下推广普通话,最好是在分别使用中、葡文的交际场合中进行,以使用中文的交际场合为重点。其次,推广普通话的主要内容,是把汉语方言粤语转换成汉民族共同语普通话,达到口语与书面语的高度统一与协调,所谓言文一致。中文宜于充分体现普通话的书面形式,口语与书面语的差异只不过是一种语言内部形式上的不同,不足以离轨二者之间的统一发展道路。再次,这种语言转换工作的重点还是在于语音,这方面的工作要有更大的投入。最好是设立专门的机构,经常不断地举办普通话语音训练班或在学校设置包括这项教学内容的课程。普通话语音的学习不同于词汇和语法的学习,词汇和语法在日常生活中有条件随时可以从视听中习得,潜移默化与时俱增。

我们殷切地期望,澳门今后推广普通话的工作在社会各方面的大力推动下,必将随着时代的步伐,不断取得丰硕的成果。

参考文献

程祥徽、刘羡冰　澳门的三语流通与中文的健康发展　中国语文 1991.1。
侯精一　清人正音书三种　中国语文 1980.1。
南　始　澳门未来中葡文双语制远景前瞻　澳门日报 1991.7.23。
周德清　(讷庵本)中原音韵　中华书局 1978。

(原载《澳门语言论集》,
澳门社会科学学会出版,1992)

近九年来近代汉语语音论著简目

近九年(1978—1986)来,近代汉语语音的研究进展比较迅速,成绩比较显著。现在把国内(暂缺台湾省)在这期间出版、发表的专著和论文编成一个简目,供读者参考。

关于近代汉语的时限,吕叔湘先生"建议把近代汉语的开始定在晚唐五代即第九世纪"(刘坚《近代汉语读本·序》,上海教育出版社,1985)。至于近代汉语的结束,一般认为可以定在清代。简目在时限方面以此为准。

简目按论著的内容分为五类。即:关于近代汉语语音的通论、从晚唐五代到元代的语音、元代语音、从元代到清代的语音、等韵。各类之间以空一行为记,不标类目。编者见闻有限,学识浅陋,罣漏误植可能甚多,恳请读者、专家不吝指正。

普通话形成的历史　许宝华、颜逸明　光明日报1979年2月14日
论近代汉语照系声母的音值　李新魁　学术研究1979年第6期
论近代汉语共同语的标准音　李新魁　语文研究1980年第1期
汉语音韵学史文献上的儿化音纪录考　李思敬　语文研究1981年第1期
北京音系的成长和它受的周围影响　俞敏　方言1984年第4期
近代汉语介音的发展　李新魁　音韵学研究第1辑　中华书局1984年版
普通话语音史话(一)(二)(三)　唐作藩　文字改革1985年第4

期、第 5 期、第 6 期
同上（四）（五）（六）　同上　语文建设 1986 年第 1、2 期、第 3 期、第 6 期
近代声母的腭化问题　朱声琦　徐州师院学报 1986 年第 1 期
汉语"儿"尾纵谈　伍巍　音韵学研究第 2 辑　中华书局 1986 年版
汉语儿[ɚ]音史研究　李思敬　商务印书馆 1986 年版
北京音系解析　〔美〕薛凤生　北京语言学院出版社 1986 年版

《敦煌变文》用韵考　周大璞　武汉大学学报 1979 年第 3 期、第 4 期、第 5 期
宋代辛弃疾等山东词人用韵考　鲁国尧　南京大学学报 1979 年第 2 期
宋代苏轼等四川词人用韵考　鲁国尧　语言学论丛第 8 辑　商务印书馆 1981 年版
敦煌曲子词用韵考　张金泉　杭州大学学报 1981 年第 3 期
朱熹反切考　王力　语言文字研究专辑（上）1982 年
《平水韵》考　张守中　山西大学学报 1982 年第 1 期
《韵补》声类与南宋声母　李行杰　徐州师院学报 1983 年第 1 期
论吴棫在古音学史上的光辉成就　李思敬　天津师大学报 1983 年第 2 期
敦煌变文韵部研究　都兴宙　敦煌学辑刊 1985 年第 1 辑
稼轩词用韵　姜聿华　齐齐哈尔师院学报 1985 年第 2 期
宋代北方籍词人入声韵韵尾考　姜聿华　求是学刊 1985 年第 5 期
《四声篇海》琐论　周国光　信阳师院学报 1986 年第 1 期
欧阳修诗词用韵研究　程朝晖　中国语文 1986 年第 4 期
宋词阴入通叶现象的考察　鲁国尧　音韵学研究第 2 辑　中华书

局 1986 年版

从《诗集传》的叶音看朱熹音的韵系　赖江基　音韵学研究第 2 辑中华书局 1986 年版

《中原雅音》记略　蒋希文　中国语文 1978 年第 4 期
《韵学集成》所传《中原雅音》　杨耐思　同上
《韵学集成》与《中原雅音》　龙晦　中国语文 1979 年第 2 期
周德清生卒年与《中原音韵》初刻时间及版本　冀伏　吉林大学学报 1979 年第 2 期
《中原音韵》无入声内证　忌浮　学术研究丛刊 1980 年第 1 期
《中原雅音》考辨——兼与蒋希文同志商榷　冀伏　吉林大学学报 1980 年第 2 期
关于《中原音韵》的"入派三声"（上）（下）　刘俊一　齐鲁学刊 1980 年第 1 期、第 2 期
《中原雅音》研究　邵荣芬　山东人民出版社 1981 年版
元代山东人剧曲用韵析略　曹正义　山东大学文科论文集刊第 2 辑 1981 年版
《中原音韵》音系　杨耐思　中国社会科学出版社 1981 年版
评杨耐思《中原音韵音系》　唐作藩　语文研究 1982 年第 2 期
务头论　林之棠　中南民院学报 1982 年第 2 期
同上（续）　同上　同上 1983 年第 3 期
论《中州乐府音韵类编》与《中原音韵》的关系　忌浮　吉林大学学报 1982 年第 3 期
《中原音韵》音系研究　李新魁　中州书画社 1983 年版
从现代方言论中古知庄章三组声母在《中原音韵》里的读音　蒋希文　中国语言学报第 1 期　商务印书馆 1983 年版
《中原音韵》新著录的一些异读　张清常　中国语文 1983 年第 1 期

释"务头"杨耐思、蓝立蓂　语文研究1983年第1期

释《中原雅音》　龙晦　音韵学研究第1辑　中华书局1984年版

元曲用韵平上通押初探　周致一、周礼　哈尔滨师专学报1984年第3期

黄公绍词韵与《古今韵会举要》　姜聿华　吉林师院学报1984年第3期

汉语"知章庄日"的八思巴字译音　杨耐思　音韵学研究第1辑　中华书局1984年版

汉语"影幺鱼喻"的八思巴字译音　杨耐思　《中国民族古文学研究》中国社会科学出版社1984年版

《中原音韵》表稿　宁继福　吉林文史出版社1985年版

元曲里的"呆"字音　杨耐思　蓝立蓂　语言学论丛第13辑　商务印书馆1985年版

金元山东词人用韵考　李爱平　语言研究1985年第2期

《蒙古秘史》中圆唇元音的汉字表示法　喻世长　中国语言学报第2期　商务印书馆1984年版

"射字法"声类考——元代吴语的声母系统　李新魁《古汉语论集》1985年版

元遗山诗词用韵考　鲁国尧　南京大学学报1986年第1期

《中原音韵》的调值　忌浮　语言研究1986年第1期

《中原雅韵》的年代　何九盈　中国语文1986年第3期

《中原音韵》音系无入声新探　刘静　陕西师大学报1986年第3期

近代汉语"京经"等韵类分合考　杨耐思　音韵学研究第2辑　中华书局1986年版

《礼部韵略七音三十六母通考》韵母考　〔日〕花登正宏　音韵学研究第2辑　中华书局1986年版

近代汉语音论

《正音捃言》的韵母系统　唐作藩　中国语文 1980 年第 1 期
清人正音书三种　侯精一　中国语文 1980 年第 1 期
略谈李渔的"正音"理论　张永绵　浙江师院学报 1980 年
《老乞大谚解》和《朴通事谚解》中所见《通考》对音　胡明扬　语言论集第 1 辑 1980 年版
记崔世珍在朝鲜语文和汉语研究方面的贡献　陈植藩《民族语文论集》　中国社会科学出版社 1981 年版
近代汉语-m 的转化　杨耐思　语言学论丛第 7 辑　商务印书馆 1981 年版
关于朝鲜语汉字音的声调问题　崔羲秀　延边大学学报(朝鲜语专号)1982 年版
记表现山西方言的《西儒耳目资》李新魁　语文研究 1982 年第 1 期
《西儒耳目资》与中法文法交流　刘埜　河北师院学报 1982 年第 1 期
-m 韵古今变迁一瞥　张清常　语言研究论丛第 2 辑 1982 年版
论十三辙　温颖　语文研究 1982 年第 2 期
《元曲选·音释》校订　忌浮　学术研究丛刊 1982 年第 4 期
李汝珍《音鉴》里的入声字　俞敏　北京师范大学学报 1983 年第 4 期
试论《洪武正韵》的语言基础　刘静　陕西师大学报 1984 年第 4 期
《圆音正考》及其相关诸问题　冯蒸　古汉语研究论文集(二)北京人民出版社 1984 年版
沈宠绥与明代北曲字音　李晋生　学习和思考 1984 年第 1 期
《元曲选·音释》与臧晋叔的戏曲批评　忌浮　学术研究丛刊 1984 年第 2 期

南戏曲韵研究　李晓　南京大学学报1984年第3期
从《金瓶梅》考察十六世纪中叶北方话中的儿化现象　李思敬　语言学论丛第12辑　商务印书馆1984年版
《翻译老乞大·朴通事》里的汉语声调　〔日〕远藤光晓　语言学论丛第13辑　商务印书馆1984年版
入派三声和朝鲜的喉音字母ō　木之　延边大学学报1985年第1期
云南明代两部《韵略易通》比较研究　群一　昆明师专学报1985年第1期
明代官话及其基础方言问题——读利玛窦《中国札记》　鲁国尧　南京大学学报1985年第4期
《诗词通韵》述评　何九盈　中国语文1985年第4期
本悟《韵略易通》的两个刻本　群一　中国语文1986年第2期
略论《韵略汇通》的几个问题　张玉来　山东师大学报1986年第4期

《韵镜》中的等呼　葛毅卿遗著　南京师院学报1979年第3期
等韵门法研究　李新魁　语言研究论丛第1辑1980年版
谈几种兼表南北方音的等韵图　李新魁　中山大学学报1980年第3期
《康熙字典》的两种韵图　李新魁　辞书研究1980年第1期
《韵镜》研究　李新魁　语言研究1981年第1期(创刊号)
《韵镜》校证　李新魁校证　中华书局1982年版
宋元韵图拟设的中古时期汉语音节结构的模式　罗祚韩　常德师专学报1982年第4期
读《切韵指掌图》札记　汪寿明　华东师大学报1982年第5期
汉语等韵学　李新魁　中华书局1983年版

中国等韵学的批判——"声介合母"的历史经验　黎锦熙遗著　信阳师院学报1983年第3期
"轻清、重浊"释——罗常培《释轻重》《释清浊》补注　潘悟云　社会科学战线1983年第2期
说"等"　于生存　唐山教师进修学院学报1983年第2期
内外转及其研究　幸之　江西师院学报1983年第2期
说"等"　高福生　江西师大学报1984年第1期
等韵图内外转补说　曹正义　山东大学文科论文集刊1984年第1期
根据张麟之的志语与序谈《韵镜》　吴东平　孝感师专学报1984年第2期
等韵溯源　俞敏　音韵学研究第1辑　中华书局1984年版
等韵门法中的"类隔"切语——兼论《切韵》音系中舌音的分合　阎玉山　东北师大学报1984年第3期
轻清重浊的划分是等韵学的滥觞　黄典诚　集美师专学报1984年第4期
从两个韵图的对比中看明清时期的语音发展变化　李国华　云南民族学院学报1984年第4期
宋元等韵学述评　朱星　河北师院学报1985年第2期
论等韵门法归字列等的基本原则　孔德明　语文研究1985年第2期
韵图三等韵的分布　罗祚韩　常德师专学报1985年第4期
试论等韵学之原理与内外转之含义　〔美〕薛凤生　语言研究1985年第1期
论内外转　李新魁　音韵学研究第2辑　中华书局1986年版
说内外转　俞光中　同上
谈谈等韵学　潘文国　中文自学指导1986年第12期

论《切韵指掌图》中的入声　周世箴　语言研究 1986 年第 2 期

[补目]

谈唐宋三十六字母清浊的划分标准　礼兰　旅大师专学报 1981 年第 1 期
三十六字母略说　朱星　内蒙古师院学报 1981 年第 1 期
轻音产生的时代　王兴汉　郑州师专学报 1981 年第 2 期
《诗集传》注音初探　黄景湖　厦门大学学报 1981 年第 4 期
《五方元音》作者樊腾凤是河北隆尧人　余明象　天津师院学报 1981 年第 4 期
朱翱反切考　王力　龙虫并雕斋文集（第三册）　中华书局 1982 年版
从《切韵指掌图》到《切韵指南》及所谓汉语韵母由"丰富"到"偏枯"和"时音"问题　钟树梁　成都大学学报 1983 年第 2 期
《花间集》韵谱　曹文安、沈祥源　南昌师专学报 1985 年第 1 期
词韵平仄同部通押　尤晨光　舟山师专学报 1985 年第 2 期
释"等"　龙庄伟　河北师院学报 1986 年第 1 期
"十三辙"说略　孙崇义　同上

（原收入《近代汉语研究》,商务印书馆 1992 年版）

周 德 清

《中原音韵》是我国最早出现的一部曲韵韵书。它是适应北曲发展的需要,统一戏曲语言的著作。北曲的语言,"韵共守自然之音,字能通天下之语"。因而这部韵书反映了当时汉语通语的语音,成为近代汉语语音史的"极有价值极可宝贵之一段史料"(钱玄同《中原音韵研究审查书》)。书中关于北曲体制、语言规范、创作方法的内容,是戏曲理论遗产的精粹。这部韵书的作者,就是我国历史上杰出的语言学家、戏曲家、诗人周德清。

周德清,字日湛,号挺斋,江西高安暇堂(今江西高安杨墟乡周家村老屋周家)人。据《暇堂周氏宗谱》记载:周德清生于宋端宗景炎丁丑(公元1277年),卒于元至正乙巳(公元1365年)。他是北宋理学创始人周敦颐(公元1017—1073年)的六世孙。周敦颐,世居道州营道(今湖南道县),晚年定居庐山。其幼子焘,焘生勤,勤生京,周京即周德清的曾祖,始迁暇堂。周京长子子安,子安生三子:贵祥、希旦、季和,周德清是季和的第三子。周德清"工乐府,善音律",青少年时代事迹无考,从《中原音韵·后序》"余作乐府三十年"一语推断,大约公元1311年左右三十多岁时离家外出,开始了"歌台舞榭,诗酒疏狂"的创作和漫游生活[①]。"从传下来的诗文尚能依稀辨认他盘桓于庐山、浔阳、大都、吉安等地的足迹。[在漫游期间],周德清一面从事乐府创作,一面潜心探讨乐府创作的方法、音律和语言规范。"(宁继福《中原音韵表稿》,吉林文史出版

---

① 参见刘能先、刘裕黑《有关周德清几个史实的研究》,《中原音韵新论》,北京大学出版社,1991年版。

社,1985年版)元泰定甲子秋,即1324年,他在大都完成了名著《中原音韵》的定稿,不久,回到南方吉安,"留滞江南"十七八年,直到元至正元年,即公元1341年,赖朋友吉安文士罗宗信等的奔走,《中原音韵》才得以在吉安刊行。次年,周德清回到故乡,时年六十六岁,修宗谱,一直到老死。

周德清从事乐府创作三十年,作品可能不少,明无名氏《录鬼簿续篇》(据《天一阁蓝格写本正续录鬼簿》)称他"又自制为乐府甚多",但周氏的作品流传下来的并不很多。公元1351年刊行的杨朝英编《朝野新声太平乐府》选收了他的小令二十五首,套数三套。隋树森《全元散曲》辑有周氏小令三十首,套数三套,残曲六段。周德清的散曲作品,虞集称其"随时体制,不失法度,属律必严,比事必切,审律必当,择字必精,是以和于宫商,合于节奏"(虞集《中原音韵序》)。琐非复初称周氏"所作乐府,回文、集句、连环、简梅、雪花诸体,皆作今人之所不能作者。略举回文:'画家名有数家嗔,入门闭却时来问',皆往复二意。《夏日》词:'蝉自洁其身,萤不照他人',有古乐府之风。《红指甲》词:'朱颜如退却,白首恐成空',有言外意。俊语有'合掌玉莲花未开,笑破香腮'。切对有'残梅千片雪,爆竹一声雷'。雪非雪,雷非雷,佳作也。长篇短章,悉可为人作词之定格。"(琐非复初《中原音韵·序》)从现存的这些作品来看,的确是端谨严密,音节流畅,遣词清新,文采隽美,堪为乐府创作的标准模式。作品内容寓意也比较深刻,某些篇章抒发了诗人漫游江海,穷困潦倒,空有抱负,终不得志的伤感之情[①]。

周德清的最大成就,还是他编著了《中原音韵》一书。

《中原音韵》的内容可以分为两大部分,头一部分是以韵书的

[①] 参见刘能先、刘裕黑《有关周德清几个史实的研究》,《中原音韵新论》,北京大学出版社,1991年。

形式,把曲词里常常用来作为韵脚的字,共计5866个(据讷庵本),按字的读音进行分类,确定声类韵部,编成一个曲韵韵谱。韵谱分为十九韵:1.东钟、2.江阳、3.支思、4.齐微、5.鱼模、6.皆来、7.真文、8.寒山、9.桓欢、10.先天、11.萧豪、12.歌戈、13.家麻、14.车遮、15.庚青、16.尤侯、17.侵寻、18.监咸、19.廉纤。每一个韵里面,又按字音的声调所属分为平声阴、平声阳、入声作平声阳、上声、入声作上声、去声、入声作去声等7类。每一类里面,以"每空是一音"的体例,分别列出同音字组,"以易识字为头",一共有1588个同音字组。第二部分称做《正词作词起例》,共25条,内容是关于韵谱编制体例,收字、审音原则的说明;关于北曲体制、音律、语言规范以及曲词创作方法的论述等。其中"辨明古字略"、"略举释疑字样"、"附宫调曲牌名目"、"作词十法"等条,著录保存了许多重要的戏曲文献资料。

周德清编著《中原音韵》,在戏曲理论方面的贡献是很大的。

首先,当时北曲文学正处在发展的高潮阶段,"乐府之盛,之备,之难,莫如今时。其盛,则自闾阎歌咏者众。其备,则自关、郑、白、马一新制作,韵共守自然之音,字能通天下之语,字畅语俊,韵促音调……其难,则有六字三韵:'忽听、一声、猛惊'是也。"(周德清《中原音韵·自序》)但是在另外一方面,当时的艺坛上又出现了不少言语不正、音律失调等混乱现象。例如"合用阴而阳,阳而阴";"有字不能歌者";"有歌其字音非其字者";"有板行逢双不对,衬字尤多,文律俱谬,而指时贤作者"(同上《自序》)。这种混乱现象,严重地影响着北典艺术的健康发展。周德清挺身而出,毅然"为订砭之文,以正其语,便其作,而使成乐府"(《自序》),"自著《中州(原)音韵》一帙,分若干部,以为正语之本,变雅之端。"(虞集《中原音韵·序》)《中原音韵》为北曲提供了第一部曲韵韵谱,成为当时作曲用韵的准绳,并长期地为"作北曲者守之,兢兢无敢出入"。

（王骥德《曲律·论韵》）被誉为"如操舟之楫，控马之缰，不但利其行，虽纵横曲折，自能中矩"。（谢天瑞《中原音韵小引》）

其次，周德清关于北曲的语音规范，提出了"以中原之音为正"的著名口号。他说："言语一科：欲作乐府，必正言语；欲正言语，必宗中原之音。"（周德清《中原音韵·自序》）所谓"中原之音"，他认为就是"天下通语"或"四海同音"。他举出自己"于天下都会之所，闻人间通济之言：'……混一日久，四海同音。上自缙绅讲论治道，及国语翻译，国学教授言语；下至讼庭理民，莫非中原之音。'"目之为公论。他又充分肯定"前辈余论"："惟我圣朝，兴自北方，五十余年，言语之间，必以中原之音为正。"汉语发展到了十三、十四世纪时，形成了一种在北方广大地区通行的、应用广泛的交际场合的标准语音，这个事实从其他许许多多的语音史料也可以得到证实。用这种共同语语音的"中原之音"来作为北曲行腔吐字的标准，无疑地赋予了北曲艺术广泛传播的群众基础，使之具有强大的生命力。

再次，周德清在《中原音韵》里，关于北曲的体制、音律、创作和演唱技巧，都做了详尽的系统的论述。其中《正语作词起例》第25条"作词十法"，提出了北曲创作的"知韵、造语、用事、用字、入声作平声、阴阳、务头、对偶、末句、定格"等十大问题，逐一做了阐述，并举出例证。这样，使当时作曲者演唱者有章可循，可字各有攸当，用韵各有所协，对于繁荣北曲艺术，促进戏曲文学的发展，都作出了重大贡献。

此外，周氏关于乐府创作的理论和方法，都是对前人戏曲实践进行全面的总结，从前人获得成功的作品中归纳得来的。他的总结，是潜心研究深入体验的结果，他的归纳善于区分一般和特殊，抓住本质和主流，避免简单、机械从事，在方法论方面也为后来的学者树立了良好的榜样。

近代汉语音论

周德清编著《中原音韵》,在语言学方面特别是汉语语音史方面,贡献尤其突出。

首先,周德清编制曲韵韵谱,完全抛开了传统韵书如《广韵》的旧章法,创立了韵书的新体制。《广韵》先分四声(调),后分韵,再后分列同音字组。分韵苛细,有二百〇六韵之多,音切注释也颇纷繁,尤其是与实际语言距离较大,一般读者查对起来很不方便。《中原音韵》先分韵,后分调,再后分列同音字组。分韵仅十九部,同音字组采用"每空是一音,以易认字为头,止依头一字呼吸,更不别立切脚"(《正语作词起例》第11条)的体例,分韵类声,与实际语言相合,简易明了,切合实用。这种敢于改革、敢于创新的精神,在当时的历史条件下,的确是难能可贵的。同期略早些时候的《古今韵会举要》和《七音三十六母通考》也是富有革新精神的韵书,也是根据当时实际语言的音来编制的,但是在编制体例上,仍旧沿袭传统韵书的框架,不敢越雷池一步。比起《中原音韵》的彻底改革的做法,不可同日而语!《蒙古字韵》的编制体例和字与声合的特点很类似《中原音韵》,但它是作为用八思巴蒙古字译写汉语的对译范本,对汉语的声调无从区分,查对起来也不甚方便,也不能跟《中原音韵》相比。周德清革新韵书体制之举,开一代新风,后起的曲韵之书和字典式韵书都竞相仿效,出现了一系列新体制、反映实际语音的韵书,大大充实了汉语语音史的文献资料的宝库。

其次,周德清编著《中原音韵》,"以其能精通中原之音,善北方乐府,故能审声以知音,审音以类字。而其说则皆本于自然,非有所安排布置而为之也。"(李祁《中原音韵·序》)总之,他只凭当时实际语音为准来编制,不受传统韵书框架的束缚,所以他的书充分地反映了当时实际语音的真相。正因为他凭实际语音为准,所以能够敏锐地发现当时语音的一些重大发展,"平分二义(阴、阳)"、"入派三声"这两项发明就是极为生动的例子。当时的汉语共同语音平声已经分化为阴、阳两类,这一发展代表了北方话的共同趋势,人们却熟视无睹,是周德清首次提示出来的。"入派三声"是为了适应戏曲语言(艺术语言)的需要,跟口头语言、教学语言虽有所不同,但是当时的入声也有了很大的发展,在口头语言、教学语言里,入声明显地失去了塞而不裂的韵尾,元音延长,只保存一个独立的调位了。从语音的发展趋势来看,"入派三声"可以导致入变三声的演变,很可能在当时的中原官话区内的个别次方言里已经发生了这种演变,只是还远没有成为主流,所以周氏对这个问题反复加以解释,"毋以此为比"。这就说明周德清对当时共同语标准音及其基础方言了解得多么深刻,他的语言学功底在当时也是无与伦比的。因此,《中原音韵》的全部内容,不仅是近代汉语语音研究的主要依据,而且是汉语语音史研究的弥足珍贵的参考资料。

再次,周德清在《中原音韵》里提出"以中原之音为正"的正音观点,而且切实贯彻到《中原音韵》全书之中。这些有关内容,对于我们今天积极推广以北京语音为标准音的普通话,扎扎实实地做好普通话的普及、巩固、提高工作,不无值得借鉴的地方。因此,《中原音韵》一书对于当代的语文工作也有一定的参考价值。

《中原音韵》的版本,在文献中著录的包括他人增修的本子在内,不下二十种。但存世的目前只有下列七种。

1. 讷庵本。刻于明正统六年(公元1441年),卷末有旴江讷庵《书〈中原音韵〉后》。现藏中国社会科学院文学研究所,中华书局1978年6月影印出版,陆志韦、杨耐思校勘。

2. 瞿氏铁琴铜剑楼藏本。据赵万里先生鉴定,此本刻于弘治正德间,现藏北京图书馆,1922年铁琴铜剑楼影印。《重订曲苑》所收本,1926年海宁陈乃乾"合刻本",皆据此本石印。

3. 王文璧增注本,题《中州音韵》,只有韵谱。初刻于明弘治十六年（1503），由张辔刊行于福建。卷末有张辔《中州音韵·后序》，序文残缺。现藏日本内阁文库。重刊于明弘治十七年（1504），由罗列、姚鹏刊行于福建。清人称为精刊本，现藏上海图书馆。

4.《乐府通用中原音韵》。谢天瑞校，明万历己亥（公元 1599年）刻于杭州。只有韵谱。现藏吉林省社会科学院。

5. 槜李卜氏刻本。只有韵谱，卜二南序。初刻于明万历辛丑（公元 1601 年）。韵谱前题："高安周德清编辑、吴兴王文璧增注、古吴叶以震校正"。现藏北京图书馆、故宫博物院，上海图书馆等处。此本三槐堂印本，印于公元 1639 年以后，据许德宝考证，即《中原音韵问奇集》，今藏天津人民图书馆。

6.《啸余谱》所收本。《啸余谱》程明善辑，初刊于明万历己未（公元 1619 年），有程明善序，称为明啸本。重刊于清康熙壬寅（公元 1662 年），有张汉《重订〈啸余谱〉序》，称为清啸本。两种啸本都收有《中原音韵》，韵谱部分系王文璧增注本的后代。现藏北京图书馆等处。

7.《四库全书》集部词曲类南北曲之属所收本。

讷庵本、瞿氏铁琴铜剑楼藏本、《啸余谱》所收本、《四库全书》所收本为全本，其余为节本（只有韵谱）。以讷庵本为最早、也是最好的一个版本。

（原载《中国古代语言学家评传》，山东教育出版社 1992 年 10 月第 1 版）

近代汉语语音研究中的三个问题

近代汉语语音简称近代音。建国以来,近代音的研究有了较大的发展。资料扩充,领域拓展,方法更新,成果繁多。唐作藩教授与笔者合写的《四十年来的汉语音韵学》(载《语文建设》1989年第5期第2~10页),对这方面的、截止到1989年6月的情况作了述评。主要就四十年来近代音新资料的搜集和整理、专题研究和专书研究的新近进展、研究方法的改进等方面,进行了初步的总结,提出了一些粗浅的看法。本文拟就近代音研究中的几个比较重要的问题作一些补充。

一 关于近代音的分期

五十年代,语言文字学为适应促进汉字改革、推广普通话、促进现代汉语规范化的需要而开展研究,开始涉及汉语发展史。王力先生在北京大学中文系开设了汉语史课程,随后出版了《汉语史稿》(科学出版社,上册1957,中、下册1958)。关于汉语史的分期问题,王先生提出了一个初步的意见:"(一)公元三世纪以前(五胡乱华以前)为上古期。(三、四世纪为过渡阶段。)(二)公元四世纪到十二世纪(南宋前半)为中古期。(十二、十三世纪为过渡阶段。)(三)公元十三世纪到十九世纪(鸦片战争)为近代。(自1840年鸦片战争到1919年五四运动为过渡阶段。)(四)二十世纪(五四运动以后)为现代。"(《汉语史稿》1957年版,第35页)王先生所分的近代期,跟钱玄同、罗常培给汉语语音史断代所分出的北

近代汉语音论

音时期①相一致。近代音以周德清《中原音韵》音系为代表。从五十年代到八十年代,王力先生关于汉语史的分期的意见,一直为语言学界所公认,以《中原音韵》音系为中心而开展的近代音研究,也一次又一次地形成热潮。

1983年吕叔湘先生在为刘坚同志《近代汉语读本》②所写的序里提出:"建议把近代汉语的开始定在晚唐五代即第九世纪。"③次年,吕先生又在他的《近代汉语指代词》④的序里说,"以晚唐五代为界,把汉语的历史分成古代汉语和近代汉语两个大的阶段是比较合适的。"⑤吕先生的分期的主张是"从汉语本身的发展经过着眼"⑥,仔细地考察分析了汉语书面语的性质特点和发展情况而后得出的结论,因而受到近代汉语研究的学者们的高度重视,经过一段时间的讨论以后,大都倾向于接受这个结论。就近代汉语的语音而论,能够体现近代汉语的新的音变现象,例如唇音的分化(轻唇音与重唇音)、"庄、章"合流,"云、以"合流,浊音清化、浊上变去以及韵母分类简化;等等,在晚唐五代就留下了踪迹。到了《中原音韵》时代,这些近代汉语特有的音变现象,多半已经完成。郑再发教授把这些音变现象归纳出17项要目⑦,在《中原音韵》音系里

---

① 钱玄同《文字学音篇》(曹述敬选编《钱玄同音学论著选辑》,山西人民出版社,1988)继承段玉裁、章太炎等人学说并修订,把汉语语音史分为周秦、两汉、魏晋南北朝、隋唐宋、元明清及现代六期。罗常培先生《汉语音韵学导论》(中华书局,1956)关于古今音韵变迁大势也分为六期,各期的起迄年代一仍钱氏之旧,只给各期添加一个新的称谓。一、二期称为古音时期,三、四期称为韵书时期,五期称为北音时期,六期称为音标时期。

② 刘坚《近代汉语读本》,上海教育出版社,1985。

③ 同上。

④ 吕叔湘著、江蓝生补《近代汉语指代词》,学林出版社,1985。

⑤ 同上。

⑥ 刘坚《近代汉语读本》,上海教育出版社,1985。

⑦ 郑再发《汉语语音史的分期问题》,史语所《集刊》第36本下册,1956。

就出现了 12 项。因此,把《中原音韵》所反映的语音系统,看成近代音的典型代表,是完全合情合理的,并且把近代音的起始定在晚唐五代,也是符合实际情况的。这样,近代音的发展就能与近代汉语词汇、语法的发展同步进行,近代音的分期也就与整个近代汉语的分期取得一致了。

二 关于近代音研究的一项新方法——剥离法

宋元明清的许多音韵资料,韵书、韵图和其他资料所反映的音系,往往使人感觉到不是单一的音系,而是或多或少地夹杂着语音的时空差异的成分在内。或者是同一时期、不同的作者所著录的,彼此也有分歧。前人对这类音韵资料的看法和处理,曾有过不少困惑。一般把它们当成"古今南北杂糅"的东西。还往往以"杂糅"的程度来衡量其价值。于是一些音韵资料似乎"杂糅"的程度高而被冷落,一些音韵资料似乎"杂糅"的程度低而受到青睐。从 80 年代初期开始,我们从 16 世纪初朝鲜崔世珍所著《四声通解》(1517)中得到启发,认识上深入一大步。《四声通解》是一部用朝鲜正音文字标注汉语语音的韵书。在这部韵书里,主要记录了汉语的四种音:(一)正音,即《洪武正韵》的反切所反映的汉语音;(二)蒙音,即元代《蒙古韵略》(《蒙古字韵》的前身)所译对的汉语音;(三)俗音,即朝鲜申叔舟《四声通考》所著录的汉语口语音;(四)今俗音,即崔世珍自己所著录的汉语口语音。① 崔世珍记录这四种音所采用的方法,就是"就同注异"的注音方法。他以《洪武正韵》反切所反映的"正音"为准绳,对于其他三种,凡与"正音"相同的,一律不注,这叫"就同";凡与"正音"不同的一律加注,这

---

① 参考孙建元《〈四声通解〉'今俗音'研究》,硕士学位论文,1985。

叫"注异"。从这里,我们很容易地发现,他这部韵书是在所设计的一个音系框架之中,容纳了四个不同的音系,以一个音系为准绳所辑录的结果。这四个音系的相同的部分,在这个音系框架之中形成重叠,这四个音系的不同的部分游离于重叠部分之外。无论重叠部分,还是重叠部分以外的游离部分,都在这个总的音系框架之中,而不破坏这个音系框架的完整性。18世纪末的李汝珍《音鉴》也存在这种情况。李汝珍匠心独运地设计了一个音系框架,容纳了基本上是两个彼此有区别的音系,所谓"南北方音兼列"。这两个音系,一个是所谓"北音",也就是李汝珍童而习之并保持的故乡大兴(今北京市南郊)话音系。一个是所谓"南音",也就是李汝珍久作寓公所熟会的海州板浦(今江苏省连云港市灌云县板浦镇)话音系。① 由此可见,宋元明清的一些韵书、韵图等的这种在一个音系框架之中,安排两个或两个以上的音系的做法,是造成音系"杂糅"性质的真正原因。根据这种情况,我们就有了一种新的研究方法,这种方法可以称作"剥离法",把各个音系逐一从中剥离出来,加以复原,就再也不会感到困惑和处理上的束手无策了。对这类音韵资料的价值也得重新加以估评了。

三 关于近代音发展的一项规律

语音的演变是有规律的。语音演变的规律,都是遵循着这样一条定理:语音系统中的音在相同的条件下才有相同的演变。反之,在不同的条件下,就不可能有相同的演变,后来王士元教授创立"词汇扩散论",认为语音演变的规律,开始时表现在个别的词里,后来逐渐扩散到同一个语音系列的所有的词。这样,这一项语

---

① 参考杨亦鸣《李氏音鉴音系研究》,陕西教育出版社,1992。

音演变规律就完全实现了。随着近代音研究的深入开展,我们又发现,语音演变规律的实现,还有一个新旧交替的过程。在这个过程中,语音的演变往往采取一字两读的形式。这是从考察分析《中原音韵》两韵并收字的读音中得到的结果。

《中原音韵》有不少系统性的两韵并收字。所谓系统性,是指并收于两韵的字同声母、同声调,只是不同韵。并收于东钟与庚青两韵的字,共计29个。

平声阴:肱觥薨甍泓崩绷烹倾兄
平声阳:棚鹏盲甍萌宏纮横(平)嵘荣弘
上　声:艋蜢永
去　声:迸孟横(去)咏莹

这29个字,就其来源来说,属于《广韵》的庚、耕、清、青韵系和登韵系,等韵的梗、曾摄牙喉音合口类和唇音类(入声除外)。《中原音韵》的庚青韵,来源于梗、曾摄(入声除外),东钟韵来源于通摄(入声除外)。这29个两韵并收字,见于庚青韵是与这些字的古读相接承的,见于东钟韵就意味着发生了某种新的变化,正如张清常先生所说,"这是《中原音韵》新著录的异读。"① 往后,到了16世纪初王文璧的《中州音韵》(今存明弘治十六年刊本,现藏日本内阁文库;明弘治十七年刊本,现藏上海图书馆。参考许德宝《中州音韵考》)里,这29个字只收在东钟韵,不收入庚青韵。从这里,我们可以看到,这些字的读音,由庚青类转为东钟类的演变过程。读为庚青类是原来读音的正则变化,可以叫做旧读,读为东钟类是一种新的读音,最后取代旧读。《中原音韵》的东钟与庚青两韵并收,反映了新、老两派读音并存的局面。从语音构成来看,东钟与庚青都是以后鼻音[ŋ]收声的韵,两者的区别,在《中原音韵》的时

---

① 张清常《中原音韵新著录的一些异读》,《中国语文》1983年第1期。

代,只是韵腹的元音不同,庚青韵是[ə]类元音,东钟韵是[u]类元音。这种语音演变也就是[ə]类→[u]类的演变。《中原音韵》的两韵并收,也就反映[ə]类、[u]类并存的局面。[ə]类变为[u]类的原因,可以从这些字属于牙喉音合口类这一点上找到一些解释的线索。由于合口[u]介音的强化作用,可以使后面的主元音弱化乃至消失。至于这些字属于不分开合的唇音类的,就无从解释了,不过这类字在今天的北京话和一些官话区的方言里,还基本上保持[ə]类元音的读法,可能在一个时期变成了[u]类,是很不稳定的。总而言之,《中原音韵》系统性的两韵并收字的读音的例子,展示了语音发展的又一项规律,即语音的发展是通过新的语音演变趋势的发生,形成新、老读音并存的局面,然后新的读音逐渐稳固下来,老的读音逐渐消失,最终新的读音完全取代老的读音,形成新的语音结构这样的过程来完成的。

(原收入《中国语文研究四十年纪念文集》,北京语言学院出版社,1993年10月第1版)

八思巴字汉语的字母

元代忽必烈皇帝特命国师八思巴创制的官方文字，世称八思巴蒙古字或八思巴字，八思巴字是仿照藏文和梵文的体制而创制的一种音素字母的拼音文字，于公元1269年由皇帝下诏颁布施行。八思巴字是为蒙古统治者的需要而创制的，首先用于拼写蒙古语，成为蒙古族的一种民族文字。同时为了适应元朝大统一的需要，八思巴字又用于"译写一切文字"——即拼写帝国境内各民族的语言。从现存的文献资料来看，拼写汉语是首要的。这种用八思巴字拼写汉语所形成的文字系统，我们称它为八思巴字汉语。八思巴字是一种音素字母文字，所以八思巴字汉语就是汉语的拼音方案。这是历史上第一个汉语拼音方案。

八思巴字汉语一共用了42个八思巴字母，是从八思巴字的41个原始字母中"去三增四"而得出的。八思巴字汉语的"字母表"首见于元代朱宗文校订的《蒙古字韵·字母》，是公元1308年写定的。这个"字母表"先列辅音字母35个，后列元音字母7个。辅音部分先列八思巴字母原文，接着在每个辅音字母之后，列出与之相对照的汉语等韵三十六字母。元音部分先列八思巴字母原文，后面用汉字总括注明："此七字[母]归喻母"。

现在讨论"字母表"的每个字母所代表的汉语音韵地位以及每个字母的音值构拟。本文为了排印的方便起见，八思巴字母原文一律用拉丁字母及符号来转写，转写方案系笔者与照那斯图教授共同制定的，详《蒙古字韵校本》（民族出版社，1987年10月第1版）八思巴字母的排列顺序按"字母表"原来的顺序，编号

1.2.3.……是笔者所加。

一 辅音

1. g 见, 2. k' 溪, 3. k 群 4. ŋ 疑:这四个字母代表"牙音"的一组声母,g k' k ŋ 一望而知是舌根音[k]等,鼻音"疑"母[ŋ]一部分还保存着。塞音有"清","浊"的对立,形成"清,浊,次清"(送气音)三位对比。八思巴字在塞音方面以"浊"对"清",以"清"对"浊",乃是一种常规现象。

5. d 端, 6. t' 透, 7. t 定 8. n 泥:代表"舌头"音一组声母,是舌尖塞音和鼻音[t t' d n]无疑。"清浊"对立,三位对比同见组。

9. 26. dž 知照,10. 27. tš' 彻 穿 11. 28. tš 澄 床 12. ň 娘:代表"舌上,正齿"塞擦音及"舌上"鼻音。"知彻澄"和"照穿床"两组合成一组,对音值构拟,应该属于混合舌叶[ʧ]等一类。这里塞擦音也有"清,浊"对立,形成三位对比。鼻音在这个部位有[ɲ],显示"娘"母的保留。

13. b 帮,14. p' 滂,15. p 并,16. m 明:代表"重唇音"一组声母,双唇塞音和鼻音。"清浊"对立,三位对比同见组。

17. 18. hu̯ 非敷,19. fiu̯ 奉,20. w 微:代表"轻唇音"一组声母,"非"和"敷"当合并。"非敷 奉"是[f]和[v]。而"微"母也许是个[w]。

21. dz 精,22. ts' 清,23. ts 从,24. s 心 25. z 邪:代表"舌齿音"一组声母,塞擦音有"清浊"对立,形成三位对比,同"知 照"组。擦音有二,"心"清"邪"浊。

29. š 审, 30 š' 禅:代表"正齿音"的擦音声母,其音值构拟当是[ʃ],[ʒ],"审"清"禅"浊。

31. h 晓, 32. ɤ 匣合*, 37. ɦ 匣, 33. ·影, 38. j 影幺, 34. ,喻鱼, 39. j 喻:代表"喉音"的一组声母。"晓"是清擦音[h],"匣"是浊擦音[ɦ],还有一个浊擦音(属于洪音)是[ɤ]。"影"也分为两类,都是零声母,一类属于洪音,可构拟作[ʔ],另一类属于细音,可构拟作[ʔj],我们写作[j]。"喻"也分为两类,也都是零声母。属于洪音的一类,就是[∅],属于细音一类,是[j],是个半元音性质的辅音[j]。"匣,影,喻"三母各一分为二,成为六母。分化的条件,根据其后面所接的韵母的性质来定。比如"影"母分化为"影"和"幺":一等,二等合口,三等子类,三等丑类,三等寅类 B(重纽三等)归"影"。二等开口,三等寅类 A(重纽四等)归"幺"。又如"喻"母分化为"鱼"和"喻"。在元代,"疑"母的一部分已经失去软颚鼻音,与"喻"母合流了。"疑"母变"喻"母也是按着一定的条件分别合于两个"喻"母"鱼"和"喻"的:一等,二等合口,三等子类,三等丑类,三等寅类 B(重纽三等)归"鱼",二等开口,三等寅类 A(重纽四等),四等开口归"喻"。(参考拙作《汉语影,幺,鱼,喻的八思巴字译音》,中国民族古文字研究,中国社会科学出版社 1984 年 10 月第 1 版)跟"影,幺"的分化规律恰好是一致的。

35. l 来, 30. ž 日:代表"半舌半齿"的"来"和"日"两个声母。"来"是[l]无疑。"日"的音值有点难定。若与"知,照"成一个系列,而相当于"日"母的位置有[ʒ]已经被"禅"母占去,只好认为它与"知,照"的系列有些差别。音值构拟存疑。

这个字母表表面列的是辅音字母 36 个,而"知彻澄"与"照穿床"共用一套字母(说明在当时"知照"已经混而不分了);"匣影喻"三个字母又各一分为二,从数量上补偿了由于"知,照"等合并而减少之数,仍是 36 个。再是"非,敷"不分,这是所有八思巴字汉

---

* "合幺鱼"等字母名称是采自《韵会》卷首附载《七音三十六母通考》。

语资料都是如此的,"非,敷"合一后辅音字母总数成了35个,这就是元代八思巴字汉语的35母。这个声母系统的一个较大的奇特现像,就是一个零声母用了四个八思巴字母。这四个八思巴字母是根据汉语韵母的"开合"和"洪细"的不同而分化的。还有,八思巴字汉语也用字头符加连接符来拼写零声母,例子出现于《蒙古字韵》的五鱼,八寒,十四歌等三个韵部里"吾五误兀,屼玩,讹卧"等。照那斯图教授的《八思巴字的零声母符号》(民族语文,1989年第2期)已考证出:在八思巴蒙古语里,词首元音前的。与零声母,跟字头符(加连接符)发生交替现像(交替的条件是发生在 i u e o 等元音之前)。因此,字头符(加连接符)也是一个零声母符号。八思巴字汉语的零声母的这个特例应是仿照蒙古语的(参考拙文《八思巴字汉语零声母写法的特例》,在中国语言学会第7届学术年会上报告过)。

二 元音

《蒙古字韵·字母》所列的元音字母共7个,其实还有一个零形式的[a],"字母表"上,元音的排列不像辅音排列那样从顶格开始,而是低一格。顶格里的应该就是八思巴字字母零形式的[a]。这样,八思巴字汉语所用的元音字母不是7个而是8个。下面对"字母表"的元音逐个进行讨论和构拟。字母的顺序按原来的顺序,元音[a]为第一个,仍像处理辅音字母那样,先列出字母原文的拉丁转写形式,紧接着注上盛熙明《法书考》,陶宗仪《书史会要》所录八思巴字母的汉语名称。顺序号是笔者所加。

1. a 阿:八思巴字汉语的元音 a 也是通过零形式来表现的。一是零形式的存在以辅音为前提,在一定条件下的辅音字母后无元音字母时表示辅音后有 a 元音;一是韵母元音凡别的元音都有字母表示，那么不用字母表示的元音就是 a。a 在汉语里是构成韵腹的一个常用响亮度大的元音。

2. i 伊：代表元音[i]，是构成韵腹的一个响亮度大的元音。

3. u 邬：代表元音[u]，是构成韵腹的一个响亮度大的元音。

4. e 翳：代表元音[e]，这个元音有双重性质，一方面用以构成韵腹，也是一个响亮度大的元音。另一方面又有时可以用来构成韵头的一个短的元音。

5. o 污：代表元音[o]，是构成韵腹的响亮度大的元音。

6. ė 也：代表一个常构成韵头的短的元音，跟元音 e 有时候（即元音 e 构成韵头起作用时）音色很近似。

7. ṳ 髙：代表一个经常构成韵头的短的响亮度小的元音[u]。跟 3 号字母[u]不能互换。

8. ị 耶轻呼：代表一个经常构成韵头的短的响亮度小的元音[i]。跟 2 号元音[i]不能互换。

八思巴字汉语的元音字母数量虽多，但各有分工，1、2、3、4、5 号元音都经常用于构成韵腹（其中 4 号元音有时用于构成韵头）6、7、8 号元音都经常用于构成韵头，极少情况下构成韵腹。还有汉语的元音韵尾[i, u]往往都不用元音字母来构成，而常用辅音字母来构成。这也是八思巴字汉语使用八思巴字字母的一个重大特色。

本文撰写过程中得到金薰镐教授的帮助，志此申谢。

（原载《语言研究》1994 年增刊）

元代汉语的标准音

这里所说的元代汉语是指元代的汉语共同语,就是曾经被称做古官话(Old Mandarin)的汉语。

近代汉语从晚唐五代发展到了元代,它的语音系统可以说已经进入了成熟阶段,可是古官话的标准音问题却是困扰研究者们的一道难题。从元代记录当时实际语音的两系韵书来看,表现出明显的语音系统的共时差异。一系韵书可以拿周德清的《中原音韵》作代表,同系的还有卓从之的《中州乐府音韵类编》、无名氏的《中原雅音》等。另一系韵书可以拿《蒙古字韵》作代表,同系的有黄公绍、熊忠的《古今韵会举要》(简称《韵会》,下同)和《韵会》卷首附载的《七音三十六母通考》(简称《七音》,下同)等。

一

这种语音系统的共时差异主要表现在声母方面。

(一) 浊音清化

浊音是指等韵三十六母的"群定澄床禅並奉从邪匣"十母,所谓"全浊"。在《蒙古字韵》音系里,浊音自成一类,仍保持原来的浊音性质,跟同部位的清音(全清、次清)形成对比(参见拙作《元代汉语的浊声母》,《中国语言学报》第三期,商务印书馆1988年版):

	蒙古字韵	韵会	七音
群:见	k:g①	角浊音:角清音	群:见
定:端	t:d	徵浊音:徵清音	定:端
澄床:知照	tš:dž②	次商浊音:次商清音	澄:知
禅:审	$š_2:š_1$	次商次浊音:次商次清音	禅:审
並:帮	p:b	宫浊音:宫清音	並:帮
奉:非	fiu:hu	次宫浊音:次宫清音	奉:非
从:精	ts:dz	商浊音:商清音	从:清
邪:心	z:s	商次浊音:商次清音	邪:心
匣:晓	ɦ,ɣ③:h	羽浊音,羽浊次音:羽次清音	匣,合:晓

而在《中原音韵》音系里，浊音已经清化，变为同部位的清音。在平声：浊音与清音虽然形成对比，但这种对比，反映的是声调的区别。《中原音韵》平分阴阳，浊音字归入平声阳，清音字归入平声阴。在塞音、塞擦音上，浊音的变音读送气音（参见拙作《中原音韵音系》，中国社会科学出版社1981年版）。在仄声：浊音上声字转为去声，并与同部位的清音合流。例如：蚌_上＝傍_去＝谤_去；奉_上＝凤_去＝讽_去；动_上＝洞_去＝栋_去；丈_上＝杖_去＝帐_去；项_上＝巷_去＝向_去；弟_上＝地_去＝帝_去。在塞音、塞擦音上读不送气音。入声浊音"作"平声阳，变与同部位的清音，在塞音、塞擦音上读不送气音。总之，《蒙古字韵》比《中原音韵》多出一套浊声母，所以它的声母共有35类（《中原音韵》的声母共21类）。

（二）匣与合

《蒙古字韵》音系"匣"母分化为"匣、合"二类，分化的情况

---

① 《蒙古字韵》的八思巴字对音在塞音、塞擦音上以清对浊，以浊对清。
② 当时"知彻澄"与"照穿床"合二而一。
③ 《蒙古字韵》"匣"母一分为二，下面还要讨论。

近代汉语音论

如下：

	蒙古字韵	韵会	例字（附等呼）
匣	庚部 euŋ	肩韵	萤青合四①
	庚部 iiŋ	行韵	行庚开二、茎耕开二、形青开四
	阳部 iaŋ	江韵	降项巷江开二
	支部 ėi	鸡韵吉韵	奚系齐开四、檄锡开四
	支部 ėue	规韵桔韵	携惠齐合四、狊合四
	先部 uėn	涓韵	玄泫县先合四
	先部 ėon	卷韵	贤岘见先开四
	萧部 iaw	交韵觉韵	肴佼效肴开二、觉觉二
	覃部 iam	缄韵	咸槛陷衔二
	麻部 ia	嘉韵夏韵	遐下夏麻开二、洽狭洽开二、狎狎二、黠黠开二

	蒙古字韵	韵会	例字（附等呼）
合	东部 uŋ	公韵	洪红哄东一、横庚合二
	庚部 iŋ	京韵	恒登开一
	阳部 aŋ	冈韵	航沆吭唐开一
	阳部 oŋ	黄韵	湟晃扩唐合一
	支部 ue	妫韵国韵	回瘣灰合一、会泰合一、或德合一
	鱼部 u	孤韵谷韵	故户互模一、斛屋一、鹄沃一
	佳部 aj	该韵	孩亥澥哈开一、害泰开一
	佳部 uaj	乖韵虢韵	怀坏皆合二、话夬合二、获麦合二
	佳部 ij	黑韵	劾②德开一
	寒部 an	干韵	寒旱汗寒开一
	寒部 on	官韵	桓缓换桓合一
	寒部 uan	关韵	还莞患删合二、渡幻山合二

① 青，举平以赅上去，下同。
② 《蒙古字韵》"劾"误作"刻"，今依照那斯图、杨耐思《蒙古字韵校本》（民族出版社1987年版）改正。

萧部	aw	高韵各韵	豪皓号豪— 涸铎开—
萧部	uaw	郭韵	铎铎合—
尤部	iw	鸠韵	侯厚后侯—
歌部	o	歌韵葛韵	何荷贺歌开— 曷曷开— 盍盍— 合合—
歌部	uo	戈韵括韵	和祸戈合— 佸活末合—
麻部	ua	瓜韵刮韵	瓜寡麻合二 滑黠合二

从上面的情况看来,《蒙古字韵》"匣"母的分化与等呼有密切的关系,呈现出有规律的现象,即:

(甲)四等韵(不论开合)与二等开口韵的"匣"归"匣"。

(乙)一等韵(不论开合)与二等合口韵的"匣"归"合"(中古音"匣"母只有一、二、四等)。

"匣"母分为二类,从声韵的结合情况看,"匣"往往拼细音,"合"往往拼洪音。

而在《中原音韵》音系里,如上面所述,浊音清化,"匣"母变同"晓"母,更不再分化了。在平声:"匣"母字归平声阳。在仄声:"匣"母上声转为去声,与同部位的"晓"母合流,即同在一个小韵,例如:

江阳	去声	巷匣	向晓	项匣
剂微	去声	戏晓	系係匣	
寒山	去声	旱匣	汉晓	翰匣
家麻	去声	下匣	吓晓	暇匣

"匣"母字入声"作"平声阳。

(三) 影与幺

《蒙古字韵》音系里,"影"母分化为二类:"影"与"幺"。分化的情况如下:

近代汉语音论

	蒙古字韵		韵会	例字（附等呼）
影	东部	uŋ	公韵	瓮翁_{东一}①
	东部	ėuŋ	弓韵	雍拥_{钟三}
	庚部	iŋ	京韵	英影映_{庚开三} 膺_{蒸开三}
	庚部	uuŋ	泓韵	泓_{耕合二}
	阳部	aŋ	冈韵	泱盎_{唐开一}
	阳部	iaŋ	江韵	央鞅怏_{阳开三}
	阳部	uaŋ	光韵	汪汪汪_{唐合一}
	支部	i	羁韵讫韵	漪倚_{支开三} 懿_{脂开三} 医意_{之开三} 依庡衣_{微开三} 忆_{职开三} 邑_{缉三} 乙_{讫开三}
	支部	ue	妫韵国韵	煨秧_{灰合一} 威 尉_{微合三} 薈_{泰合一} 逶委_{支合三} 濊_{废合三}
	支部	ui	惟韵	恚_{支合四}
	鱼部	u	孤韵谷韵	乌坞恶_{模开一} 屋 沃_{沃一}
	鱼部	ėu	居韵菊韵	於 饫_{鱼三} 迂 妪_{虞三} 郁_{屋三} 尉_{物合三}
	佳部	aj	该韵	哀爱哈_合 蔼_{泰合一}
	佳部	uaj	乖韵虢韵	蛙_{佳合二} 擭_{陌合二}
	真部	in	巾韵	殷隐_{殷开三}
	真部	eun	钧韵	温稳_{魂合一}
	真部	uin	筠韵	贇_{真合三} 氲惲愠_{文合三}
	真部	hin	根韵	恩_{痕开一}
	寒部	an	干韵	安按_{寒开一}
	寒部	on	官韵	豌剜腕_{桓合一}
	寒部	uan	关韵	弯绾_{删合二}
	先部	ėn	坚韵	焉堰_{仙开三} 鄢_{元开三}
	先部	uėn	涓韵	鸳婉怨_{元合三} 宛_{仙合三}
	萧部	aw	高韵各韵	鏖袄奥_{豪一} 恶_{铎开一}

---

① 东,举平以赅上去,下同。

元代汉语的标准音

蒙古字韵		韵会	例字(附等呼)
萧部	ew	骄韵脚韵	妖夭宵三 约药开三
萧部	uaw	郭韵	蠖铎合一
萧部	u̯ėw	矍韵	玃药合三
尤部	iw	鸠韵	忧优尤三
尤部	hiw	钩韵	欧呕沤侯一
覃部	am	甘韵	庵揞暗覃一 捴谈一
覃部	em	箝韵	淹掩盐三 醃埯严一 俺凡三
侵部	im	金韵	阴饮窨侵开三
歌部	o	歌韵各韵	歌歌开一 遏曷开一
歌部	uo	戈韵括韵	倭涹戈合一 斡末合一
麻部	ė	结韵	谒月开三 腌业三
麻部	ua	瓜韵	洼麻合二
麻部	u̯ė	玦韵	抉屑合四

	蒙古字韵	韵会	例字(附等呼)
幺	东部 ėuŋ	弓韵	縈青合四
	庚部 iŋ	京韵	婴瀴缨清开四 莺耕开二
	支部 i	羁韵忔韵	縊支开四 伊脂开四 鷖繄齐开四 益昔开四 壹一质开四 揖缉四
	佳部 aj	该韵额韵	娃矮隘佳开二 噫皆开二 哑陌开二 厄麦开二 餲央开二
	真部 in	巾韵	因印真开四
	寒部 an	干韵	殷山开二 晏删开二
	先部 ėn	坚韵	烟燕先开四
	先部 u̯ėn	涓韵	渊蜎先合四
	萧部 aw	高韵各韵	坳拗肴二 渥觉开二
	萧部 ėw	骁韵	幺杳萧开四 腰要宵开四
	尤部 iw	鸠韵	幽黝幼幽开四
	覃部 am	甘韵	黫衔二 黯咸二
	侵部 im	金韵	愔侵四
	麻部 ė	结韵	噎屑开四 厌叶开四

"影"、"幺"的区分跟等呼有密切的关系,呈现出有规律的现象,即:

(甲)一等韵(不论开合)、二等合口韵、三等韵(不论开合)、重纽三等字归"影";

(乙)二等开口韵、四等韵(不论开合)、重纽四等字归"幺"(参见拙作《汉语"影幺鱼喻"的八思巴字译音》,《中国民族古文字研究》,中国社会科学出版社,1984年版)。

从声母与韵母的结合看,"影"往往拼洪音,"幺"往往拼细音。

而在《中原音韵》音系里,"影"母唯有一类,不再分化。《蒙古字韵》的"影"和"幺"在《中原音韵》里虽不同在一个小韵,但形成互补,证明是一个声母而不是两个。

(四)鱼与喻

《蒙古字韵》音系喉音"喻"分化为"鱼、喻"两类,"鱼"即中古的"云"母,"喻"即中古的"以"母。还有中古的"疑"母因为失去舌根鼻音声母而与"喻"母合流,即所谓"牙音"转为"喉音",《韵会》所说的"《蒙古韵(略)》音入喻母"(见《韵会凡例》)。"疑"母变"喻"母,在《蒙古字韵》里也是变为"鱼"和"喻"。哪些变"鱼",哪些变"喻"?请看:

	蒙古字韵		韵会	例字(附等呼)
鱼	东部	éuŋ	弓韵	颙喁 钟三
	支部	ue	妫韵	嵬 隗 灰合一 巍 魏 微合三 外 泰合一
				危 支合三
	鱼部	éu	居韵菊韵	鱼语 鱼三 虞遇 虞三 玉 烛三
				崛 物合三
	佳部	uaj	乖韵	聵 皆合二
	寒部	u̯an	关韵	顽 删合二
	先部	u̯èn	涓韵	元阮愿 元合三

	麻部	ua	瓜韵刮韵	瓦麻合二 刖锴合二
	麻部	uê	玦韵	月月合三

		蒙古字韵	韵会	例字（附等呼）
喻	庚部	iŋ	京韵	硬耕开二
	支部	i	羁韵	倪诣齐开四 艺祭开四
	佳部	aj	该韵额韵	崖佳开二 騃皆开二 厓泰开一 额陌开二
	寒部	an	干韵	颜雁删开二 眼山开二
	先部	en	鞬韵	妍砚先开四
	萧部	aw	高韵各韵	聱龂肴开二 岳觉二
	萧部	ew	骄韵	尧萧四
	覃部	am	甘韵	嵒咸二 严衔二
	麻部	ê	结韵	臬屑开四

"疑"母变"鱼、喻"跟等呼也有密切的关系，呈现出有规律的现象，即：

（甲）一等韵（不论开合）、二等合口韵、三等韵（不论开合）重纽三等字的"疑"变"鱼"。

（乙）二等开口韵、四等韵（不论开合）、重纽四等字的"疑"变"喻"。

从声韵结合的情况看，"鱼"往往拼洪音，"喻"往往拼细音。

而在《中原音韵》音系里，"疑"母字失去鼻辅音后，变同"喻"母，并变同"影"母（即"疑、喻、影"合流）。"疑"母变音也不再分类了。

二

《蒙古字韵》音系与《中原音韵》音系在韵母方面也有不少的差异。

(一)首先就韵头来说,《蒙古字韵》和《中原音韵》的韵头都是∅(零)、i、u、iu 四类,已具四呼雏形,这是两者的共同点,姑置勿论。但是 i、iu 两类韵头在庚部(庚青)、支部(支思、齐微)、尤部(尤侯)、先部(先天)、萧部(萧豪)、覃部(监咸)、麻部(家麻、车遮)等韵部里,《蒙古字韵》又各分化为二类,有辨字功能。例如京≠经(京、经为韵类,下同)、羁(讫)≠鸡(吉)、妫(国)≠规(桂)、鸠≠樛、鞬≠坚、骄(脚)≠骁(爵)、箝≠兼、迦(讦)≠嗟(结)、瘸(厥)≠□(蒙古字韵原缺)(玦)等。而《中原音韵》通通并为一类。所以《蒙古字韵》的韵母总数是 73 类,《中原音韵》的韵母共 46 类。

(二)《蒙古字韵》在韵头方面开、合相互转化的例子较多,东部(东钟)、鱼部(鱼模)、庚部(庚青)的唇音字及歌部(歌戈)字由开口转合口,支部(支思、齐微)、先部(先天)、萧部(萧豪)、歌部(歌戈)、尤部(尤侯)的一部分字由合口转开口。而《中原音韵》开、合相互转化的例子极少,于是形成二者在韵头方面的又一项差异。例如:

例字	蒙古字韵韵头	中原音韵韵头
郭捉朔	-u-	∅
庄疮床霜	∅	-u-
支脂之诗时儿	-i-	∅
春券劝恋	-u-	-iu-

(三)就韵尾而言,《蒙古字韵》和《中原音韵》都是∅(零)、i、u、m、n、ŋ 共 6 类,这也是二者的共性。但是《中原音韵》的真文韵、寒山韵里杂入 m 尾的字。例如真文韵有品(=牝),寒山韵有凡樊(=烦繁)、犯范(=贩饭)等。这是-m 尾转化为-n 尾的起始阶段,限于唇音字,就是通常所说的"首尾异化"作用引起的音变。而《蒙古字韵》丝毫没有这种音变的痕迹。

元代汉语的标准音

（四）《蒙古字韵》的声调分为平、上、去、入四声（八思巴字字头不标声调，是对音汉字字组中标出的），而《中原音韵》"平分二义"，即平声分为平声阴、平声阳两类，跟今日普通话语音的阴平、阳平相当。《中原音韵》又有"入派三声"，即：入声分别"作"平声阳、上声、去声（请注意，只是"作"，不是"同"!）这也是二者的一项重大差别。

三

二者的差异是明显的。《中原音韵》是"以中原之音为正"，或"以中原为则，而取四海同音"而编成的。作者周德清（1277—1365）一再强调他的书拿"中原之音"作标准，不取"方语"与"乡谈"。甚至从各地人谈话中收集到容易被误读的例字采取两两比较的方式列成241例的"辨似表"，便于大家学习正音。所以《中原音韵》所代表的，不言而喻是当时的正音，也就是当时的标准音。

而《蒙古字韵》所代表的，也是当时的标准音。《蒙古字韵》是用八思巴字译写汉语的典范和总汇，译写所依据的汉语语音理所当然是当时的标准音。正如周德清《正语作词起例》上所说："……混一日久，四海同音。上自缙绅讲论治道及国语翻译，国学教授言语，下至讼庭理民，莫非中原之音。"《蒙古字韵》的校订者朱宗文《蒙古字韵·序》（校订本）说："圣朝宇宙广大，方言不通，虽知字而不知声犹不能言也。蒙古字韵字与声合，真语音之枢机，韵学之纲领也。"《韵会》所据的《七音》，一开始就标明："蒙古字韵音同。"其小序说，"韵书始于江左，本是吴音。今以七音韵母通考韵字之序，惟以雅音求之，无不谐叶。"雅音就是正音、标准音。

近代汉语音论

关于《蒙古字韵》和《中原音韵》以及其他同期资料所反映的语音共时差异的问题,前人已有过一些论述,提出过各种不同的看法。董同龢《中国语音史》把《韵会》(《蒙古字韵》与之基本相同)和《中原音韵》所反映的音系看成不同时代的产物,并划分为两个语音分期。认为《韵会》音系(《蒙古字韵》音系与之基本相同)代表南宋时期的语音,是为近古期。而《中原音韵》代表元代的语音,是为近代音。日本服部四郎《元朝秘史の蒙古语を表示す汉字の研究》(东京龙文书局 1946)则认为《蒙古字韵》代表南宋时期的临安音。龙果夫《八思巴字与古汉语》(唐虞译、罗常培校订,科学出版社 1959 年版)则认为:"我们的这些材料使我们可以说有两个大方言,……一个我们叫做甲类,包括八思巴碑文,《洪武正韵》,《切韵指南》;另一个我们叫做乙类——就是各种外国名词的译音和波斯语译音里的,并且甲类方言大概因为政治上的缘故,在有些地方也当作标准官话,可是在这些地方的口语是属于乙类的。结果这些地方有些字有两种并行的读音——一种是官派的,像八思巴文所记载的;另一种是近代化的土话,像波斯语译音所记载的。"罗常培先生对龙果夫的解释"相当地赞成"。说:"这两个系统一个是代表官话的,一个是代表方言的;也可以说一个是读书音,一个是说话音。"(见罗常培《论龙果夫的八思巴字和古官话》,《中国语文》1959 年 12 月号)罗先生在该文中又说:"前一个系统虽然不见得是完全靠古韵书构拟出来的,可是多少带一点儿因袭的人为的色彩……"

龙果夫和罗先生的意见极富启发性,是我们认识和解释《蒙古字韵》和《中原音韵》所反映的语音的共时差异的问题最有力的理由。《蒙古字韵》和《中原音韵》所反映的音系彼此差异甚大而又两者都标榜自己所记录的是当时的标准音的问题实质,就是元代汉语存在着两个标准音。一个是书面语的标准音,如《蒙古字韵》

所记录的;一个是口语的标准音,如《中原音韵》所记录的。这两个标准音都具有超方言的性质,在当时并行不悖。元代的语音材料所反映的语音的共时差异,也就是两个标准音之间的差异。

1995 年 4 月 30 日写竟

以为俞敏先生寿。

(原收入《薪火编》,山西高校联合出版社,1996 年 6 月第 1 版)

音韵学的一部力作

——评《古今韵会举要及相关韵书》

《古今韵会举要》(下称《韵会》)是元代的一部内容深微、编纂精审的韵书。它是探讨近代汉语语音的主要依据之一,所以在汉语语音史上占有很重要的地位。过去由于这部韵书被看成"卷帙浩瀚",内容庞杂,一般音韵学者无敢问津,以致长期以来没有得到很好的研究。早先只是就其大概内容和一些外部特征进行过简略的分析和介绍。进入到七十年代以后,先后有一些学者如董同龢、郑再发、杨耐思、花登正宏、王硕荃、王吉尧、竺家宁、李添富等,开始从各个方面对《韵会》和《韵会》所代表的音系进行研究,获得了不少研究成果。最近由中华书局出版的宁忌浮教授的《古今韵会举要及相关韵书》是这项研究中的最新成果。这项成果虽然声称把研究的重点放在《韵会》与相关韵书方面,然而事实上却把《韵会》一系韵书及其所代表的音系进行了一次全面和深入的研究。展示出了《韵会》一系韵书的音韵结构框架;对于近代汉语的一些重大的音变趋势,例如舌面音 j、q、x 的产生、浊音清化、入声消失等时间问题提出了自己新的见解;全面梳理了十至十四世纪存世的或从文献中可以辑录出来的韵书彼此之间的传承关系,在发掘和整理音韵史料方面有所建树;纠正了前人研究工作中的一些失误;对一些流传已久的似是而非的论断和说法进行了驳议。本书资料丰富翔实,论证有理有据,堪称音韵学的一部力作。

韵书代代相传,后代的韵书总是在前代韵书的基础上进行编纂的,对前代韵书或删并,或简缩,或增修。弄清楚前代的哪种韵

音韵学的一部力作

书跟后代的哪种韵书有传承关系,就使得韵书的研究不总是停留在单一地分析研究该韵书本身的内容,而是以一书带动数书,从与该韵书有关联的众多的史料或线索的广泛的范围内去分析和探索,一方面扩充了研究的资料,另一方面对于了解该韵书的来龙去脉有很大帮助,把音韵学的专书研究提高到一个新的水平。本书作者正是抓紧了这一工作环节而超越他人取得丰硕成果的。他把宋金元三代所有的韵书都梳理一遍,这是前人所没有作过的。

宋代科举考试所用的官韵《礼部韵略》,一向不被音韵学史研究者所重视,认为它对于研究工作来说,没有多大价值。本书作者在梳理韵书的传承关系时发现,《礼部韵略》韵部的名称和独用通用的情况,小韵的数目,一些小韵的归类,小韵和韵字的排列顺序,注释的方式;等等,都跟《集韵》相同或相似,而跟《广韵》有别,再经过其他方面的考证,最后得出结论:《礼部韵略》是《集韵》未定稿的简缩。《韵会》的编纂,是以《礼部韵略》为基础的,《礼部韵略》同《韵会》也有传承关系,因而研究《集韵》和《韵会》,《礼部韵略》就成了不可或缺的重要的参证资料。

作诗押韵所用的《平水韵》,一向被认为是刘渊所作《壬子新刊韵略》。《韵会》作者称刘渊为江北平水刘渊,又称书为《平水韵略》、《壬子新刊礼部韵略》,此书近代已失传。清人钱大昕发现了一部金人王文郁的《新刊韵略》,也就是《平水韵》,比刘渊的书要早。于是他推论说:"渊所刊者,殆即文郁之本,或失去序文,而读者误以为渊所作耳。"因钱大昕没有找见过刘书,所以又说:"不敢决其然否。"本书作者利用《韵会》里转引的刘书材料,跟王文郁的《新刊韵略》进行两相对比,发现王、刘二书除了韵部数(王书一〇六韵,刘书一〇七韵)、字体(正体和异体)稍有不同外,其他如收字、重添字、注释、小韵,反切甚至连错别字"帙"都是相同的。这就是用无可置疑的事实证明了钱大昕的推论:刘渊的《壬子新刊韵

319

略》乃是王文郁的《新刊韵略》的翻刻本。本书作者还从考察中发现，王、刘二人的《平水韵》，不避两宋庙讳，于是断定刘渊不是南宋人（原是金人，后入元）。

还有一种由来已久的似是而非的说法，说刘渊《壬子新刊韵略》是《礼部韵略》的通并。如上文所述，本书作者已经考定刘书是王书的翻刻本，又在梳理韵书的关系中发现，《平水韵》跟《礼部韵略》并没有传承关系，跟毛晃父子的《增修互注礼部韵略》也没有传承关系。倒是《平水韵》的反切和小韵排列顺序、小韵首字、韵字排列顺序等，却跟《广韵》一致。《平水韵》的注释跟《广韵》相比，只是繁（《广韵》）简（《平水韵》）的区别，又在一些常用字后面附有少量韵藻，这一点又正是《平水韵》跟《礼部韵略》最显著的区别标志。

本书作者在梳理韵书的关系中，又发现跟《韵会》有密切关系的《蒙古字韵》是《平水韵》（《新刊韵略》）的改并重编。《蒙古字韵》所收的汉字全部来自《平水韵》。个别字例有些差异，那是属于传钞中造成的错误。《蒙古字韵》现存只有一个乾隆时的钞写本，是钞写的元至大戊申（1308年）朱宗文（伯颜）所作的校正本。现藏于英国伦敦博物馆。现在学者们能见到和能利用的是日本关西大学东西学术研究所刊行的（壶井义正编）《大英博物馆藏旧钞本〈蒙古字韵〉二卷》，即原书的影印本。罗常培、蔡美彪的《八思巴字与元代汉语〔资料汇编〕》收入的《蒙古字韵》是根据陈寅恪先生转赠的于道泉先生从伦敦摄回的该书的照片影钞影印的。这个钞本钞写年代距元代较远，在八思巴字字母的书写方面，字体不正和笔画差误的例子触目皆是，所收汉字也有不少讹误和遗漏，又残缺十五麻的一部分和"回避字样"的上半部分。如果不经过整理，校勘和补正，就很难加以利用。所以校勘《蒙古字韵》是音韵学和八思巴字学学者们的共同心愿。八十年代，照那斯图、杨耐思编著

《蒙古字韵校本》(民族出版社,1987),首次对《蒙古字韵》进行了校勘和补缺。当时所根据的史料除了八思巴字的汉语对音资料和《元典章》等资料外,《韵会》是一项重要的资料,这次的校补虽然尽了很大的努力,终因参证资料不足而存在不少误漏,后来花登正宏作了一些校补,写成《〈蒙古字韵·校勘记〉校补》(《日本东北大学文学部研究年报》第39号,1989)。自从本书作者发现《蒙古字韵》与《新刊韵略》的传承关系后,使这一工作的开展大大地改观了。利用《新刊韵略》来校勘《蒙古字韵》的汉字,就势如破竹。对前人校勘中的不足,谬误得以纠正,遗漏得以补充,前人举棋不定之处得以敲定。总之,原来校勘中存在的各种问题都可以迎刃而解了。本书第五章第四节《〈蒙古字韵〉韵字勘误》,第五节《〈蒙古字韵〉补缺》,就是对《蒙古字韵》最精审的校勘和补缺,给学术界提供了一项完美的便于利用的文献资料,在古文献的发掘和整理方面,增添了一个成功的范例。

  本书取得如此众多的成果,是与作者辛勤的劳动分不开的。仅以梳理韵书的工作为例,宋金元三代的韵书不下十余种,而每一种韵书的篇幅都很大。梳理工作又是采取两相对比的办法。在对比中,不是举例性的,而是逐字逐句地进行,其工作量之大,可想而知。本书作者总是那么不避困难,不怕麻烦,矢志不渝,孜孜以求,狠下笨工夫。看来,音韵学研究,也是笨工夫里面出真知。

  《韵会》一书的内容的确深微,虽经本书作者如此深耕细作地进行分析研究,穷幽发微,但还有不少问题未能得到确解,有待继续进行探索。同时,本书的阐述和所得结论方面还有些许值得商榷的地方。比如《韵会》在审音定韵方面所依据的《七音韵》,是韵图还是韵书,无法确定。本书作者肯定它是一部韵图并进行了一些构拟,令人感到证据比较单薄。王硕荃的《韵会与七音》(《河北学刊》1997年第6期)可以参考。再就是《韵会》的音韵结构中,一个韵类里,牙喉音声母的小韵往往独立成另外一个"字母韵",本书作者认为这是表示声母起了变化(舌根音变为舌面音),这种"字母韵"就是表示变化了的声母的。但是细细揣摩起来,又觉得存在问题。这些独立的"字母韵"都是从《蒙古字韵》里抄来的。而《蒙古字韵》关于这些"字母韵"的八思巴字并没有显示出声母的不同而显示了韵母的不同。再是在分析讨论"蒙古字韵总括变化之图"时,本书作者认为上半图以 6 个八思巴字字母分别代表六种韵尾,总括了《蒙古字韵》全部 15 个韵部,下半图 14 个八思巴字字母,总括了《蒙古字韵》的声母系统,同时又揭示了声母的变化,还把刘更称赞朱宗文所说的"今朱兄以国字写国语,其学识过人远甚"中的"国语"理解成汉语,这都是值得商榷的。说上半图的 6 个八思巴字字母[◁ ⑴ 除外]是用来表示汉语的韵尾的还说得过去,说下半图的 14 个八思巴字字母是用来表示汉语的声母系统的就很成问题了。因为一望而知,这些字母中有几个字母不是用来拼写汉语的,而是用来拼写蒙古语音节末尾辅音的。最近,日本学者吉池孝一对这个总括图也作了一番解释(见所著《中世蒙古语的汉字音译和蒙古字韵总括变化之图》,载《日本蒙古学者纪要》第 27 号,1997),提出了一些新的看法,可以参考。至于"国语",在元代一般都是指蒙古语,还没有发现指汉语的例子,这都是本书的一些疵点。但是,瑕不掩瑜,本书仍不失为一部内容充实,发掘深微,给人以启迪的学术佳作。

1997 年 10 月 30 日于北京西郊昌运宫

(原载《书品》1998 年第 1 期)

再论《中原音韵》的语音基础

二十多年前,笔者曾经就《中原音韵》的语言基础问题发表过一点儿看法,也就是认为《中原音韵》所代表的语音——"中原之音"不是"中原地域的某一个地点方言的语音",而是"中原地域广为流行的共同语的语音(参看《中原音韵音系》,中国社会科学出版社,1981,第68~69页)。"现在这种看法依然没有改变,补充申述理由如下。

为什么说"中原之音"不是中原地域的一个地点方言呢?这是因为:

一 从周德清的言论里可以得到证实

周德清著《中原音韵》,目的是讨论北曲的创作方法和确定戏曲语言的规范。语言的规范首先是语音的规范。他说:"欲作乐府,必正言语,欲正言语,必宗中原之音。"(《中原音韵·自序》)"亦不思混一日久,四海同音。上自缙绅讲论治道,及国语翻译,国学教授言语;下至讼庭理民,莫非中原之音。"(《中原音韵·正语作词起例》第20条)周德清是说,元朝大一统经历了五十多年,已经有了一个统一的语音标准,这就是"中原之音"。这种"中原之音"是在北方广大地区通行的、应用于各种交际场合的一种共同语音,而不是某一个地点方言或在某一个地点方言的基础上形成的语音。他强调的是"四海"同音,而不是一隅一地之音。他还提到人们所说的历史上南朝时期的沈约制韵"不取所都之内通言,却以所生吴兴之音",所以"不能施于四方"的教训。

二　从周氏编韵的原则可以得到证实

《中原音韵》所代表的是一个完整的内部一致的语音系统,但不是百分之百地记录"中原之音"。这是因为如人们所说的周德清编制韵谱的原则乃是"以中原为制,而又取四海同音"。"以中原为则"不等于凡中原之音有音必录;"四海同音"据笔者粗浅的体会,是指"四海"都能接受的读音,并不是真正的四海读音一致。更不可能是一个地点方言的音。

三　从元代存在两个标准音的事实可以得到证实

周德清指出当时的标准音是"中原之音"。而同时期的《古今韵会举要》(1297)及《蒙古字韵》、《七音三十六母通考》这三种韵书资料也声称是代表当时的"雅音"的,但两者有不少的差异,尤其是在声母方面。这样,就应该理解为当时存在着两个标准音。当然不可能是一个地点方言的音。

当时的雅音、正音、中原之音,也就是共同语标准音,不像今天普通话语音规范那样已经成熟,又有官方明确的界定,而是不很成熟,规范不很明确,所以产生不同的理解,不同的主张。各个音韵资料所反映的音系不可能一致,互有差异是正常现象。

(原收入《中国音韵学研究会第十一届学术讨论会·汉语音韵学第 6 届国际学术研讨会论文集》,香港文化教育出版社有限公司 2000 年 8 月第 1 版)

近代音研究

吕叔湘曾经建议把近代汉语的开始定在晚唐五代即第九世纪。就语音来说,一些比较重大的音变现象例如唇音的分化、知章庄的合流、以云的合流、浊音清化等也正是这个时候发生的。到了《中原音韵》时代,语音演变加剧。近代汉语语音起始于晚唐五代而成熟于元代是符合实际情况的。

近代汉语语音又可以分为三个发展阶段。从晚唐五代经北宋辽到南宋金为第一阶段,是近代汉语语音的始成期;蒙古、元代为第二阶段,是近代汉语语音的成熟期;明清为第三阶段,是近代汉语语音的发展期。

近代汉语语音的研究,过去在很长的时间是为读经识字服务的,分析字音,制定字母和等韵图,并以此为中心形成了等韵学。真正从音系方面来研究,是本世纪二三十年代才开始的。钱玄同《文字学音篇》,白涤洲《北音入声演变考》,罗常培《中原音韵声类考》,赵荫棠《中原音韵研究》,王力《汉语音韵学》都堪称发轫之作。尔后,随着音韵学的全面发展,近代汉语语音研究受到特别的重视,不断地发掘出新的资料,提出新的课题,获取新的成果。尤其是近20年来,近代汉语语音研究,形成了前所未有的热潮。

晚唐五代至宋金语音的研究,从30年代以来,有《敦煌写本守温韵残卷》和《归三十字母例》的刊布和研究(罗常培《敦煌写本守温韵学残卷跋》,1931),有利用藏汉对音研究汉语西北方言的(罗常培《唐五代西北方音》,1933)。近年又有对回鹘汉对音资料的发掘整理和研究(冯家升《回鹘文写本菩萨大唐三藏法师传研究》,1952;耿世民《回鹘文〈玄奘传〉第七卷研究》,1979)。藏汉、回鹘汉对音资料是近代汉语语音研究的一项重要依据,流传至今可以利用的资料相当丰富,今后在这方面会有新的进展。

等韵和等韵图的研究,30年代有罗常培的系列文章《通志七音略研究》、《释重轻》、《释等呼》、《释内外转》、《释清浊》、《韵镜源流考》、《守温字母源流考》,40年代有赵荫棠《等韵源流》等。80年代以来这方面的研究成果很多,例如李新魁《〈韵镜〉研究》(1981),唐作藩《〈四声等子〉研究》(1989),鲁国尧《〈卢宗迈切韵法〉述评》(1994)等。研究宋代语音取材于邵雍《皇极经世书》的学术成果不少,早期有周祖谟《宋代汴洛语音考》(1966)、陆志韦《记邵雍〈皇极经世〉的"天声地音"》(1946)等。80年代以后,有谢·叶·雅洪托夫《十一世纪的北京语音》(1980)、平田昌司《皇极经世声音唱和图与〈切韵指掌图〉》(1984)、竺家宁《论皇极经世声音唱和图之韵母系统》(1994)等。考察宋词用韵是研究宋代语音的一项重要工作,前辈学者如罗常培早已留心于此,并搜集了不少资料,惜未能完成研究工作。鲁国尧从70年末开始致力于这项研究,取得了一系列重要成果,主要有《宋代辛弃疾等山东词人用韵考》(1979),《宋代苏轼等四川词人用韵考》(1981)。金代韩道昭《改并五音集韵》和王文郁《新刊韵略》都是当时能反映时音的重要韵书,近年宁继福进行了研究,著有《校订五音集韵》(1992)、《平水韵考辨》等。

元代是近代汉语语音的成熟阶段,周德清《中原音韵》所代表的音系被认为是近代汉语语音的典型代表,研究工作也主要集中在《中原音韵》。早期出版的论著有赵荫棠《中原音韵研究》(1936)、罗常培《中原音韵声类考》(1932)、陆志韦《释〈中原音韵〉》(1946)。近年来出版的专著不少,有陈新雄《中原音韵概要》(1976)、杨耐思《中原音韵音系》(1981)、李新魁《中原音韵音系研究》(1983)、宁继福《中原音韵表稿》(1985)、周维培《论中原音韵》(1990),国外有服部四郎、藤堂明保《中原音韵の的研究·校本编》(1958)、司徒修(Hugh M. Sitmson)《中原音韵:早期官话发音指南》(英文 1966)、薛凤生《早期官话的音韵》(英文 1975)(1990 年出版的中译本改名《中原音韵音位系统》)。探讨元代语音的另外一种依据就是黄公绍、熊忠的《古今韵会举要》和《蒙古字韵》,这方面的研究近年出版的专著有竺家宁《古今韵会举要的语音系统》(1986)、宁继福《古今韵会举要及相关韵书》(1997)、花登正宏《古今韵会举要研究》(1997)等。

明清语音的研究主要集中在等韵学和专书音韵研究两个方面。早期关于明清等韵的研究主要是 40 年代赵荫棠完成的专著《等韵源流》。80 年代以后有很大发展,出版的专著,有李新魁的《汉语等韵学》(1983)和耿振生的《明清等韵学通论》(1992)。就明清时代某一种语音演变现象进行寻源探流的有李思敬《汉语"儿"[ɚ]音史研究》(1986)。专书研究是近代汉语语音研究的重点。40 年代,陆志韦发表了系列文章《记兰茂韵略易通》、《记徐孝重订司马温公等韵图经》、《记毕拱宸韵略汇通》、《记五方元音》等。近年来有显著的进展,如曾晓渝《论〈西儒耳目资〉的音韵系统》(1995)、金薰镐《从利玛窦、金尼阁的汉语拼音看明代晚期的官话音系》(1994)、龙庄伟《〈五方元音〉音系研究》(1989)、王平《从〈五方元音〉和〈中原音韵〉的差异看近代汉语语音的发展》(1989)、杨亦鸣《李氏音鉴音系研究》(1992)、张玉来《韵略汇通音系研究》(1994)等。近年关于近代汉语语音的研究,对语音资料的运用和方法的更新都作了相当深入的探讨。

参考文献

蒋骥骋:《近代汉语音韵研究》,武汉:湖北师范大学出版社,1997。
蒋绍愚:《近代汉语研究概况》,北京:北京大学出版社,1994。
杨耐思:《近代汉语音论》,北京:商务印书馆,1997。

(原收入《20世纪中国学术大典·语言学》,
福建教育出版社2000年9月第1版)

近代汉语语音史的分期

一部汉语史分为古代汉语、近代汉语和现代汉语。近代汉语的分出时间不长。"近代汉语"一词最先见于吕叔湘先生的"The Third Person Pronouns And Related Matters In Classical And Modern Chinese"(《说汉语第三身代词》)的《中文摘要》①。在这之前,黎锦熙先生曾提出过"中国近代语"一词,所指的内容是五代北宋词、金元北曲及明清白话小说的语言②。跟吕叔湘先生提出的近代汉语名略异而实同。什么是近代汉语?可以从时间和文体两个方面来定性。就文体来说,那些中古以后的与文言相对待的古代白话的语言属于近代汉语。就时间来说,近代汉语是古代汉语与现代汉语之间的一个时段的语言。

属于我国的"近代",史学界一般是指 1840 年鸦片战争到 1919 年五四运动这段时期。而语言学界的划分则有所不同。语言学界对"近代"的划分,其下限也可以是 1919 年五四运动,而其上限则要早得多,而且关于上限的问题,经过多次的争论才基本上统一认识。

关于近代汉语的上限,属于汉语史分期的一个有争议的问题。把汉语划分成若干断代,是从上个世纪初开始的,最初是给语音史

---

① 这篇论文原载《华西协合大学中国文化研究所集刊》一卷二期,1940。又收入吕叔湘《汉语语法论文集》(增订本),商务印书馆,1984 年版;《吕叔湘文集》第二卷,商务印书馆,1990 年版。

② 见黎锦熙:《中国近代语研究提议》1928 年 10 月 10 日、12 日《新晨报·副刊》第 66、67 期。

分期。钱玄同《文字字音篇》①。继承段玉裁、章太炎等人的学说并加以增订,把汉语语音史分为周秦、两汉、魏晋南北朝、隋唐宋、元明清及现代六期。罗常培《汉语音韵学导论》(中华书局1996年),关于古今音韵变迁大势也分为六期,各期的起迄年代一仍钱氏之旧,只给各期添加了一个新的称谓。一、二期称为古音时期,三、四期称为韵书时期,五期称为北音时期,六期称为音标时期。魏建功《古音系研究》②扩充为七个段落(时期):

第一时期　约当公元前十一世纪——前三世纪(周秦)
第二时期　约当公元前二世纪——二世纪(两汉)
第三时期　约当公元三世纪——六世纪(魏晋南北朝)
第四时期　约当公元七世纪——十世纪(隋唐五代)
第五时期　约当公元十一世纪——十三世纪(宋)
第六时期　约当公元十四世纪——十九世纪(元明清)
第七时期　约当公元二十世纪以来(现代)

魏氏把钱、罗的第四期的部分宋朝别立出来成为一期为第五期,于是多出了一期。

上个世纪五十年代,语言文字学的任务为促进汉字改革、推广普通话、促进现代汉语规范化的需要而开展研究,涉及了汉语发展史。王力先生在北京大学中文系开设了汉语史课程,随后出版了《汉语史稿》③。关于汉语史的分期问题,提出了他的初步意见:"(一)公元三世纪以前(五胡乱华以前)为上古期。(三、四世纪为过渡阶段)。(二)公元四世纪到十二世纪(南宋前半)为中古期。

---

① 北京大学出版组,1918年。又收入《钱玄同音学论著选辑》(曹述敬选编),山西人民出版社,1988年版。
② 中华书局1996年版,又收入《魏建功文集》壹,江苏教育出版社,2001年版。
③ 科学出版社,上册1957年版,中、下册1958年版。后来这部著作经作者修订补充写成《汉语语音史》,中国社会科学出版社,1985年版;《汉语语法史》,商务印书馆,1989年版;《汉语词汇史》,商务印书馆,1993年版。

(十二、十三世纪为过渡阶段)。(三)公元十三世纪到十九世纪(鸦片战争)为近代。(自1840年鸦片战争到1919年五四运动为过渡阶段)。(四)二十世纪(五四运动以后)为现代"①。王先生所分的近代期,跟钱玄同、罗常培所分出的北音时期相一致。近代音以周德清《中原音韵》音系为代表。1983年吕叔湘先生为刘坚先生《近代汉语读本》②所写的《序》里提出:"建议把近代汉语的开始定在晚唐五代即第九世纪。"次年,吕先生又在他的《近代汉语指代词》一书③的《序》里又说:"以晚唐五代为界,把汉语的历史分成古代汉语和近代汉语两个大的阶段是比较合适的"。吕先生给汉语史分期的依据是"从汉语本身的发展经过着眼",仔细地考察分析了汉语书面语的性质特点和发展情况而后得出的结论,因而引起近代汉语研究者们的高度重视,经过一段时间的讨论以后,大家基本上达成共识,同意吕先生的划分法,从时间上说,近代汉语起于晚唐五代即第九世纪,止于1919年五四运动。就汉语语音的发展情况来看,也符合吕先生的划分法。由中古音发展到近代音,中间发生了许许多多的音变。郑再发《汉语语音史的分期问题》④把这些新的音变现象归纳出了17项要目,其中最重要的几项例如唇音的分化,知、章的合流,云、以的合流,还有韵母的数目大减,在晚唐五代时期都已经被记录了下来。到了十四世纪初的《中原音韵》,郑氏所举的17项要目,就已经完成了12项,韵母简化的趋势更大更明显。所以说近代汉语语音的起始于晚唐五代而成熟于十三、四世纪时,是完全符合实际情况的。王力先生划分近代音的时期为十三、四世纪,是取材于这个时期的语音平面,是近

---

① 《汉语史稿》上册,1957年版,第35页。
② 刘坚:《近代汉语读书》,上海教育出版社,1985年版。
③ 吕叔湘著、江蓝生补:《近代汉语指代词》,学林出版社,1985年版。
④ 载前中央研究院历史语言研究所《集刊》第36本,下册,1956年版。

代音的典型代表。

　　语音的发展好比一条长河,长河由古迄今奔腾向前,似乎不分阶段。但是,语音随着社会的发展,表现出在一个较长的时间内,变化很小,发展相对平稳。而在另一较短的时期内,变化急剧,发展迅速,致使语音系统大变样,前后判若两个系统。这就是汉语史分期的依据,我们可以根据这种情况,把汉语划分出若干历史阶段。从语音来看,在长河适当的地方截取一个语音平面,进行断代构拟的研究。上联源头语音平面形成语音"线",对其进行历时的研究,下联流止语音平面形成语音"线",对其进行历时的研究。近代汉语语音平面截取的是十三四世纪的《中原音韵》、《蒙古字韵》所代表的音系,上联中古音《切韵》音系,下联现代汉语语音北京音系。据此,也可以把近代音再划分为三个发展阶段。

　　第一个阶段从晚唐五代到南宋末,可以称为近代汉语语音的始成期。这个时期正是中古音向近代音的过渡,语音变化急剧。由于字母的产生和等韵学的形成,反映出语音的变化。在声母方面,唇音分化;韵母方面,某些韵母的分化和归并。例如《切韵指掌图》把止摄支、脂、微合口字与蟹摄一等灰韵(合口)字和四等齐韵合口字列在一张图里,把支、之韵开口精组字由四等改列一等;等等。由藏汉、回鹘汉对音反映出唇音有分化的迹象,舌上音并入正齿音(知照合流),浊音开始清化,宕、梗两摄的鼻音韵尾一部分消失,遇摄鱼韵字大部分转入止摄,读-i,入声韵尾部分消失,"洛、福"韵尾-k,"佛、钹"韵尾-t 消失。《皇极经世书》的"天声地音"反映出浊音清化、知照合流,韵母一、二等合并,三、四等合并等。失翘反切反映出韵部的大幅度简化。宋词用韵也反映出韵部的归并。

　　第二个阶段是有元一代,可以称为近代汉语语音的成熟期。这一时期汉语共同语俗称古官话、早期官话出现了两个标准音。一个是由《中原音韵》所代表的音系,一个是由《古今韵会举要》(简称

《韵会》)和《蒙古字韵》、八思巴字汉语所代表的音系。这两个音系都是近代汉语语音的典型代表。这两个音系之间的差异有:

一 声母方面

1.《中原》浊音清化,声母共二十一类(包括零声母)。《韵会》保存一套浊声母,声母共三十五类。2.《中原》"匣"母只一类,《韵会》"匣"母分化为"匣、合"两类。四等韵与二等开口韵的字归"匣",一等韵与二等合口韵的字归"合"。3.《中原》"影"母只一类,《韵会》"影"母分化为"影、幺"两类。一等韵、二等合口韵、三等及重组三等韵的字归"影",二等开口韵、四等及重组四等韵的字归"幺"。

二 韵母方面

1.韵头 i、iu 在《中原》庚青、齐微、尤候、先天、萧豪、监咸、车遮等韵部都是一类,而在《韵会》里分化为二类。例如京≠经、羁≠鸡、讫≠吉、妫≠规、国≠桔、骄≠骁、脚≠爵、箝≠兼、迦≠嗟、讦≠结。2.《中原》与《韵会》彼此韵头不同的例子也不少,例如:"郭捉朔"《中原》韵头零,《韵会》韵头 u;"荘疮床霜"《中原》韵头 u,《韵会》韵头零。"眷券劝恋"《中原》韵头 iu,《韵会》韵头 u。3.《中原》真文韵寒山韵里杂入 m 尾字"品(=牝)、凡樊(=烦繁)、犯范(=贩饭)"等,这是唇音声母与唇音韵尾发生"首尾异化"的语音演变现象。《韵会》没有这种演变。

三 声调方面

《韵会》的声调分为平上去入四声。《中原》除了浊音清化后浊上变去以外,又"平分二义",也就是平声分为平声阴、平声阳两类。"入派三声",也就是入声可以分别当做平声阳、上声、去声。

两者的差异是明显的。关于这两个标准音,前辈学者已有论及。罗常培先生在前人研究的基础上,进一步指出"这两个系统……一个是读书音,一个是说话音[①]"。

元代汉语有两个标准音,这一事实还表明:一、当时的汉语共同语发展得不够成熟,语音的规范还不够明确,又不像今天有官方的界定,所以制韵者对正音有不同的认识和理解。二、当时的汉语共同语并不是以一个地点方言的语音为标准,而可能是以区域方言里的各次方言或方言点的共同的语音特征为标准。制韵者对区域的划分有大有小,因而对正音做出不同的记录。

第三阶段从明初到清末,可以称为近代汉语语音的发展期。这一时期的语音变化,一是表现两个标准音的合一,二是向现代汉语语音的趋同。最后形成以北京语音为标准音的现代汉语普通话音系,结束了共同语语音不以一个地点方言为基础的历史,开创了普通话语音以北京语音为标准音的新篇章。

(原载《音韵论丛》,齐鲁书社2000年4月第1版)

[①] 罗常培:《论龙果夫八思巴字和古官话》,《中国语文》,1959年12月。

八思巴字汉语译写中的一个特例

一 引言

在我国南宋·蒙古时期,公元13世纪60年代,出现了一种世界上独特的文字,那就是八思巴蒙古字。公元1260年,蒙古国忽必烈在开平府(今内蒙古正蓝旗东)即皇帝位。尊土番喇嘛八思巴为国师,命他创制蒙古新字。制成后上呈忽必烈,忽必烈于至元六年(公元1269年)下诏颁行于天下。这种文字被称为八思巴蒙古字,简称八思巴字,蒙古国书/字,元国书/字,方体字;等等。所谓蒙古新字,是对在这之前蒙古使用的"汉楷"和"畏吾字"(后来发展为回鹘式蒙古文)等文字而言的。不久朝廷下诏取消这个名称。

八思巴字是依照藏文和少量梵文的体势创制而成的一种拼音文字。词语的辅音和元音都用字母来表示,有自己独有的字母表和拼写法。八思巴字除了用来拼写蒙古语外,还用来"译写一切文字"。也就是说,又用来拼写或对译日常使用的境内各族语言。从现存的材料看,八思巴字拼写和译写的对象有蒙古语、汉语、藏文、畏兀文、梵文等。

八思巴字字母总共四十一个,这四十一个字母是最初根据拼写蒙古语和译写各族语言的需要而设计出来的,形成了八思巴字原生字母表。在译写某个具体语言时,根据需要还可以在原生字母表的基础上增添某些新字母,同时可以减去原生字母表上用不着的某些字母,这样一增一减,就形成了该具体语言的八思巴字母表。比如译写汉语,就是在原生字母表上"去三增四"而形成的四十二个字母的字母表。这就是八思巴字汉语字母表。

八思巴字汉语字母表载于《蒙古字韵》卷首,标题为"字母",见下:

g	k'	k	ŋ	d	t'	t	n	dž	tš	ts	ň
见	溪	群	疑	端	透	定	泥	知	彻	澄	娘

b	p'	p	m	hu̯	hu̯	hu̯	w	ts	ts'	dz	s
帮	滂	並	明	非	敷	奉	微	精	清	从	心

z	dž‘	tš'	tš	š₂	š₁	h	y	·	'	l	3
邪	照	穿	床	审	禅	晓	匣	影	喻	来	日

h̠ ĵ j
同上　　　此七字归喻母

a i u e o è u̯ i̯
伊　乌　翳　污　也　呙　耶 轻呼

二　八思巴字汉语译写中的一个特例

八思巴字汉语译写中最有特色的是用多个八思巴字母译写汉语的零声母。一共用了影·、幺ĵ、喻 j、鱼,四个八思巴字母。

影

东一影:翁蓊瓮	钟四三影:雍雍拥	庚开三影:英影映	蒸三开影:鹰应	耕二合影:泓
唐一开影:泱盎	阳三开影:央鞅快	唐一合影:汪	支三开影:漪倚	之三开影:医意
支四合影:恚	微三开影:衣	职三开影:忆	微三合影:威委骩	职三合云:域

模一影:乌坞恶	鱼三影:於淤	佳二开影:娃矮隘	佳二开影:蛙	皆二开影:挨噫	
皆二合影:崴	哈一开影:哀欸爱	真四开影:因印	殷三开影:殷隐	文三合影:氲恽愠	
魂一合影:温稳揾	痕一开影:恩	寒一开影:安按	桓一合影:豌碗腕	删二开影:晏	
删二合影:弯绾	山二开影:殷	先四开影:烟宴	先四合影:渊蜎	元三开影:焉鄢堰	
元三合影:冤宛怨	宵三开影:妖夭	药三开影:约	宵四开影:邀要	豪一开影:麘袄奥	
铎一开影:恶	侯一开影:欧呕沤	尤三开影:忧	覃一开影:庵揞暗	盐三开影:淹掩俺	
侵三开影:音饮窨荫	歌一开影:阿妸	戈一合影:倭	曷一开影:遏	末一合影:斡	
麻二合影:蛙	月三开影:谒	屑四合影:抉			

幺

清四合影:縈	耕二开影:莺	清四合影:婴	脂四开影:伊	支四开影:缢	
质四开影:一	真四开影:因印	山二开影:殷	删二开影:晏	先四开影:烟燕	
先四合影:渊	肴二开影:坳拗勒	萧四开影:幺杳要	幽四开影:幽黝幼	咸二开影:黯	
盐四开影:恹厌	侵四开影:愔	麻二开影:邪哑亚	狎二开影:鸭押		

鱼

庚三合喻:荣永咏	脂四合喻:危位	微三合喻:韦伟胃	祭三合喻:卫	鱼三疑:鱼语迂御	
烛三疑:玉	删二合疑:顽	元三合喻:元阮愿	药三合喻:籰	麻二合疑:瓦	
月三合疑:月刖	佳二开疑:涯	皆二开疑:骇	陌二开疑:额		

喻

东四喻:融	钟四喻:容甬用	清四开喻:盈郢	耕二开疑:硬	阳三开喻:阳养样	
支四开喻:移易	脂四开喻:夷	之四开喻:怡以异	质四开喻:逸	支四合喻:为	
脂四合喻:惟唯	祭四合喻:锐	术四合喻:聿	鱼四喻:余与豫	屋三喻:育	

近代汉语音论

虞三喻:于雨芋	钟三喻:欲	虞四喻:臾逾裕	陌二开影:哑	真四开喻:寅引胤
谆三合喻:匀尹	文三合喻:云运	删二开疑:颜眼雁	元三合喻:园远	仙三开喻:焉
仙四开喻:延演	仙四合喻:员院	仙四合喻:缘兖	肴二开疑:聱咬乐	觉二疑:岳
萧四开疑:尧	宵四开喻:瑶耀	药三开喻:钥	尤三开喻:犹有又	尤四开喻:犹酉柚
盐四开喻:盐艳	衔二开疑:岩	侵四开喻:淫	屑四开疑:啮臬孽	麻二开疑:牙雅讶
薛四合喻:悦	麻四开喻:耶野夜	叶四开喻:叶		

　　杨耐思(1984)发现八思巴字这四个辅音字母都是译写汉语零声母的。等韵的"影"母分化为"影"和"幺"。大致的条理是一等韵、二等韵、三等韵、重组三等韵三等字归"影",二等开口韵、重组三等韵四等字归"幺"。等韵的"喻"母分化为"鱼"和"喻"。喻三(云母)归"鱼",喻(以母)归"喻"。此时,等韵的"疑"母有一部分已经失去软腭鼻音,与"喻"母合流了,所谓"疑母入喻母"。"疑"母的变音分配到"鱼、喻"的大致条例也是一等韵、二等韵、三等韵、重组三等韵三等字归"鱼",二等开口韵、四等韵、重组三等韵四等字归"喻"。

　　为什么八思巴字汉语要用四个字母来对译汉语的零声母呢?这是因为八思巴字所代表的汉语声母为存浊系统,塞音、塞擦音声母存在清:次清:浊三位对比。零声母也有清、浊之分,需要区别。这四个字母"影、幺"属"清","鱼、喻"属"浊"。代表元代汉语的其他音韵资料如《六十字诀》二十八母,陶宗仪《南村辍耕录·射字法》二十八母,陈晋翁三十二母,吴澄三十六母等都是这样记录的。至于同是"清"的"影、幺",同是"浊"的"鱼、喻"又是凭什么来区分的,最合理的推断是根据所接韵母的韵头"洪、细"来区分的。"影、鱼"属"洪","幺、喻"属"细"。

《蒙古字韵》中，有三个小韵系，八思巴字头，字首（元音前）用字头符（加连接符），写作"᠊"。

1) 五鱼（韵母）ꡟ u ₚ吴 ᵀ五 ₓ误 ᵢ兀

2) 八寒（韵部）ꡡꡋ on ₚ岏 ₓ玩

3) 十四歌（韵部）ꡡ o ₚ讹 ₓ卧

4) ꡟ 的平上去声属于遇摄合口一等模韵系疑母字，入声属于臻摄合口一等没韵疑母字。

5) ꡡꡋ on 的平上去声属于山摄合口一等桓韵系疑母字，无入声。

6) ꡡ o 的平上去声属于果摄合口一等戈韵系疑母字，无入声。

这三个小韵系同属疑母，在当时已经"疑母入喻母"，归入"鱼"母。"鱼"母译写汉语的零声母。

照那斯图（1989）肯定ꡗ·、ꡖ、ꡝ j 用于拼写零声母的论断，他从八思巴字蒙古语来考察，找出大量ꡗ·、ꡖ、ꡝ j 用于拼写蒙古语零声母的例证。并进一步发现，在八思巴蒙古语里，词首元音前的ꡗ·和零声母ꡖ，跟字头符（加连接符）"᠊"发生交替的现象。也就是说，该用ꡗ·和ꡖ'的地方用了字头符（加连接符）。结论说，在八思巴蒙古语里，不只是ꡖ，代表零声母，元音前的ꡗ·也代表零声母，因此，字头符（加连接符）也是一个零声母符号，这种交替的条件是：发生在 i、u、e、o 等四个元音之前。八思巴汉语的字头符（加连接符），也是一个零声母符号，后面所接的元音是 u 和 o。这是八思巴字汉语译写中的一个特例。

参考文献

杨耐思　1984　汉语"影、幺、鱼、喻"的八思巴字译音，载《中国民族古文字研究》，北京：中国社会科学出版社。

近代汉语音论

杨耐思　1997　《近代汉语音论》,北京:商务印书馆。
照那斯图　1989　八思巴字的零声母符号,《民族语文》第2期,29~36页。

（原载《语言科学》第3卷第4期,2004年7月）

汉民族共同语标准音问题试探

现代汉民族共同语是以北方话为基础方言,以北京音为标准音的普通话。汉民族共同语标准音以一个地点方言为基础,是现代汉语才开始的。那么近代汉语以及中古汉语、上古汉语的情况是怎样的呢?经过考察,得出的结论是:现代汉语以前,汉民族共同语的标准音不是以一个地点方言为基础的。

我国幅员辽阔,人口众多,语言丰富。就汉语来说,从上古时期起,就存在着方言的差异。北齐学者颜之推《颜氏家训·音辞(篇)》说:"夫九州之人,言语不同,生民以来,固常然矣。"①《荀子·儒效篇》:"居楚而楚,居越而越,居夏而夏……"②东汉应劭《风俗通义·序》记述:周秦时期,常常在一年的八月,朝廷派遣使者,乘着轻便的车子,到全国各地搜集方言词语,略加编纂,藏于密室。③西汉末年的扬雄继续做这件工作,他从返回京城的戍边战士和来自全国各地的读书人那里调查方言。他常常揣带着三寸长的短小毛笔,四尺长的光润的原生绢帛,把调查来的方言材料写在绢帛上,回头编次于书板。这样,前前后后经历了 27 年。④ 东汉时期流传的《輶轩使者绝代语释别国方言》,简称《方言》一书,也包括

---

① 《颜氏家训·音辞第十八》第 40 页。《诸子集成》第 8 册,中华书局 1954 年版,1986 年印。

② 王先谦《荀子集解》卷四《儒效篇第八》第 92 页,《诸子集成》第 2 册,中华书局 1954 年版,1986 年印。

③ 参见应劭《风俗通义·序》第 3 页,巴黎大学北京汉学研究所通检丛刊本。

④ 参见扬雄《答刘歆书》,《方言校笺及通检》(周祖谟校,吴晓铃编),科学出版社,1956 年 10 月第 1 版。

了扬雄的调查材料,所以汉末晋初的人把《方言》的著作权归于扬雄。①《方言》是我国第一部方言比较辞汇。今本《方言》全书列675个词条,收词2300多个。先列举一组同义的方言词。再用普通词语加以注释,然后说明该组方言词的通用地区,从所列举的各组方言词地区来看,我们可以了解东汉以前汉语方言分区的粗略情况。

各个地方有各个地方的方言土语,还有一种超方言的各个地方共同交际之用的通语。这也是在上古时期就是如此。《荀子·荣辱篇》:"譬之越人安越,楚人安楚,君子安雅。"②雅就是雅言,雅言就是共同交际之用的通语。在古代,普通老百姓往往被剥夺了共同交际的话语权,而有迫切需要,又能掌握雅言的是君子。君子就是社会的上层人物和知识分子。雅言首先用于教学,是一种教学语言。雅言再供给各个地方的人从事政治、经济、文化活动共同交际之用,儒学祖师爷孔夫子平素说山东曲阜话,但在讲学和访问,进行仪礼活动时用的是雅言。雅言还用于著书立说。《尚书》、《易经》、《礼记》、《春秋》和《论语》、《老子》、《庄子》、《墨子》、《荀子》、《韩非子》等,尽管这些书的作者不是同一个地方的人,操不同的方言,然而他们都用同一种雅言写作。《诗经》里有一部分是各地民歌,可以想见,不免或多或少带有各地的方言词语,也经过了孔夫子用雅言加以修订、润饰,才成为了经典。春秋战国时期,各诸侯国朝聘会盟,孔夫子带着他的门徒周游列国,张仪、苏秦向诸侯游说,都用的是雅言进行交际。

自古以来,雅言一直为不同方言区的人们共同交际所使用。随着时间的推移,它本身也不断得到发展、完善。汉代末年,汉字

---

① 参见应劭《风俗通义·序》第3页,巴黎大学北京汉学研究所通检丛刊本。常璩《华阳国志》卷十上《四部丛刊初编》本。

② 王先谦《荀子集解》卷二《荣辱篇第四》第39页。《诸子集成》第2册,中华书局1954年版,1986年印。

的注音方法发生了一次极大的飞跃,当时发明了反切注音法。反切是用两个汉字注一个汉字的音。前一个汉字表"声",后一个汉字表"韵"和"调"。有了反切注音法,就产生了韵书。相传最早的韵书是魏国李登的《声类》,尔后有晋代吕静《韵集》,南北朝时期夏侯咏《韵略》等。现存最早的最完整的韵书是隋代陆法言父子所编《切韵》的增订本。唐代有《切韵》和《唐韵》。宋代有《广韵》、《集韵》和《礼部韵略》。金代有《五音集韵》和《新刊韵略》。元代有《蒙古字韵》和《古今韵会举要》,还有专为作词而设的《中原音韵》。明代有《洪武正韵》。清代有《五方元音》等。历代的韵书所代表的音就是当时的雅言,用现代的称呼就是汉民族共同语标准音。关于雅言的称呼,历史上也有变迁。汉代以前称雅言,魏晋南北朝时期称"正音",隋唐称"正音"、"雅言"、"东都音"。宋元明称"中原雅言"。元孔齐《至正直记》:"北方声音端正,谓之中原雅言,今汴洛、中山等处是也"。或称"中原之音"。元周德清《中原音韵》:"唯我圣朝,与自北方,五十余年,言语之间,必以中原之音为正。"

韵书是为读书识字并进而从事写作时正音(即规范语音)用的,而韵书所代表的标准音却不是以一个地点方言为基础的。以隋朝陆法言的《切韵》为例,《切韵》作为正音的工具,前后使用了数百年。可是《切韵》音系,不是像高本汉(Karlgren)、马伯乐(H. Maspero)所说的那样,它代表了七世纪长安方音。前修早已有所驳论。

罗常培先生说:"陆法言修《切韵》的动机,是当隋朝统一南北以后,想把从前'各有土风,递相非笑'的诸家韵书,也实行统一起来。……《切韵》则欲网罗古今南北的声音,兼蓄并包,使无遗漏。"①后来,罗常培先生又认为《切韵》音是各个方言的最小公倍

---

① 罗常培《切韵探赜》,中山大学《语言历史学研究所周刊》第3集《切韵专号》(第25、26、27期合刊),1928年。

式的音。① 周祖谟说："《切韵》音的基础是西元六世纪南北通用的雅言，分韵辨音是采取以前南北诸家韵书之长，而不是以一方方言为准。"② 陈寅恪认为：东晋以前就有一种流行于洛阳皇室的诵读经典和文学的"洛生咏"，到了东晋时期，南徙的北方文士仍然保持着这种读音传统，南方的士人也逐渐习染了这种发音习惯。这就是《切韵》分类的基础。③ 他们的看法的共同点，用张琨的话说，《切韵》"是一部有综合性质的韵书，代表的是公元601年以前若干不同地区的方言。"④

关于《切韵》音系的性质问题，在音韵学界，自上世纪30年代开始，逐渐形成了针锋相对的两派意见。一派认为《切韵》所代表的是综合古今南北的综合音系，另一派认为《切韵》所代表的是一时一地的单一音系。几十年来，两派意见经常展开争论，至今也没有停止。我们认为，前一派包括罗常培先生在内，主张《切韵》音非一时一地之音，比较符合历史事实。

陆法言《切韵·序》说："吴楚则时伤轻浅，燕赵则多伤重浊，秦陇则去声为入，梁益则平声似去，又支脂、鱼虞，共为一韵，先仙、尤侯，俱论是切。"这段话说明，各个地方的人用雅言交际，由于受自己方言的影响，犯有各种不同的毛病。同时也反映出雅言不是无本之木，无源之水，它与各地方言有着密切的关系。也就是说，标准音虽然不同于汉语的任何一个方言，但是它深深地植根于汉语的各个方言之中，标准音与各地方言之间有着严整的对应规律。

---

① 参见罗常培《唐五代西北方音》，史语所单刊甲种之十二，1933年。

② 周祖谟《切韵的性质和它的音系基础》，《问学集》上册，第434—473页，中华书局1966年第1版，1981年印。

③ 参见陈寅恪《从史实论切韵》，广州岭南大学《岭南学报》第9卷第1~18页，1949年。

④ 张琨《切韵的综合性质》，《音韵学研究通讯》第4期，中国音韵学研究会编辑出版，1983年。

颜之推《音辞篇》说："南方水土和柔,其音清举而切诣,失在浮浅,其辞多鄙俗,北方山川深厚,其音沉浊而鈋钝,得其质直,其辞多古语。然冠冕君子,南方为优。闾里小人,北方为愈,易服而与之谈,南方士庶,数言可辨。隔垣而听其语,北方朝野,终日难分。而南染吴越,北杂夷虏,皆有深弊,不可具论。"①这话同陆法言的话是同一个意思。另外,还吐露出耐人寻味的一种情况。南方人标准音说得好的是"君子",北方闾里"小人"也说的不错。"易服而与之谈",南方人谁是"君子",谁是"小人",几句话就能分辨清楚。而隔墙听北方人们谈话,谁是"君子",谁是"小人",从早到晚也分辨不出来,这说明北方方言语音跟标准音比较接近,市井"小人"也能掌握,而南方方言语音跟标准音相差比较远,掌握起来需要习得,"君子"迫切需要掌握,而且习得条件比较优越,所以标准音说得好。

再以元朝的汉语韵书为例。元朝的韵书,八思巴字汉语对音的《蒙古字韵》和《古今韵会举要》(以下简称《韵会》),声称是严格按照中原雅音也就是当时的标准音来制定的。而周德清所编曲韵之书《中原音韵》同样声称是按照"中原之音",也就是当时的标准音来审音定韵的。可是这两个标准音之间的差异却很显著。

一　首先表现在声母方面

1. 浊音清化

浊音是指等韵三十六字母的"群定澄床禅并奉从邪匣"十母,即所谓"全浊声母"。在《蒙古字韵》、《韵会》和《韵会》卷首附载的又一韵书《七音三十六母通考》(以下简称《七音》)这三种韵书

---

① 《颜氏家训·音辞第十八》第 40 页。《诸子集成》第 8 册,中华书局 1954 年版 1986 年印。

所代表的语音系统里,浊音自成一类,仍保存原来的浊音性质,跟同部位的清音(全音、次清)形成对比。① 而在《中原音韵》里,浊音已经清化,变为同部位的清音。在平声:浊音与清音虽然形成对比,但这种对比,反映的是声调的区别,《中原音韵》平声分阴阳两调,清音字归入平声阴,浊音字归入平声阳。在塞音、塞擦音上,浊音的变音读送气音。② 在仄声,浊音上声字转为去声,并与同部位的清音去声合流。例如:

蚌^{浊上} = 傍^{浊去} = 谤^{清去}

奉^{浊上} = 凤^{浊去} = 讽^{清去}

动^{浊上} = 洞^{浊去} = 栋^{清去}

丈^{浊上} = 杖^{浊去} = 帐^{清去}

项^{浊上} = 巷^{浊去} = 向^{清去}

弟^{浊上} = 地^{浊去} = 帝^{清去}

在塞音、塞擦音上读不送气音。浊音入声字作平声阳,变成同部位的清音,在塞音,塞擦音上读不送气音。总之,《蒙古字韵》多出一套浊声母,所以它的声母一共有35类(《中原音韵》的声母21类)。

2. 匣与合

《蒙古字韵》音系,等韵三十六字母的"匣"一分为二,"匣"和"合"。分化的条件是:

四等韵(不论开合)与二等开口韵的"匣"母字归"匣";

一等韵(不论开合)与二等合口韵的"匣"母字归"合"。

(等韵的"匣"母字只有一、二、四等。)

---

① 参见拙作《元代汉语的浊声母》,《中国语言学报》第3期,商务印书馆1988年。

② 参见拙作《中原音韵音系》,中国社会科学出版社1981年。

而在《中原音韵》音系里，浊音清化，"匣"母变同"晓"母，更不再分化。在平声"匣"母字归平声阳。在仄声，"匣"母上声转为去声，与同部位的"晓"母去声字合流。例：

江阳　项^{匣上}＝巷^{匣去}＝向^{晓去}
寒山　旱^{匣上}＝翰^{匣去}＝汉^{晓去}
家麻　下^{匣上}＝暇^{匣去}＝吓^{晓去}

"匣"母入声字作平声阳。

3. 影与幺

《蒙古字韵》音系，等韵三十六字母的"影"一分为二，"影"和"幺"。分化的条件是：

一等韵（不论开合）、二等合口韵、三等韵（不论开合）、重纽三等韵的三等字归"影"；

二等开口韵、四等韵（不论开合）、重纽三等韵的四等字归"幺"[①]。

从声母与韵母的结合情况看，"影"母往往拼洪音，"幺"母往往拼细音。而在《中原音韵》里，"影"母唯有一类，不再分化。

有些"影"母字分成两个小韵，但形成互补关系，证明是同一个声母而不是两个。

4. 鱼与喻

《蒙古字韵》音系，等韵三十六字母的"喻"一分为二，"鱼"与"喻"。"鱼"即中古音的"云"母，"喻"即中古音的"以"母。还有中古音的"疑"母，因为在变化中失去舌根鼻音声母而与"喻"母合流，所谓"牙音"转为"喉音"，即《韵会》所说的："《蒙古字韵》音入

[①] 参见拙作《汉语"影幺鱼喻"的八思巴译音》，《中国民族古文字研究》，中国社会科学出版社，1984年。

喻母"(见《韵会·凡例》)"疑"母变"喻"母,在《蒙古字韵》音系里也是变为"鱼"和"喻"。分化的条件是:

  一等韵(不论开合)、二等合口韵、三等韵(不论开合)重纽三等韵的三等字的"疑"母字变"鱼";

  二等开口韵、四等韵(不论开合)、重纽三等韵的四等字的"疑"母字变"喻"。

从声韵结合的情况来看"鱼"往往拼洪音,"喻"往往拼细音。

而在《中原音韵》音系里,"疑"母字失去鼻辅音后,变同"喻"母,并变同"影"母(即"疑、喻、影"合流)。"疑"母变音也不再分类了。

二 《蒙古字韵》音系与《中原音韵》音系在韵母方面也有不少的差异

1. 就韵头来说,《蒙古字韵》跟《中原音韵》的韵头都是 ∅(零)、i、u、iu 4 类,已经具备四呼的雏形。这是两个音系的共同点,姑置勿论。但是 i 和 iu 两类的韵头在庚部(庚清)、支部(支思、齐微)、尤部(尤侯)、先部(先天)、萧部(萧豪)、覃部(监咸)、麻部(家麻、车遮)等韵部里,《蒙古字韵》又各分化为两类,有辨字功能。例如京≠经(京经为韵类,下同)羁(讫)≠鸡(吉)、妫(国)≠规(桔)、鸠≠樛、鞬≠坚、骄(脚)≠骁(爵)、箝≠兼,迦(讦)≠嗟(结)、瘸(厥)≠□(玦)等。而《中原音韵》通通并为一类,所以《蒙古字韵》的韵母总数是 73 类,《中原音韵》的韵母共 46 类。

《蒙古字韵》在韵类方面开、合相互转化的例子较多,东部(东钟)、鱼部(鱼模)、庚部(庚青)的唇音字及歌部(歌戈)一部分字由开口转为合口,支部(支思,齐微)、先部(先天)、萧部(萧豪)、歌部(歌戈)、尤部(尤侯)的一部分字由合口转为开口。而《中原音韵》

开合相互转化的例子极少,于是形成韵头方面的又一项差异。例如:

例字	蒙古字韵韵头	中原音韵韵头
郭捉朔	-u-	Ø
茬疮床霜	Ø	-u-
支脂之诗时儿	-i-	Ø
眷券劝恋	-u-	-iu-

2. 就韵尾而言,《蒙古字韵》跟《中原音韵》都是 Ø(零)、i、u、m、n、ŋ 共 6 类,这也是二者的共同点。但是《中原音韵》的真文、寒山韵部里杂入-m 尾的字。例如真文韵部里有品(=牝),寒山韵部里有凡樊(=烦繁),犯范(贩饭)等,这是-m 尾转换为-n 尾的变化。限于唇音字,就是通常所说的"首尾异化"作用引起的音变现象。而《蒙古字韵》丝毫没有这种音变的痕迹。

3. 就声调而言,《蒙古字韵》的声调分为平、上、去、入四声(八思巴字字头不标声调,是对音的汉字字组上标出来的),而《中原音韵》"平分二义",即平声分为平声阴、平声阳两类,跟今日普通话语音的阴平、阳平相当。《中原音韵》又有"入派三声",即入声分别"作"平声阳、上声、去声(请注意,只是"作"不是"同"!)这也是二者的一项重大差别。

同样是韵书,同样是记录的行之四海的标准音,为什么彼此有这么多重大的差别呢？唯一的解答,就是这个时代的标准音的基础不是一个地点方言。不是一个具体的活生生的地点方言,所以容许各个韵书的作者,根据自己的理解,自己的主张,在记录标准音时各行其是。不只是元代,在这以前的各个时代都是如此。同期韵书所记的音,都存在这种互有差异的现象,韵书以外的其他记音资料,就更不用说了。

最常用来记录语音的资料是韵书,而且记录得很全面,每一个汉字音,在韵书里都可以找到,历代的韵书所记录的就是历代的标准音。其次记音的资料是韵图、韵表,还有历代的韵文用韵、古书上个别字的注音,谐声字、假借字、异文、音训、国外的民族语言和国内的兄弟民族语言的汉语译音和对音,中文拼音方案;等等。韵书以外的这些记音资料,虽然反映的语音不是全面的、系统的,但毫无疑问,记录的也是当时的标准音。以往我们在研究这些资料的时候,总是以韵书为基础,把这些资料跟韵书作对比,求同不求异。如果我们掉个个儿来思考,就可以发现其中的差异也很不小。唐代陆德明的反切系统,玄应《一切经音义》的反切系统,晚唐五代朱翱的反切系统,藏汉对音,宋代邵雍《皇极经世书》的"天声地音",与唐宋时期的韵书《切》《唐》《广》《集》所记的音有差别。金代的女真汉语对音与《五音集韵》、《新刊韵略》也有差别。

古代汉民族共同语标准音不是从一个地点方言的基础上形成的。可资证明的资料还有:古人关于标准音产生的地点说法很笼统。颜之推指称《切韵》以前的韵书根据的标准音地点是"金陵与洛下"。上文引孔齐《至正直记》所说的中原雅音的地点是"汴、洛、中山等处"。都不是明确地定在一个地点上,也有指明一个地点的,例如陆游《老学庵笔记》卷六:"四方之音有讹者……。中原惟洛阳得天下之中,语音最正,然谓'弦'为'玄',谓'玄'为'弦',谓'犬'为'遣',谓'遣'为'犬'之类,自亦不少。"[1]陈鹄也认为:"乡音是处不同,惟京都天朝得其正。"[2]但是他们只是随便说说而已,并没有反映这种语音的韵书出现使之得到验证。或者说,这是他们对于标准音的一厢情愿的主张,并没有成为事实。

在现代汉语以前,汉民族共同语标准音为什么不是拿一个地点方言作基础。我想,这不外是两方面的原因。一方面,记录汉语

---

[1] 见陆游《老学庵笔记》218页,三秦出版社,2003年。
[2] 见《西塘集·耆旧续闻》卷七。

的文字——汉字不是拼音文字,而是既表音又表意的意音语素文字。中国的文字来源于结绳、来源于河图洛书以及黄帝史臣仓颉造字的诸多传说,虽不足确信,却也并非纯粹无稽之谈。西安半坡出土的陶器上的刻符,新石器时期仰韶文化有关的绘书,充分反映出我国的文字包括汉字在内当时已经进入到了文字的原始阶段。① 殷墟出土的甲骨文,两周时期的金文,这些已经是一种相当成熟的汉字系统了。由此推算,汉字从起始到现在,至少有4500年的历史。堪与世界上最古老的文字现已出土的苏美尔人发明的楔形文字和古埃及象形文字比肩。汉字产生以后,与汉语互为表里,克服了语言在时间和空间的限制,创造出并积累起来了浩如烟海的汉语典籍文献和不可胜数的汉语铭文文物。展现了历史悠久光辉灿烂的民族文化风貌。也使得我们从历史上考察汉语发展的内部规律成为可能。

　　使用拼音文字的语言,必须拼写一个具体的方言,才能做成通用的文字。例如采用罗马字母做成拼音文字的近现代英语,从15世纪起,就是拼写伦敦方言的。又例如巴黎在12世纪时成为法国的首都,同样,采用罗马字母作为拼音文字的法语,乃是拼写的巴黎方言。而汉字不同于拼音文字,而且用汉字写出的汉语书面语,本身就具有很强的超方言性。尽管我国疆域如此辽阔,人口如此众多,民族语言和汉语方言如此多种多样,但是自古以来,人们用汉语的书面语进行共同交际,是完全行得通的。所以我们不能把汉语跟使用拼音文字的语言在这点上等量齐观,竭力去寻找汉民族共同语标准音在各个历史时期的单一的基础方言或地点方言。

　　另一方面的原因,汉民族共同语标准音有口语音和书面语读音的区别。在言文不一的古代,我们拿来研究共同语标准音的材

---

① 符号和图形一旦与语言相结合就成了文字。这种演变经历了由个别到全面系统的漫长过程。我们管这个过程叫文字的原始阶段。

料多半是记录书面语读音的。事实上,在古代,人们进行共同交际的语言也多半是书面语。书面语读音往往反映语音的发展变化比口语来得迟缓,前后有明显的继承性。所以我们在探讨汉民族共同语标准音的时候,必须认真区分音韵材料的口语和书面语的性质。

汉语共同语标准音的书面性质一直保存得很晚很晚,韵书上"正音"与"北音"重出也屡见不鲜,正音是标准音,北音是北京音,晚近的汉语标准音读书音成了读书和诵习古典诗词的吟诵传统和习惯,现代人叶嘉莹先生的"伯父与父亲都喜爱吟诵,叶嘉莹也就养成了吟诵的习惯,虽然北京口音没有入声,但她从小就懂得将入声字念成短促且近于去声字的读音。"[1]

(原载《历史语言学研究》第3辑,
商务印书馆2010年9月第1版)

---

[1] 见光明日报记者吴丛生《叶嘉莹:故园春梦总依依》,《光明日报》2007年11月14日第12版《人物副刊》。

罗常培先生

——采花酿蜜 剥茧抽丝

罗常培先生(1899~1958),字莘田,号恬庵,满族,生于北京。1919年北京大学中国文学系毕业,又进北京大学哲学系学习二年。曾在西北大学、厦门大学、中山大学任教,自1928年起,历任前中央研究院历史语言研究所研究员,北京大学教授,北京大学文科研究所所长,西南联合大学中文系主任,美国朴茂纳大学和耶鲁大学访问教授,中国科学院语言研究所所长,哲学社会科学学部委员,中央民族事务委员会委员,第一届中国人民政治协商会议代表,第一届和第二届全国人民代表大会代表等职。

罗先生主要著作有:《厦门音系》、《唐五代西北方音》、《国音字母演进史》、《临川音系》、《北京俗曲百种摘韵》、《汉语音韵学异论》、《语言与文化》、《莲山摆夷语文初探》(与刑庆兰合著)、《普通语音学纲要》(与王均合著)、《罗常培文集》(10卷本)等。

罗常培先生治学,在汉语音韵学方面着力最多,花费的时间最长,成果也最富。他治汉语音韵学的一大特点,就是十分重视资料,重视资料就是重视证据。他常常说"有几份材料说几份话","多一份材料,多一份证据"。

汉语音韵学是研究什么的呢?罗先生界定:"汉语音韵学即辨析汉字声、韵、调之发音及类别,并推迹其古今流变者也。"(罗常培《汉语音韵学导论》，中华书局1956年）换言之，它是研究汉字读音的，不只是汉字的现存读音，还包括汉字在各个历史时期的读音和音韵的演变。围绕汉字读音这个中心寻找证据，这就是汉语音韵学的资料。

汉语音韵学有哪些资料呢？

一　韵文

韵文包括诗、词、歌、赋、箴、颂、赞、铭，是有别于散文而押韵的一种文体，《诗经》《楚辞》、汉赋、乐府、唐诗、宋词、元曲、明传奇，在我国文学史上占有重要地位。合辙押韵是增进语言艺术效果的一种手段，其基本原理就是在语句的固定位置上（一般在句末）使用同韵基（字音的韵腹以下的同声调的部分谓之韵基）的字使之构成语音上的回环美。同韵基的字叫做韵脚。

利用《诗经》《楚辞》的韵读（参考谐声偏旁）来研究周秦古音，在清代就已盛行。一般的方法是从《诗经》《楚辞》和其他同时代的韵文里找出韵脚（押韵的字），然后把这些韵脚串连起来，归纳出韵部。罗先生把这个方法称做丝贯绳牵法。他进行汉魏六朝音韵研究时，就是利用两汉魏晋南北朝诗人的作品为材料，按照这种处理材料的方法，与周祖谟合作，写出了《汉魏晋南北朝韵部演变》（第一分册），填补了汉语音韵史的一段空白。他进行这项研究，比起前人有两项做法上的创新。头一项是取材是穷尽式的，把所能找到的材料尽量网罗，使无遗漏。第二项是特别留心诗人的籍贯，考察作品用韵有没有受方音的影响。罗先生的另一篇著名的代表作《〈切韵〉鱼虞的音值及其所据方音考——高本汉〈切韵〉音读商榷之一》，论证了"《切韵》鱼虞两韵在六朝时期沿着太湖周围的吴音有分别，在大多数的北音都没有分别。鱼韵属开口呼,所以应当读作 io 音,虞韵属合口呼,所以应当读作 iu 音。后代[y]音的演变是经过 io－iu－y 这样一个历程的"(《罗常培文集》第七卷,山东教育出版社 2008 年)。他又用近现代北京地区流行的俗曲 100 种为材料,采用丝贯绳牵法编出一部鲜活的、科学的、实用的曲韵书《北京俗曲百种摘韵》。在他的研究中,运用韵文材料的地方还有很多,兹不赘述。

二　反切

反切由两个字构成,来给另一个字注音,这就是反切注音法。说起来很简单,就是拿上一字定声,下一字定韵和调,声韵相切,自然成音。例如"刚,古郎切","古"与"刚"同声,"郎"与"刚"同韵同调。反切起源很早,但用它来标注字音却是从汉魏之交才开始的。这是汉字注音手段的一次飞跃。反切产生以前,人们"遇到难读的字音,用了许多比喻形容的词儿委曲宛转地设法表述它"(罗常培《反切的方法及其应用》,《罗常培文集》第七卷,山东教育出版社 2008 年)。什么"急气"、"缓气"、"长言"、"短言",还有"笼口"、"闭口"、"横口"、"踧口",即所谓的譬况发音。由于反切是注音的工具,通过反切来辨认汉字读音比较直截,所以成为汉语音韵学的一项重要的材料。可是用两个字注一个字的音,总不免有用到的部分和舍弃的部分之分。利用时就不能胡子眉毛一把抓,要注意掐头去尾。例如上一字管声,韵、调要去掉,去尾;下字管韵、管调,声要去掉,掐头。处理反切的方法是广东人陈澧发明的反切系联法,他著有《切韵考》。

罗先生在他的研究中,也常常用到反切这项材料。用得最多的是唐朝陆德明《经典释文》的反切。他用这项材料为的是探讨东汉注疏家服虔以后,7 世纪初的《切韵》以前这一段时间的音韵。

他把《经典释文》的反切抄成近六万张卡片,然后进行分析排比,撰写了《经典释文和原本玉篇反切中的于、匣两纽》、《关于〈经典释文〉中同字异切为同音或异音的几个判断标准》、《〈经典释文〉中的齿头音》等著名论文。他还对《经典释文》的版本进行了考证,并准备编一部《〈经典释文〉音汇》。

三　韵书、韵图

有了反切,就产生了韵书。正如罗先生所说:"后来反切越造越多,便有人根据它的上字,分别部居,集成音汇,所谓'韵书'于是乎成立了。"(《切韵探赜》)韵书既然是反切的总汇,用它来证实汉字的读音就很便捷,所以它是汉语音韵学的最重要的材料。

现存最完整的韵书最早的要数陆法言父子所编的《切韵》,和《切韵》的后代修订本《唐韵》、《广韵》、《集韵》。用得最多是《广韵》。《切韵》成书于隋代,《切韵》所代表的音系,人们把它定为中古音语音平面。罗先生很看重《切韵》,早在20世纪20年代末,他就写有《切韵探赜》和《切韵序校释》两篇论文。前者详尽地论述了《切韵》的渊源,《切韵》的韵部,《切韵》的声纽,《切韵》又音的性质等。他写道:"陆法言修《切韵》的动机,是当隋朝统一南北以后,想把从前'各有土风,递相非笑'的诸家韵书,也实行统一起来。……《切韵》则欲网罗古今南北的声音,使无遗漏。"这是关于《切韵》性质的最贴切最合理的解答。后者对陆法言《切韵·序》逐段逐句详加阐释,对序文中所涉及的文献、史实、人物、地名都一一考证,广征博引,确实可信。他看重《切韵》,在《答汪洋君问》里还说:"无论您将来想研究古韵或今韵,总得拿《广韵》作出发点。它是研究古韵的阶梯,也是研究今韵的基础。"(《罗常培文集》第七卷,山东教育出版社2008年)

他对音韵文献资料感觉敏锐,凡新出土的韵书、韵图以及一些罕见的韵书、前人音韵著作稿本,他都留心搜集,遇有机会就将其推荐或刊布出来,以飨同好。他先后写有《敦煌唐写本守温韵学残卷跋》、《校印莫友芝韵学源流跋》、《杨选杞声韵同然集残稿跋》、《泰兴何石闾韵史稿本跋》、《通志七音略研究——景印元至治本七音略序》、《音韵清浊鉴跋》、《蒙古字韵跋》等。

他又接替刘复(半农)主编《十韵汇编》。《十韵汇编》是《切韵》系韵书的一次结集。汇入了王国维摹写本法国巴黎国家图书馆藏敦煌写本《切韵》残卷三种(简称"切一"、"切二"、"切三"),德国普鲁士学士院所藏高昌出土的写本韵书断片一种(简称"德"),大谷光瑞《西域考古图谱》所收吐峪沟发现的写本韵书断片一种(简称"西"),王仁昫《刊谬补缺切韵》三种:刘复《敦煌掇琐》抄刻的法国巴黎国家图书馆所藏敦煌唐写本(简称"王一")、故宫博物院旧藏写本(简称"王二")、五代刻本(简称"刊"),国粹学报馆影印吴县蒋氏藏唐人写本《唐韵》一种(简称"唐"),古逸丛书复宋本《广韵》一种,共10种。此书出版后,这类资料续有发现,累计近30多种。姜亮夫辑有《瀛涯敦煌韵辑》,周祖谟编有《唐五代韵书集存》。在罗先生主持下,利用新资料,校正原编《十韵汇编》讹误衍脱,在卷首加进魏建功先生写的《十韵汇编资料补并释》、《切韵韵目次第考源》两篇文章,增补一些较原编所收更好的韵书资料,成为《校补本十韵汇编》。

韵图是等韵的产物。罗先生说:"所谓等韵就是模仿梵文《悉昙章》的体制,以声为经,以韵为纬,把《切韵》的音系总摄成若干转图;换言之,就是悉昙化的《切韵》音缀表。"(《汉语音韵学的外来影响》,《罗常培文集》第八卷,山东教育出版社2008年)上文提到的守温韵学残卷的字母和《七音略》都属于等韵韵图一类的资料。最常见的还有《韵镜》、《四声等子》、《切韵指掌图》、刘鉴《经史正音切韵指南》等,这些在他的研究中经常用到。

四 对音

对音是指两种语言相互对译所形成的语音形式。简单地说,就是汉字在他语里的译音或用汉字记录下来他语的语音。在历史上,汉语曾经同多种国外的语言和国内的兄弟民族语言发生过相互对译的情况,形成了许许多多的双向对音。例如国外的有越南译音、高丽译音、日本译音,日本译音又分为日译吴音、日译汉音。佛典里有译名的梵汉对音。国内的有藏汉对音、回鹘汉对音等。它们也是汉语音韵学的基本资料。

罗先生在他的《切韵鱼虞的音值及其所据方音考》里,批评了高本汉引用日译吴音的错误,"因为遍查日译吴音,鱼韵的见系字绝对没有读成-u 音的事实。"在《知彻澄娘音值考》里,他引用了梵文字母的译音:《圆明字轮》和"四十九根本字"的各家汉译和佛典里译名的大量梵汉对音以及藏译梵音。在写《梵文颚音五母的藏汉对音研究》时引用了梵藏对音,参证梵汉对音,都取得了重大的学术成果。

他的音韵学名著《唐五代西北方音》,完全是利用藏汉对音材料写成的。他利用的藏汉对音材料有 6 种:(1)藏文译音《阿弥陀经》残卷;(2)藏文译音《金刚经》残卷;(3)藏文对音《千字文》残卷;(4)藏汉对音《大乘中宗见解》残卷;(5)注音《开蒙要训》;(6)《唐蕃会盟碑》拓本。通过这些资料的分析、比较,参证其他音韵资料,提示了唐五代时期汉语语音的一系列重要特点。

八思巴字是蒙古皇帝特命国师八思巴创制的一种蒙古文字。八思巴字用于拼写蒙古语,同时用于"译写一切文字"。译写的对象首推汉语。八思巴字是一种拼音文字,译写的汉语就成为历史上第一个汉语拼音方案。1938年罗先生在云南蒙自读到了苏联汉学家龙果夫《八思巴字与古官话》的译稿。翌年在昆明，又得到陈寅恪转赠的《蒙古字韵》旧写本的一套照片，引发了他对八思巴字的兴趣，于是他继续搜集有关资料，利用北京大学文科研究所收藏的八思巴字碑拓和北京大学图书馆的元刊《事林广记·百家姓蒙古文》，与历史学家蔡美彪先生合作，写出了《八思巴字与元代汉语》一书。

五　现代汉语方言

罗先生说："现代的活方言虽然去古已远，然而在方言的错综中往往流露出一些古音的遗迹来。例如吴语保存全浊声母，闽粤语保存闭口韵的-m尾和入声-p、-t、-k尾，徽州话有'阴阳对转'的实例，临川话有舌上音和正齿音的古读：这都是值得咱们注意的。"(《音韵学不是绝学》,《罗常培文集》第七卷，山东教育出版社2008年)他十分重视现代汉语方言的调查研究，亲自动手随地注意调查和收集各地方言材料，为汉语音韵的研究积累方言资料，并且自己也从事现代汉语方言的研究，著有《厦门音系》、《临川音系》两部方言学专著。

在30多年的学术生涯中，他为开拓我国现代语言学辛勤耕耘、无私奉献。他在汉语音韵学、中国各民族语言文字学、汉语方言学、实验语音学等学术领域都取得了巨大成就，作出了卓越的贡献。他为我国语言科学事业的发展、语言学研究队伍的壮大，发挥了继往开来的重要作用。

他在一次演讲中讲到采花酿蜜，剥茧抽丝……等"读书八式"，完全是他的自况。

蒙古时期的一道白话碑

元朝保护学校、寺院的皇帝圣旨和皇太子令旨颁发后,往往由受旨的学校、寺院泐于石,以便昭示于大庭广众并永久保存。这种石刻所用的文字,一种是用汉语的文言文,一种是用蒙古语的直译(又称硬译)。所谓直译,就是在把蒙古语译成汉语的时候,往往保留较多的蒙古语的语法,用汉字表示其语法成分,词汇方面也保留一些蒙古语的词语,用汉字音译。这就造成了蒙汉两种语言杂糅的一种新的语体,这种语体叫做元代白话。

元代的白话碑,20世纪冯承钧、蔡美彪先后辑录成册问世,为研究者提供了这方面的全面的原始资料。往后这种碑刻续有新的发现,引起了众多的研究者瞩目。

下面我们介绍《析津志·学校》[①]所载的蒙古时期的一道圣旨碑,碑文的语言类似元代白话,是元代白话的早期形式,对于元代白话的形成无疑地有重大的参考价值。我们将该碑文全部摘录,并加上简略的注释,供读者参考。

据《析津志·学校》记述,蒙古汗国开国以来,于太宗(窝阔台皇帝)五年,公元1233年,在原金国的中都大兴府(燕京)开始设立儒学,以儒家诗书礼乐四术教育蒙古子弟学习汉人语言文字,称为"四教读"。利用建于燕京南城章宗养鱼池南的夫子庙(文庙)为儒学校址。看管夫子庙产业兼儒学教习(蒙古必阇赤四牌子

---

① 《析津志辑佚》本,北京古籍出版社,1983年9月第1版,197~200。《析津志》,元末熊梦祥(名自得,江西人)著,是记述元大都史地的一部专门志书。

蒙古时期的一道白话碑

总)的是道士冯志亨。定宗(贵由皇帝)四年,皇帝给这所儒学颁发了一道诏书,由庙产管理人道士冯志亨立石。这个石刻诏全文如下:

> 皇帝圣旨:道与①朵罗歹、咸得不、绵思哥、胡土花小通事、合住、迷速门,并十役下管匠人、官人,这必阇赤②一十个孩儿,教汉儿田地里学言语文书去也。不选③,但是,可以学底公事呵也。教学者,宣谕文字。但是你每④官人底孩儿每,去底十八个蒙古孩儿门根底,你每孩儿每内,更⑤拣选二十二个作牌子,一同参学文书弓箭者。若这二十个孩儿内,却与歹底孩儿,好的孩儿隐藏下底,并断案打奚罪戾⑥。这孩儿⑦每学得汉儿每言语文书会也,你们那孩儿亦学底蒙古言语弓箭也会也。粘哥千僧奴底孩儿亦一同学者,若学底会呵,不是一件立身大公

---

① "道与",蒙古时期诏敕惯用套语。意思是该诏书晓谕某某人,接着为某某人的名姓。这一格式后来改用中古蒙古语(以下简称蒙古语)位格附加成分-da 的汉译"根底"放在被晓谕对象之后来表示。到了元朝,一律用新的格式。蒙古时期还用过"宣谕倚付"的词语,多用于该诏书付给某人。

② "必阇赤",蒙古语的译音,指管理文书和学习文书的人。"教",使动态。蒙古语动词后加使动附加成分表示使动,这是使动附加成分的直译。"汉儿田地里","田地"即地方,"里"蒙古语格变词尾 dur 的直译,一般在句末加"也"。

③ "不选",意思是"任何"。"学底"的"底"是蒙古语在动词后加词尾变静动词的那个词尾的直译。"呵"为蒙古语动词条件式所加附加成分-esu 的直译。动词条件式一种是表示假设,意思是"如果"、"倘若";一种是表示一个动作引出另一个动作。这里用的是第一种。"者",蒙古语命令祈使式附加成分零形式的直译。蒙古语命令祈使式往往在动词之后加附加成分,一般命令式可以不加,所以说是零形式,译成汉语必加"者"。

④ "每",蒙古语表复数词尾的直译,有时写作"门"。"去底"的"底"为蒙古语变动词为静词所加词尾的直译。"根底"为蒙古语位格附加成分-da 的直译,"根底"表示对象有关人和事、地、时,有"向、从、在对、同"等多种意思,已经进入元曲。

⑤ "更",蒙古语 basa 的直译,意思是"又,也"。"作牌子"疑为"发给许可证"。

⑥ "案打奚",蒙古语音译。"断案打奚罪戾",冯承钧释为"犹言治罪也"(《元代白话碑》,21 页),蔡美彪认为"案打奚"有被杀伤之意,犹言处死(《元代白话碑集录》,6 页)。"断"即"定",全句的意思是"定为有罪处置"。

⑦ "这孩儿"指上学的蒙古小孩儿,"那孩儿"指参学的汉族小孩儿。"学底"的"底"是蒙古语变动词为静动词词尾的直译。

361

近代汉语音论

事那甚么①！教陈时可提领选拣好秀才二名管勾,并见看守夫子庙道人冯志亨,及约量拣好秀才②二,通儒道人二名,分作四牌子教者。虽已先禁治弓箭,军器去来③,据这上项孩儿每底弓箭不在此限。你每各自斗教者,看谁管者教底先会了也。据住定房舍者。那孩儿每教的文书,不拣④日月辰,起盖夫子庙廊房,并去底孩儿每住底房舍者。那孩儿每教的文书,不拣是何文书,教都学者。教学施行的文书,疾识字底文书者,教底时分,孩儿每根底休教阑当⑤者。若识字呵,背识背写者。教参学底时分呵,自是不蒙古言语去底孩儿每,只教汉儿言语说话者,会汉儿言语呵。若不汉时言语里说话,却蒙古言语里说话,一番一简子打者,第二番打两简子者,第三番打第三简子者,第四番打四简子者,这言语我亲省会与来也者。⑥必阇赤每,比至会汉儿言语呵,说话仰胡土花小通事与两个熟会言语的通事转言者,这必阇赤内有不服教训难道⑦底人呵,具写姓名,我根底奏将来者,⑧我这里更不省会那甚么。仍道与朵罗歹,仰于新拜降户内,每人⑨拨与使

---

① "那甚么"是蒙舌语动词 üiu·u 的直译。八思巴蒙古语学者波普(N. Poppe)认为 üiu·u 的·u 是疑问语气助词,照那斯图教授则认为是形动词将来时附加成分。üiu 属于动词。这一语言形式给予句子的语气是表示肯定语气的反问,他译为"岂不"(《南华寺藏元代八思巴字蒙古语圣旨的复原与考释》,《中国语言学报》第一期,1983 年,221~229)。

② "秀才"指儒者。"见",现在。"四牌子教者",即把上学的小孩儿分作四个队列(小组)施教。"者"是蒙古语命令祈使式附加成分的直译。"教"为蒙古语的使动态。

③ "去来",蒙古语动词过去式的直译。

④ "不拣",即"不选",任何。

⑤ "阑当"疑为逃学。《元典章》有"阑遗",指逃散的无籍人口、驱口,以及无主的牲口和财物。

⑥ "不",会。"不汉时言语里说话",即不用汉语讲话。"却蒙古言语里说话",即而用蒙古语讲话。"亲省会与来也者"中"亲省会",亲自了解;"也者",蒙古语一种小词的直译,表示一种不肯定的语气,意思是"恐怕"、"大概"。

⑦ "难道",按蒙古语语法置于动词之后,按汉语应该在动词前面。这句话应该是"这必阇赤内难道有不服教训底人呵"。"呵"是蒙古语动词条件式附加成分的直译,参前。

⑧ "我根底奏将来者",这里的"根底"是实词,是"跟前、面前"的意思。"奏将来者",即"向……启奏"。"者"为蒙古语命令祈使式附加成分的直译,参前。

⑨ "每人",每一个人,指上学的小孩儿或称必阇赤。

唤底小孩儿一个者,各人并教读人等,每人日支米面各一斤,肉一斤,本处官人每底孩儿不在此限外,①据家粮每人日支米一升,这必阇赤孩儿每,晚后与解渴酒四并。如有爱愿就学书人等,仰本路课程所官验人数,每人日支米一升,不得因而夹带不是读书儒人冒领官粮,不得违错②。准此! 蛇儿年六月初九日。③

参考文献

蔡美彪　1995　《元代白话碑集录》,科学出版社。
道　布　1983　《蒙古语简志》,民族出版社。
吉川幸次郎:《〈元典章〉所见汉文吏牍的文体》,见《校定本元典章·刑部》第一册(1964)附《〈元典章〉的文体》,1—45。
田中谦二　1964　《〈元典章〉中的蒙文直译体文章》,见《校定本元典章·刑部》第一册(1964)附《〈元典章〉的文体》,47—161。
亦邻真(林辰)　1982　《元代硬译公牍文体》,《元史论丛》第一辑。
照那斯图　1983　《南华寺藏元代八思巴字蒙古语圣旨的复原与考释》,《中国语言学报》第一期。
照那斯图、道布　1984　《天宝宫八思巴字蒙古语圣旨碑》,《民族语文》第6期。
祖生利、李崇兴点校　2004　《大元圣政国朝典章·刑部》,山西古籍出版社。
N. Poppe　1957　*The Mongolian Monuments in hP'ags-pa Script*. English tr. and ed. by J. R. Krueger. Wiesbaden.

(原收入《吕叔湘先生百年诞辰纪念文集》,
商务印书馆2010年2月第1版)

---

① "不在此限外"指本处官人们的小孩儿不享受此种待遇。
② "违错",违反。
③ "蛇儿年",蒙古习惯用属相纪年。据《析津志》记载,此诏书是蒙古定宗四年,公元1249年颁发下的,道士立石是当年10月15日。这一年干支是己酉,酉的生肖为鸡,不应是蛇儿年,此处记述的年代疑有误。

附录　参考文献要目

阿摩利谛:《大藏字母切韵要法》
阿摩利谛:《大藏字母九音等韵》
白涤洲:《北音入声演变考》　女师大《学术季刊》第 2 卷第 2 期　1931
北京大学中国语言文学系语言学教研室编:《汉语方言字汇》　文字改革出版社　1964
本　悟:《韵略易通》
毕拱宸:《韵略汇通》
蔡美彪:《北京大学文科研究所藏元八思巴字碑拓序目》《国学季刊》第 7 卷第 3 期　1952
陈新雄:《中原音韵概要》　台湾学海出版社　1976
陈新雄:《六十年来之声韵学》　台湾文史哲出版社　1973
陈新雄:《等韵述要》　台湾艺文印书馆　1974
陈　澧:《切韵考》
陈元靓原著:《新编纂图增类群书类要事林广记》　元至顺间建安椿庄书院刊本
崔世珍(朝鲜):《四声通解》
崔世珍:《翻译老乞大》
崔世珍:《翻译朴通事》
范善溱:《中州全韵》
方以智:《切韵声原》《方以智全书·通雅》　上海古籍出版社　1988
(日)服部四郎:《元朝秘史の蒙古语を表わす汉字の研究》　日本东京龙文书局　1946
耿振生:《明清等韵学通论》　语文出版社　1992
韩道昭:《改并五音集韵》
何九盈:《古汉语音韵学述要》　浙江古籍出版社　1988
胡明扬:《老乞大谚解和朴通事谚解中所见汉语朝鲜语对音》《中国语文》

1963.3

（日）花登正宏：《古今韵会举要考——古今韵会举要におけゐ三等重组诸韵——》　日本《中国学会报》第29集　1977

（日）花登正宏：《关于北京大学所藏的〈音韵臆说〉》　日本《集刊·东洋学》第49号

黄公绍、熊忠：《古今韵会举要》

黄典诚：《汉语语音史》　安徽教育出版社　1993

贾仲明：《录鬼簿》《天一阁蓝格写本正续录鬼簿》　中华书局上海编辑所影印本　1960

（韩）姜信沆：《四声通解研究》　韩国新雅社　1973

（韩）姜信沆：《训民正音研究》　韩国成均馆大学出版部　1987

（韩）姜信沆：《朝鲜馆译语研究》　韩国成均馆大学出版部　1995

（韩）金薰镐：《西儒耳目资研究》　韩国《中国人文科学》第8辑　1989

（韩）金薰镐：《西儒耳目资的声母体系》　同上第10辑　1991

（韩）金薰镐：《西儒耳目资的声调体系》　韩国顺天大学《语学研究》第4辑　1992

金尼阁（Nicolas Trigault，法）：《西儒耳目资》　文字改革出版社影印本　1957

兰　茂：《声律发凡》

兰　茂：《韵略易通》

李　登：《书文音义便考私编》

李嘉绍：《韵法横图》

李　荣：《切韵音系》　科学出版社　1956

李汝珍：《音鉴》　清嘉庆十五年宝文堂刊本

李思敬：《汉语"儿"[ɔ]音史研究》　商务印书馆　1986

李思敬：《音韵》（中文版）　商务印书馆　1985

李新魁：《中原音韵音系研究》　中州书画社　1983

李新魁：《论近代汉语共同语的标准音》　《语文研究》　1980（第1辑）

李于平：《陆法言的切韵》　《中国语文》　1957年第2期

林本裕：《声位》

林序达：《反切概说》　四川人民出版社　1982

刘　复：《四声实验录》

刘　鉴：《经史正音切韵指南》

近代汉语音论

刘文锦:《洪武正韵声类考》 史语所《集刊》第3本第2分 1931
(前苏联)龙果夫:《现代汉语语法研究》(郑祖庆译) 科学出版社 1958
(前苏联)龙果夫:《湖南湘潭和湘乡的方言》(高祖舜译)《中国语文》1958年第11期
鲁国尧:《宋代辛弃疾等山东词人用韵考》《南京大学学报》 1979年第2期
鲁国尧:《卢宗迈切韵法述评》《中国语文》1992年第6期 1993年第1期
陆志韦:《陆志韦近代汉语音韵论集》 商务印书馆 1988
陆志韦:《古音说略》《燕京学报》专号之20 1947
菉斐轩:《词林要韵》
吕　坤:《交泰韵》
吕维祺:《音韵日月灯》 明崇祯七年(1634)原刊本
罗常培:《切韵探赜》《史语周刊》第3集《切韵专号》 1928
罗常培:《耶稣会士在音韵学上的贡献》 史语所《集刊》第1本第3分 1930
罗常培:《中原音韵声类考》 史语所《集刊》第2本第4分 1932
罗常培:《知彻澄娘音值考》 史语所《集刊》第3本第1分 1931
罗常培:《唐五代西北方音》 史语所单刊甲种之12 1933
罗常培:《京剧中的几个音韵问题》《东方杂志》第33卷第1号 1936
罗常培:《八思巴字和元代官话·自序》《图书季刊》新1卷第3期 1939 昆明
罗常培、王钧:《普通语音学纲要》 科学出版社 1957
罗常培、蔡美彪:《八思巴字与元代汉语[资料汇编]》 科学出版社 1959
罗常培遗著:《论龙果夫〈八思巴字和古官话〉》《中国语文》 1959年第12期
马自援:《等音》
宁继福:《中原音韵表稿》 吉林文史出版社 1985
宁忌浮:《校订五音集韵》 中华书局 1992
钱玄同:《钱玄同音学论著选辑》(曹述敬选编) 山西人民出版社 1988
乔中和:《元音谱》
邵荣芬:《中原雅音研究》 山东人民出版社 1981
申叔舟(朝鲜):《四声通考》
沈乘麐:《曲韵骊珠》

盛熙明:《法书考》

(日)辻本春彦:《韵学集成と中原雅音》 日本《中国哲学史の展望と摸索》 1958

史存直:《汉语语音史纲要》 商务印书馆 1981

司马光:《宋本切韵指掌图》 中华书局 1986

宋濂等:《洪武正韵》

隋树森编:《元曲选外编》 中华书局 1959

唐作藩:《汉语音韵学常识》 上海教育出版社 1958

唐作藩:《〈正音捃言〉的韵母系统》 《中国语文》 1980年第1期

唐作藩:《评杨耐思〈中原音韵音系〉》 《语文研究》 1982年第2期

唐作藩:《音韵学教程》 北京大学出版社 1987

唐　虞:《"儿"音的演变》 史语所《集刊》第2本第4分 1932

唐虞译、罗常培校订:《八思巴字与古汉语》 科学出版社 1959

陶宗仪:《南村辍耕录》

陶宗仪:《书史会要》

王骥德:《方诸馆曲律》

王　鵕:《中州音韵辑要》

王　力:《从元音的性质说到中国语的声调》《清华学报》第10卷第1期 1935

王　力:《汉语史稿》 科学出版社 1957上册,1958中、下册

王　力:《汉语史论文集》 科学出版社 1958

王　力:《汉语诗律学》 新知识出版社 1958

王　力:《汉语音韵》 中华书局 1963

王　力:《龙虫并雕斋文集》1—2卷 中华书局 1980 第3卷 中华书局 1982

王　力:《中国语言学史》 山西人民出版社 1981

王　力:《王力论学新著》 广西人民出版社 1983

王　力:《汉语语音史》 中国社会科学出版社 1985

王　力:《康熙字典音读订误》 中华书局 1988

王　荔:《正音捃言》

王硕荃:《韵会音系简论》 《探索集》第1辑 1990(单行本)

王文璧:《中州音韵》

王文郁:《新刊韵略》
王祯祚:《清浊音韵鉴》
(日)尾崎雄二郎:《大英博物馆本〈蒙古字韵〉札记》《人文》第8集　日本京都大学教养部　1962
(日)尾崎雄二郎:《中国语音韵史の研究》　日本创文社《东洋学丛书》1980
(韩)文璇奎:《中国古代音韵学》　韩国民音社　1987
(韩)文璇奎:《中国言语学》　同上　1990
无名氏:《译语》
无名氏:《四声等子》
无名氏:《中原雅音》
无名氏:《韵法直图》
谢启昆:《小学考》
行　均:《龙龛手镜》　中华书局影印本　1985
徐　渭:《南词叙录》
徐　孝:《重订司马温公等韵图经》
(美)薛凤生:《北京音系解析》　北京语言学院出版社　1986
(美)薛凤生:《中原音韵音位系统》(鲁国尧、侍建国译)　北京语言学院出版社　1990
杨道经:《湖南临湘方音与北京语音的比较》《方言与普通话集刊》第4集　1958
杨朝英:《阳春白雪》
杨朝英:《太平乐府》
杨耐思:《中原音韵音系》　中国社会科学出版社　1981
杨亦鸣:《李氏音鉴音系研究》　陕西教育出版社　1992
叶秉敬:《韵表》
于安澜:《汉魏六朝韵谱》　中华书局　1936
俞　敏:《中国语文论文选》　日本东京株式会社光生馆　1984
俞　敏:《俞敏语言学论文集》　黑龙江人民出版社　1989
俞　敏:《俞敏语言学论文二集》　北京师范大学出版社　1992
袁子让:《字学元元》
臧晋叔:《元曲选》　中华书局　1958

(美)张　琨:《汉语音韵史论文集》(张贤豹译)　华中工学院出版社　1987
张麟之:《韵镜》　古逸丛书本
张清常:《〈中原音韵〉新著录的一些异读》《中国语文》　1983年第1期
张清常:《语言学论文集》　商务印书馆　1993
张竹梅:《琼林雅韵研究》　宁夏人民出版社　1993
章　黼:《韵学集成》
赵绍箕:《拙庵韵悟》
赵荫棠:《中原音韵研究》　商务印书馆　1956
赵荫棠:《等韵源流》　商务印书馆　1957
赵元任:《现代吴语的研究》　清华学校研究院　1928
赵元任、丁树声、杨时逢、吴宗济、董同龢:《湖北方言调查报告》　商务印书馆　1948
赵元任、罗常培、李方桂译:《中国音韵学研究》　商务印书馆　1940
赵振铎:《音韵学纲要》　巴蜀书社　1990
照那斯图:《论八思巴字》《民族语文》　1980
照那斯图、杨耐思:《蒙古字韵校本》　民族出版社　1987
郑　樵:《七音略》
郑再发:《〈蒙古字韵〉跟跟八思巴字有关的韵书》台湾大学《文史丛刊》15　1965
郑再发:《八思巴字标注汉语材料校勘记》《纪念李济博士七十寿辰论集》第2辑　1967
中国社会科学院语言研究所:《方言调查字表》(修订本)　商务印书馆　1981
周德清:《中原音韵》明正统刊本　中华书局影印　1978
周祖谟:《宋代汴洛语音考》《辅仁学志》第12卷　1942
周祖谟等:《中原音韵新论》　北京大学出版社　1991
朱　权:《琼林雅韵》
朱　星:《汉语普通话的来历》《语言教学与研究》第4集　北京语言学院出版社　1979
朱宗文:《蒙古字韵》《影印大英博物馆藏旧钞本〈蒙古字韵〉二卷》(壶井义正编)　日本关西大学东西学术研究所　1956
竺家宁:《古今韵会举要的语音系统》　台湾学生书局印行　1986

卓从之:《中州乐府音韵类编》

B. Csonger: Some Chinese texts in Tibeten Script from Tunhuang, AOH. X 1960

——: Chinese in the Uighur script of the T'ang-period, AOH II 1952

A. Dragunov: The hp'hags-pa Script and Ancient Mandarin 1930

Mantaro J. Hashimoto: hP'ags-pa Chinese, The hP'ags-pa transcription of a Medieval Chinese Vowel, Writing and Language Reference Materials, I 1978

Bernhard Karlgren: Shi King researches, Bulletin of the Museum of Far Eastern Antiquities, 4. 1932

——: Compendium of Phonetics in Ancient and Archaic Chinese, Bulletin of the Museum of Far Eastern Antiquites, 1954

——: The Chinese Language, An Essay on lts Nature and History, 1949

——: Grammata Serica, Script and Phonetics in Chinese and Sino-Japanese, 1940

Louis Ligeti: Le Po Kia Sing en écriture 'Phags-pa, Acta Orientalia Academiae Scientiarum Hungaricae, Tomus 6, Fasciculi 1—3 1956

Henry Maspero: Le Dialecte de Tch'ang-ngan sous les T'ang, 1920

Miyoko Nakano: A Phonological Study in the 'Phags-pa Script and the Meng-ku Tzu-yün, Faculty of Asian Studies in association with Australian National Vniver-sity Press, Canberra 1971

Nicholas N. Poppe and John Krueger: The Mongolian Monuments in hP'ags-pa Script, Göttinger Asiatische Forschungen, Band 8, Wiesbaden, Otto Harrassowitz, 1957

Chang Kyun Yu: Mêng-ku Yü-Lüeh, Chinese Materials and Resarch Aids Service Center, lnc. 1973

后　　记

　　本书汇集了笔者历年所写的有关近代汉语语音的文章二十八篇(其中三篇是与他人合写的)，都是对晚唐五代至清末的汉语语音发展问题进行探讨的。或对前人研究加以总结和估评，或对新资料发掘和整理，从观察分析材料入手，论证材料所反映的语音事实和语音发展规律。

　　这些文章大部分都在各种学术刊物上发表过。这次编辑成书，只作了一些必要的修订，改正已经发现的错误，更换或补充新的例证，在体例上尽量使之整齐划一，为了适应新的版面，把一些表格和脚注重新加以调整。最后附一个"参考文献要目"，以便读者按图索骥阅读近代汉语语音研究的文献。

　　感谢商务印书馆出版本书。

　　俞敏先生在百忙中审阅全稿并赐序，李思敬先生、赵克勤先生、张万起先生为本书的出版给予了大力支持，笔者的学生王硕荃同志、张渭毅同志在抄写方面帮了不少忙，在此一并表示深切的感谢。

　　笔者水平有限，诚恳地希望读者不吝指正。

杨耐思
中国社会科学院语言研究所
1994 年 10 月 1 日

增补本后记

本书的初版一眨眼 15 个年头过去了。乔永、张玉来等同志建议再版一次。这个建议好，因为初版的时候印量很少，而需要参考本书的读者却逐年增多。趁着再版的机会，又把近年来陆续写出的这方面的文章选出 14 篇补充进去，于是成为现在的本书增补本。

补充的这些文章有些是参加学术讨论会提交的会议论文，有些是应杂志社或朋友的约稿。而多半都是在退休家居时完成的。我们中国社科院设有老年科研基金。离退休人员也是每年一次申报的科研项目或课题可以获得资助。我就像一位老农，春播、夏锄、秋收、冬藏一整套全劳力的农活已然是干不了啦，可是总喜欢上田间地头转转，情不自禁地干些力所能及的零星活儿。

这些文章中的一篇《蒙古时期的一道圣旨碑》是属于近代汉语研究的，但不是讨论语音的。可是这个碑刻是蒙古定宗 4 年公元 1249 年成立的，其语言类似元代白话，反映了元代白话的早期形式，是一项弥足珍贵的语料，所以作为附录补进书里了。

杨耐思
2012 年 5 月 4 日于北京昌运宫